証言記録 東日本大震災 Ⅲ

NHK東日本大震災プロジェクト

NHK出版

証言記録　東日本大震災Ⅲ

装幀——菊地信義

証言記録　東日本大震災Ⅲ　目次

第Ⅳ部
千葉県

※本書に記載した年齢、肩書きは特にことわりのない場合、取材当時のものです。
※「あの日　わたしは」に記載した死者・行方不明者の数は、各県のホームページを参照しました（２０１５年１月現在。計上方法についてはそれぞれの県による）。東京都については、総務省消防庁の２０１４年９月の発表を参照しました。

第Ⅰ部

岩手県

大槌町―釜石市―遠野市

第Ⅰ部
岩手県

大槌町

――病院を襲った大津波

大槌病院周辺図

大槌町
0
4km
N
山田町
山田線
26
45
大槌町
船越湾
浪板海岸駅
四季の郷
吉里吉里駅
弓道場
野球場
大槌駅
大槌港
大槌湾
釜石市
鵜住居駅
鵜住居町
箱崎町
大槌高校
26
45
大槌病院
城山公園
大槌川
大槌小学校
藤井医院
植田医院
ふじまる医院
佐々木医院
道又医院
大槌駅
山田線
N
小鎚川
水門
0
200m

大槌湾を囲むように広がる岩手県大槌町《おおつちちょう》。
震災前、沿岸部には人口のおよそ9割にあたる
1万5000人が暮らしていた。

町の大半が山林で覆われ、水産業が盛んであった大槌町。2011年3月11日、町を襲った津波は4000近い家屋を破壊し、1284人の命を奪った。

町にあった五つの診療所がすべて津波に飲み込まれ、町で一番大きな県立大槌病院には8メートルを超える津波が襲いかかった。

大槌病院では、看護師と職員たちが、寝たきりの入院患者を必死に屋上に運び上げた。津波によって薬や医療器具が流され、電気も止まっていた。医師と看護師は、自らの家族の安否もわからないまま、懸命に患者の看護にあたった。

孤立して3日目、患者の状態が悪化し、病院はついに入院患者を連れて自力での脱出を決意。1・5キロ離れた山間の高校へと向かう。

極限状態のなかで、医療従事者たちはいかに行動し、患者の命を守ろうとしたのか。

医師不足を支える医師たちの連携

震災前、大槌町はおよそ1万6000の人口に対してわずか8人の医師しかいない、医療過疎の町であった。町で唯一、入院機能がある県立大槌病院では、肺炎や糖尿病を患う高齢の患者を多く受け入れていた。震災の前年、岩田千尋《ちひろ》院長（66歳）は医師不足のため、ベッドを121床から60床に減らすことを余儀なくされていた。

［証言／岩田千尋］

大槌病院では、常勤医師が8人くらいいたのが年々減少して、2010年には121床に対する医師の数はたったの3人でした。普通、この規模の病院なら、医師は10人以上必要なんですよ。とてもじゃないですが、責任を持って診療できる体制ではない。それで半分、休床したという経緯があります。

とはいえ、60床に対して3人なので、大変なことに変わりはないんです。関東の医療従事者からすると信じられない話だと思います。それでもどうにかやれていたのは、周囲の病院や町の開業医など、みんなで協力し合えていたからでしょう。

大槌病院を支えていたのは、町に五つある診療所の医師たちだった。開業医たちは、日頃から病院の回診を手伝ったり、重篤な患者を病院に送り込むなど、お互いに補完し合う医療体制を築くことで、住民の健康を守ってきた。さらに、歓迎会や忘年会を合同で開くなど交流を深めていた。大槌町で診療所を営む植田俊郎《うえたとしろう》さん（59歳）は、病院と開業医の連携は、父親の代から続いてきたと言う。

［証言／植田俊郎］

この地域は、県立の大槌病院とわれわれのような開業医の関係が非常に良好で、競合することなく、機能を役割分担できていたんです。うちに来られた患者さんでも、入院が必要な際は、当然、大槌病院にお願いして入院させてもらう。それから、大槌病院の先生方が少しでもお休みになれるように、週1回、回診のお手伝いをする、そういった関係でした。

いわゆる、地域包括ケアシステムというのが実践できていた地域じゃないでしょうか。患者さんにとっても、いい関係だと思いますし、われわれも誇りに思っていましたね。

地震発生――病院を襲う津波

2011年3月11日午後2時46分、大槌町を強い地震が襲う。大槌病院には、3階に53人の患者が入院していた。

病棟担当だった准看護師の佐々木久子《ひさこ》さん（58歳）は、入院患者のいる3階のナースステーションで、回診の準備をしている最中に地震に遭遇。まだ揺れが続くなか、入院患者のいる病室へと駆けつけた。

［証言／佐々木久子］

今まで感じたことのない大きな地震でしたね。まだ揺れていたけれど、みんなとっさにナースステーションを飛び出て、病室のほうに走っていました。

患者さんは、危ないから病室内で待機してもらいました。揺れている時間も長く、その間、物がどんどん倒れて落ちてきました。病室ではストッパーで止めていたベッドが、入口まで滑りだしてしまうほどでした。

それから、自分で動ける患者さんは、とりあえずナースステーションに集めるよう上からの指示があったので、揺れが収まったあと移動させました。時間にして20分か30分だったと思いますが、そのときには、「津波が来るんじゃないか」という気持ちになっていましたね。そうしたら、町の大津波警報の放送が聞こえてきたんです。

［証言／岩田千尋］

地震直後、私は被害状況を調べるため1階に下りました。津波警報などの情報を得る必要もありました。でも、テレビもつかないし携帯もつながらない。そこで、とりあえず上の被害状況を見に行ったんです。すると少しして大津波警報が発令されたという放送が聞こえてきました。近所からも住民の人たちが逃げてきていたので、とにかく全員、最上階の3階まで上がるよう指示したんです。

地震発生からおよそ30分後、大槌町に10メートルを超す巨大な津波が押し寄せる。堤防を乗り越えた津波は、病院の裏手を流れる大槌川を逆流。病院を一気に飲み込んでいった。

［証言／岩田千尋］

海のほうを見ると土煙が上がっている。そして病院の裏側にある職員専用の駐車場で、車がコロコロと転がっているんです。そのときは、あの煙はなんだろう、なんで車が転がってくるんだろうと不思議に思うぐらいで、何がなんだかわからない。その様子を見ていたら、5分もしないうちに町がどんどん津波に飲み込まれていきました。すごい勢いで自動車や家が流されて病院に激突してくるんです。

階下を見ると、黒い水が2階のほうまで上がってきているのが見えました。それを見て、「これは3階まで来るかもしれないな」と思い、私は患者さんを全員屋上に上げるよう、職員に指示しました。

職業柄でしょうか、看護師も非常に冷静で、患者さんを連れ出すための用意をどんどん進めてくれていた。なんせ、入院患者53人全員を屋上に連れていかないといけないんですから。寝たきりの患者さんも37人いました。

看護師と職員70人は、津波に追われるようにして寝たきりの入院患者37人を必死で屋上へと運び上げた。

当時、外来担当の看護師だった菊池智子《ともこ》さん（60歳）は、外来病棟から駆けつけ、患者の搬送を手伝った。

［証言／菊池智子］

多分、院長の声だったと思いますが「大津波が来たから患者を屋上に上げろ」と聞こえました。そこからは、事務の方も薬局の方も、職員一同、もう必死で患者さんを屋上に上げていきました。寝たきりの患者さんは毛布やシーツに乗せて4人態勢で運びました。

津波が2階まで来ているのはわかっていました。運び上げている最中も、階下からすごい勢いで、水しぶきが上がってきていましたから。職員は皆、これが3階まで来たら大変だ、という思いだったと思います。

屋上に上がったら、すごい津波が来ていて、周りはがれきだらけ。火もついていて病院が火事になるのではという恐怖がありました。

約40分後には患者全員の避難が完了。病院に逃げ込んだ近隣住民30人も含め、結果的に150人あまりが屋上に避難した。あたりは、一面の海。高いビルを残して町は完全に海に飲み込まれていた。

大槌病院は、かろうじて3階と屋上は津波の被害を免れた。しかし、日が落ちるにつれ気温がどんどん下がりはじめ、凍てつく寒さが容赦なく患者に襲いかかった。風が強さを増し、雪も降りはじめていた。

看護師たちは寝たきりの患者37人を、屋上の物干し場として使われていたサンルームに寝かせた。しかし、スペースが限られているため、ほかの患者たちはそのまま屋外で厳しい寒さに耐えるしかなかった。

［証言／佐々木久子］
寝たきりの患者さんは毛布を敷いていたので、そのままサンルームに移動して休ませる感じでした。もうギュウギュウで寝返りも打てないくらいでしたね。

［証言／菊池智子］
雪が舞っているし、屋上では寒いですよね。私たちは、3階から寝具類を持ってきて掛けてあげるぐらいしかできませんでした。

事務局長の佐々木勝広《かつひろ》さん（55歳）は、看護師たちからある相談を受ける。寝たきりの患者さん以外を、思い切って3階の病室に戻すというものだ。幸い、津波の浸水被害は2階の天井付近で止まっていた。

［証言／佐々木勝広］
うちの病院は、内科の医師だけなので外科の入院患者さんはいないのですが、地域柄でしょうか、8割以上が高齢者なんです。日が落ちればどんどん気温が下がってくるんですが、屋上では

暖をとる術がないんですね。上がった当初は、フェンスにマットレスやシーツをくくり付けて風を遮るような工夫はしていたのですが、とても耐えられるようなものではありませんでした。

このまま外で一晩過ごすとなると、患者さんは衰弱して凍死してしまうかもしれない。とはいえ、3階に下りれば、次にもっと大きい津波が来たときには、その犠牲になるかもしれない。凍死するのを待つか、津波の犠牲になるのを待つのか、結局死ぬならどっちか選ぶしかないという話が出てきたんです。

そのときは当然、みんな津波に対する恐怖があるんですが、もし本当に来たときにはすぐ逃げられる態勢だけは整えよう、それを前提に下りようと。だから、職員も決死の覚悟ですよね。これ以上津波が来ないことを祈りながら、3階の病棟に下りたということです。ただ寝たきりの患者さんまでは下ろせませんから、なんとかサンルームで一晩持ちこたえてもらおうと。


午後5時過ぎ、患者や住民は、再び3階へと下りる。サンルームにいた患者は、看護師たちが交代で看ることになった。

診療所の屋上から見た黒い海

大槌病院からおよそ700メートル南には、開業医の植田俊郎さんの診療所があった。植田医院のある建物は、1階が倉庫と駐車場で2階が診療所、3階と4階が植田さん家族の住居として使われていた。植田さんは7人家族で、4人の子どもたちは全員県外で暮らしていて、この日家にいたのは妻と母親だった。

地震発生当時、植田さんは診察中だった。患者を家に帰したあと、近所に住むお年寄りが倒れたと連絡を受け、往診に出かけた。往診を終えた植田さんが帰宅すると、妻はすでに町の異変に気付いていた。

［証言／植田俊郎］

妻が「水が見える」と言うんです。妻は地震後、外に出て家のどこかが崩れていないかを調べていたんです。そのとき、海側のほうを見たら水が見えることに気付いた。私自身はそれを見ていないんですが、それなら家の上のほうへ上がろうということになりました。うちの周りにいた住民数名もいっしょに上がりました。

その直後、津波は植田医院に迫る。屋上に避難した植田さんたちが見たのは、あたり一面の「黒い海」だった。

植田さんは、４階の部屋にカメラを取りに走り、駆り立てられるように津波に襲われるふるさとの町を撮りはじめた。

［証言／植田俊郎］

最初、４階の窓から外を見たら、景色が見えない。何だろうと思って屋上に上がったら、周りが黒い海で、土煙で空が曇っていたんです。一瞬、何が起きているかわかりませんでした。津波なんだろうけど、これは何なの?という。趣味の山登りでは、登山のときに記録をとるんですね。そういう習慣もあって、とっさに記録しなければいけないと思ったんです。

ファインダー越しに見えたのは、あまりに信じられない光景でした。木造の2階建ての家は、もちろん渦巻く黒い海の下です。時間の経過とともに、それらがれきになってゴーッと流れていく。がれきが、行ったり来たりしているわけです。

うちの母は、そんな周りの状況を見て、「私たちはもうだめかもしれないね」と言いました。あの光景を見たら、そう思うのは当然かもしれません。避難はできたけど、これ以上のことが起こるかもしれないと。でも、私はそのとき、逆に生きてやろうって思ったんですよ。この先何か起こったとしても、そこに対応できるようにしたいと思ったんです。

植田さんは、大学時代山岳部に所属し、冬山登山の経験も豊富だった。自然の猛威をくぐり抜けてきた数々の経験が、植田さんに「生きてやろう」という思いをかき立てた。山用のザイルを屋上に張り、津波が来ても流されないようにした。

植田医院の屋上には、看護師や近所の人も含めて18人が避難していた。しばらくして、津波が3階まで達したことがわかると植田さんは水と食料の確保に動く。4階には登山に使う調理用のストーブもあり、家の中にあった食材を調理することができた。

［証言／植田俊郎］

実は水がなかったんですね。それで、ひっくり返った冷蔵庫から氷を持ってきたんです。氷を——

やかんに入れて、それを溶かして水にして、さらにお湯にして、それでカップラーメンをつくったりしました。冬山に行くと、雪を溶かして水をつくりますから、そうした体験が役立ったと思います。とりあえず、生き延びた。あと2、3日は大丈夫だと思いましたよ。

ただそのときは、真っ暗だし、周りでは何が起きているのかが本当にわからないんですよ。夜が明ければ何かわかるかもしれないとは思いましたが、助けが来るのかもわからない。山でもそうですが、そうしたときはむやみに動いてはいけない。体力を温存して、安全なところで待つのがベストだと思いましたね。

避難した18人は、建物にとどまって救助を待つことになった。

津波に飲み込まれた道又医院

植田医院からおよそ400メートル西には、道又衛《みちまたまもる》さん（60歳）の診療所があった。道又内科小児科医院の建物は、1階は診療所、2階は住居として使われていた。この日、高校生の娘は学校に行っていて、自宅には妻と、同居している妻の姉がいた。

道又さんは、地震が発生すると、それまで感じたことのない揺れの強さと津波への警戒から、診療所に来ていた患者や看護師を帰宅させた。

まもなく3人は、高台にある寺まで避難するため、日頃から用意していた避難用の荷物を車に積みはじめた。すると、診療所の前に車が止まり、知り合いから声をかけられた。

[証言／道又衛]

うちは妻が津波に対する用心をしていて、常に避難用のグッズを用意していたんです。それを取りに行って車のトランクに積んだりしていました。すると車が来て、僕の患者さんだったんですが「先生、逃げないの？」って言われたんです。そのときは、津波が来ても床上まで浸水するくらいかな、と思っていましたから、急いでいるんだけれど、どこかのんびりしていたんだと思います。それで、「いや、これから逃げるつもりだよ」と言っている最中に、海のほうから土煙が上がるのが見えました。水門のあたりから一直線に土煙が上がってきたんです。

近所の人たちはそれを見て「火事だ」と言いましたが、私は「絶対に津波だから急いで逃げよう」と声をかけました。私は足が悪いので、走って逃げるのが厳しい。それで、自宅の2階に上がってやり過ごそうということになったんです。

道又さんは大学時代、ラグビーのけがで右半身にマヒが残っていたため、あまり速く走れなかった。

3人は、散乱した物でけがをしないように靴を履いたまま2階に避難し、少しでも高い場所にと寝室のベッドの上にあがった。

[証言／道又衛]

そのときも、2階に逃げれば大丈夫だ、という感覚でしたね。それでも少しは心配だったので、ベッドの上にあがっていれば、大丈夫だろうと考えました。

するとドアを閉めていたのに、スッと開いて水が入ってきました。ドーッと音を立てて入ってくるのではなく、ゆっくりと流れるように。だから余計に恐怖でしたね。音もなくスッと入ってきて、いつの間にか水がどんどん上がってきました。

それでも、第1波は寝室の壁の半分くらいまで来て引いていったので、少しひと息つけたんですよ。助かったなと思いました。

そこからどうしようかなと考えているうちに、すぐに第2波が来て、また水が入ってきました。1波目より2波目のほうが低いだろうと考えていたのですが、どんどん上がってベッドごと持ち上がるんですね。天井から10センチぐらいのところまで波が来たので、ベッドにつかまって、あとは口だけ上に向けて呼吸していました。2波目が引いていったときには、やっぱり「ああ、助かった」と思いましたよ。生き延びたという気持ちが大きかったですね。あとは、次にもっと強い波が来るのではないかという恐怖がありました。

逃げ場を失った道又さんは、空気を確保しようと、流れてきた棒を使って天井に穴を開けて備えた。しかし、津波はその後、徐々に引きはじめる。

全身水に浸かった道又さんたちは、壊れた自宅の中で寒さに耐えながら夜を過ごした。

津波と火災で孤立した大槌病院

150人が避難した大槌病院に、さらに危険が迫る。病院の周囲で発生した火事が、津波の流れに乗って燃え広がり、火のついた船やがれきが病院に迫ってきていた。100メートルほどしか離れていない寺からも、火の手が上がった。さらに病院関係者を不安にさせたのが、当時、ボイラーのタンクの重油を満タンにしたばかりだったことだった。

[証言／佐々木久子]

火のついた船が、揺れながら行ったり来たり流れていて、船の火が病院に移ったらもうだめかなと思いました。周りは海だから逃げ場もない。だから怖かったですね。夜になると、病院のすぐ向かい側にあったお寺が火事になり、もう本当に火の海という感じでしたね。

[証言／岩田千尋]

そうして周りの火事を見たときに、誰かが、「ガスみたいなにおいがする」と言いはじめたんです。病院では日常的にガスを使うから、ガスの元栓をちゃんと閉めたか、などと気になりだす人も出てくるんですね。

ただ、この時点ではもうしょうがないわけですから、住民や職員には、「建物の中では、火の使用は一切厳禁」と言いました。ライターも使うのは絶対にだめ。万が一、本当にガスが漏れていれば引火しますからね。

火が目前まで迫る恐怖のなか、屋上では必死の看護が続けられていた。津波によって病院は停電し、薬や医療器具もほとんど流されているという状況だった。

サンルームにいた60代の男性患者は、もともと人工呼吸器をつけていたが、停電によって機械が使えなくなっていた。そこで看護師たちは、手で呼吸を促す器具（アンビューバッグ）を使って、一晩中、交代で酸素を送り続けることにした。のどに絡んだ痰《たん》は、注射器を代用して手作業で吸い出した。

[証言／佐々木久子]

3人1チームで行いました。一人はアンビューバッグを押して、もう一人は懐中電灯を持って照らします。電池がないから、懐中電灯も手回し式なんです。最後の一人は、痰をとる係で、電気がないので注射器で吸い出しました。

深夜になっても火の勢いは衰えることなく、町に燃え広がっていった。
岩田院長は、仲間の開業医たちのことを心配していた。

[証言／岩田千尋]

そのときは、町が水没してなくなっている状態ですから、道又先生や植田先生もみんな、いなくなってしまったかなと思いました。
あとから聞いた話ですが、うちの病院もみんな助からなかっただろう、と思った人もいたようです。

自衛隊による救助

3月12日の朝8時ごろ、植田医院の植田さんは、自衛隊のヘリコプターが住民の救出を始めていることに気が付く。

[証言／植田俊郎]

12日の朝は5時くらいには起きていました。屋上に上がってみると周りはすごく静かで、湖のような感じ。そこにがれきが散在していて。

うちの2階と3階はがれきで埋まっていて出られない状態でした。だから少しここで我慢するしかないと思いました。それに自衛隊の隊員が歩いているのが見えたので、ああ、救出にはもう来ているんだ、時間が経てばどうにかなる、という感覚になりました。しばらくすると、救助用のヘリコプターも飛びはじめましたし。

10時22分、診療所の屋上に、ヘリコプターから隊員が降り立つ。

[証言／植田俊郎]

屋上にわれわれがいるのが見えたんでしょうね。それに誰かが、登山時に目印にする赤い旗を、ヘリコプターに向かって振っていたんです。

ヘリコプターはすごい迫力でやって来ましたよ。屋上の上でホバリングして、そこから隊員が降りてくるんです。ヘリコプターって、意外と狭いところでも対応できるんだな、すごいなと思いました。

植田医院の屋上にいた18人は次々と引き上げられ救助された。植田さんたちを乗せたヘリコプターは、2・5キロ離れた町営の野球場へと向かう。

［証言／植田俊郎］
野球場がヘリポートになっていました。無事降り立ったとき、本当に助かったなと思いましたね。

避難所に開設された救護所

野球場の隣にある町の弓道場には、400人近い住民が避難していた。多くの避難者を見た植田さんは、すぐに救護所を開設しようと考える。診療所から持ち出せたものはAED（自動体外式除細動器）と往診カバン、そして血圧計のみ。それ以外の医療器具はすべて津波によって流されていた。

［証言／植田俊郎］

ともかく、救助された。そして避難所になっている弓道場に入った。看護師やスタッフもいっしょにいたので、われわれの役割は何だろうと考えました。そこで、今できることをしようと、コーナーの一角に机を出して、そこを窓口にしたんです。本当にわずかですが薬があったのでそれを並べて、血圧を測ったり、患者さんの相談に乗れるような態勢にしました。避難所の生活が困難な方々のお手伝いができればと思って。

植田さんのもとには、体調不良を訴える人たちが次々と集まってきた。

診療所の2階に取り残されていた開業医の道又さんたち3人も、12日の昼ごろにヘリコプターに救出され、弓道場へと向かった。

そこで道又さんは、避難者を診察していた植田さんと再会する。植田さんは、着替えと温かいお茶を出して道又さんをいたわってくれた。

［証言／道又衛］

弓道場に着いたときは、命が助かったというのが一番の気持ちです。衣服が濡れていたので着替えをいただいて、温かいものを飲んだときは、もう最高でしたね。それまでは寒さでガタガタ震えていて、ヘリコプターを降りるときも、周りの人に支えられてどうにか歩いている状態でしたので、本当に人心地つきました。

確かに大変な目にはあいましたが、植田先生や看護師さんなどとお話ししているうちに、だんだん気持ちが落ち着いて。ふだんの生活に戻れるんだなと思いました。植田先生が診療されている様子を見て、自分もお手伝いしなければという気持ちになりました。

震災以前から、大槌町の医師たちは災害時の訓練をいっしょに行っていた。道又さんと植田さんは、すぐに避難者の診療を連携して行うことにした。

［証言／道又衛］

ふだんからつきあいがありましたし、以前から大槌病院を中心に、大規模災害の避難訓練もしていましたから、二人の役割分担が決まっていたようなものなんです。

「トリアージ」という言葉がありますが、これは非常事態のとき、病院に搬送された人を「緊急で大きな病院での治療が必要だ」「軽症なので少し治療して休ませてあげればいい」など、重症度や緊急度によって分別して、治療や搬送の順位を決定することです。そうしたトリアージを行う係が植田先生だったんですね。私の係は、そのトリアージされた患者さんを病院で診療することでした。多分、それもあって、すんなりと役割分担をしていったと思います。

その日の夕方、道又さんは弓道場を植田さんに任せ、内陸にあり被害を免れた障害者支援施設・四季の郷《さと》に向かう。ここには薬や医療器具が備わっているため、治療も可能だった。道又さんは、この施設で植田さんのもとから搬送されてくる患者に対応していった。

［証言／道又衛］

四季の郷は、もともと震災前から私が担当している施設でした。避難所にもなっていたのですが、私が来たことで、入所者も避難されている方も安心したようでした。

やはり、病気を抱えている方もたくさんいるし、皆さんが一番気がかりなのは薬のことなんですね。施設には、例えば、血圧を下げる薬や、不安感を取り除くような薬などが常備されているので、皆さんに「何か心配事があれば、いつでもここにいるので対応できますから、安心してください」とお話ししました。

とはいえ、すべてをカバーすることはできないんです。ふだん飲んでいる薬とまったく同じものを渡すことはできないですし、ある意味、医者と患者さんとの間の信頼感が大切で、なんとか患者さんの不安を取り除いてあげるというのが、私の仕事でした。

過酷な看護現場

150人が孤立したまま一夜を過ごした大槌病院では、2階にあった厨房が流され、避難した人々は、ほとんど何も口にしていない状況だった。

12日の朝、職員が浸水した2階の備蓄庫に下りて、ようやくレトルト粥と水を見つける。限られた量のなかから150人分の食事を数日間まかなうために、一食あたりのお粥は、わずか50ccずつだった。

［証言／菊池智子］

栄養課の職員が備蓄していたものでお粥をつくってくださいました。「2、3日はもたせなければならない」ということで、量はほんの少しですよ。1回スッとするだけです。

食べられたな、という感じはありませんでしたが、ただ、そのときは不安のほうが強くて、おなかもあまりすいていなかったんです。でも、今考えると、安心感を与えるために配慮してくれたんだと思います。みんな、長丁場になることを考えると、「この先どうなるんだろう」と心配していましたから。

午前9時ごろ、1機の自衛隊の偵察ヘリコプターが大槌病院近くに降り立った。病院にやって来た隊員に、岩田院長は患者たちの搬送を要請する。

［証言／岩田千尋］

とにかく30人近く大変な患者さんがいるから、できるだけ早く彼らを運んでほしいということは要請しました。自衛隊の隊員が「わかりました」と答えてくれたときには、「ああ、もうこれで大丈夫だ」と安心しました。午後、せめて翌日までには、全員を安全な場所に運んでもらえるかなと。

もう一つ要請したのは、病院の前に救急車が出入りできるように道をつくってほしい、ということでした。ヘリコプターが近くに降りたとき、救急車で搬送することもできるように。それは、隊員が午前中にやってくれたので、あとは救助を待つだけでした。

同じころ、屋上のサンルームでは60代の男性患者の状態が悪化していた。ボンベの酸素が残りわずかになっていたのだ。

［証言／菊池智子］

11日から酸素を送っていたのですが、それがついに切れてしまったんです。12日には院長から、「今まで手を尽くしたのだから、もういいのではないか」と声をかけられました。あとは見守るだけの看護でしたね。

男性は看護師たちに見守られながら、その日の昼ごろ、息を引きとった。

気がかりな家族の安否

大槌病院は孤立状態にあった。地震以来、懸命に看護を続ける病院スタッフたちは、家族と連絡がとれない状態が続いていた。

［証言／菊池智子］

それまで、家族のことは誰も口に出しませんでした。当然、心配なはずですが、言えなかったんだと思いますよ。本当に、家族が生きているのか死んでいるのかもわからないという状況のなかで働いていていたんです。

だから、スタッフは時間が経つにつれて、精神的なダメージがどんどん大きくなっていくのがわかりました。座ることができても横になれないんですよ、落ち着かなくて。

［証言／佐々木勝広］

小さいお子さんのいる方は、ミルクの時間になるとおっぱいが張ってくるわけです。それでいやが応でも思い出すんですよね。そういった職員がいました。

［証言／岩田千尋］

職員のなかには、大槌町の住人もいるし、被害の大きかった隣の鵜住居町《うのすまいちょう》の住人もいます。みんな、自分のところが地震、津波の被害をどのぐらい受けているかわからない状態でしたから。一刻も早く、患者さんを運び出して全員を帰してやらなくてはいけないという思いでした。

要請したはずの自衛隊からは連絡がないまま、時間だけが過ぎていく。

［証言／佐々木勝広］

私は、遅くとも午後にはヘリが来るだろうと思っていたんですよ。でも、どこかでヘリの音は聞こえるけど、病院に来るような感じではない。そうして、どんどん時間だけが過ぎていきました。もう、それ以上救助要請をする術がないんですよね。

大槌病院から自力で脱出

震災3日目、ラジオから地震に関する新たなニュースが流れる。それを聞いた看護師たちの間に動揺が広がった。

［証言／菊池智子］

「3日以内に、震度7の地震が来る確率が70パーセント」というニュースを聞いて、すぐ上司に報告したんです。スタッフも「どうなるんだろう」という気持ちがすごく強くなっていたので、「すぐ病院を出よう」ということになったんですよ。今しかないって。

［証言／佐々木勝広］

職員も、自衛隊が来るということで頑張っていたんですが、もう限界なんですよね。そもそも大槌病院は耐震構造になっていないので、よく持ちこたえたなと思うんですけれども、次の地震が来たときに、倒壊しない保証は何もないわけです。

それで、病院長と総看護師長と私の三役でどうするか話し合い、じゃあ思い切って高台にある大槌高校に行こうということになりました。

［証言／岩田千尋］

確かに、2日は我慢できたとしても、もう3日目ですから、精神的に耐えられなかったかもしれない。患者さんを自分たちで下におろすと言っていますし、これはもうやむを得ないなと判断しました。

ただ、大槌高校も受け入れてくれるかわからないので、校長先生に許可をもらってくるよう、事務局長にお願いしました。

事務局長の佐々木さんは、がれきをかき分け、1・5キロ離れた山間にある県立大槌高校へ行き、受け入れを要請した。高校は大槌病院のために、四つの教室を用意してくれた。

午後2時、看護師と職員は、非常階段から患者たちを一人ずつ運び出す。家族の迎えなどがあり、このとき病院に残っていたのは寝たきりの患者30人だった。

幸い、前日には自衛隊が病院周辺のがれきをよけて道をつくってくれていた。日暮れまで2時間あまり。それまでに全員を移そうと、看護師たちは、寝たきりの患者を車いすに乗せ、学校に向かって急いだ。

［証言者／佐々木久子］

もう歩道も何もわからない状態で、ちょっと通るくらいのスペースしかなかったと思います。私たちも寒いぐらいだから、患者さんはもっと寒いだろうなって。かわいそうでしたね。あとは津波がまた来るのではないか、という不安もあったので怖かったです。

自分たちでは急いでいるつもりでしたが、道はガタガタしているし、実際はそんなに急げなかったと思います。気持ちだけが焦っている状態ですね。もう必死でした。 ――

がれきが散乱する道をどうにか歩き、高校へ通じる長い上り坂の手前までやって来た。

[証言者／佐々木久子]

ここまで来る時点で相当大変なのに、残骸でごちゃごちゃした坂道を見て、ちょっと自分の気持ちが折れそうになってしまいました。 ――

そのとき、学校方面から1台の車が走ってきた。佐々木さんは、無我夢中で車を呼び止める。

[証言者／佐々木久子]

患者さんを乗せてもらえるようにお願いしたんです。お願いします、助けてくださいという感じです。患者さんたちが大勢こちらのほうに向かっているので、乗せてもらえないですか、とお願いすると引き受けてくれたんですね。すごくうれしく思いました。 ――

車を運転していた男性は高校の教師だった。教師は病院と高校を何度も往復し、搬送を手伝ってくれた。

そして2時間後、ようやく30人の患者全員を高校の教室に移すことができた。

［証言／岩田千尋］
大槌高校は、大勢の避難者を受け入れていました。うちの病院を含めてドッと避難者が押し寄せたんですが、全部引き受けたんです。自動販売機も、校長先生が「全部開けろ」「みんなに配れ」と言ってね。普通、そんなことしないでしょう。これはあとで怒られるとかね。本当に立派でしたよ。

障害者施設への搬送

高台の高校に避難して津波の心配はなくなったが、患者たちを治療できない状況に変わりはなかった。

［証言／岩田千尋］
寝たきりの患者さんを抱えていますからね。津波の心配がない場所には移れたものの、高校にも電気が通っていなかったので、やれる治療というと、点滴や食事介助、おむつ交換など限られていたんです。ここにいてもやっぱり状況は変わらないので、早く安全な場所に運ぶ必要がありました。

翌日、岩田院長は、患者たちを受け入れてくれる場所を探しに出かける。その一つが、障害者支援施設・四季の郷だった。岩田院長は、そこで診療を行っていた道又内科小児科医院の道又医師と再会する。

［証言／岩田千尋］

施設に着くと、先生がにこやかに出てきたので、「先生、大丈夫だったんだ」という会話になりました。それで、病院はこういう状態になってしまったので、少しでも四季の郷で、患者さんを引き受けてもらえないかとお願いしたところ、「大変でしょうし、何人でも引き受けます」と言ってくれたんです。こちらとしては、不安な思いでここに来ていただけに、そう言ってもらってすごくありがたい気持ちでした。

［証言／道又衛］

ほかにはもっと大変なところもあるだろうし、四季の郷はすごく安定した状態でしたから、要請があれば、すぐに受け入れて診療しようという気持ちがありました。

それに、岩田先生といつもよくお話をしていましたし、いろんなことで常日頃から親しくしていましたから。

四季の郷には7人の患者が搬送され、道又さんが診療にあたった。

その後、ほかの患者も隣町の県立釜石病院など、五つの病院や施設が受け入れに応じてくれた。大槌病院では、震災発生からすべての入院患者の搬送が終わるまでに、3人が亡くなった。しかし、地域の医師たちの連携によって被害の拡大を食い止めることができた。

［証言／岩田千尋］

みんな快く引き受けてくれて、できることをやってもらえたんですね。それは施設もそうだし、患者さんの家族もです。もう病院がなくなってしまっているので、自分の家で看てやったほうがいいからと、家に帰した患者さんもいました。そうして、みんなが協力し合って。みんなの世話になったんですね。

患者たちの搬送を終えた翌日、看護師と職員たちは、それぞれの家族のもとへと帰っていった。

災害に強い医療の町へ

大槌町では、被害が大きかった町の中心部に住宅地を再建するため、土地をかさ上げする工事を進めている。

大槌病院は2013年12月現在、仮設の建物で診療を続けている。3年後には、高台にある野球場に50床の新しい病院を再建する予定だという。

［証言／岩田千尋］

仮設だと、本来なら、うちの病院で診てやれるような患者さんを診てやれなかったり、ずいぶん歯がゆい思いをしていますから、新病院への期待はありますね。一番の課題はやっぱり医師確保。もともと医師確保が大変でしたから。病院が建ってもお医者さんがいないと大変なことになってしまいますからね。医師確保がちゃんとできて、この土地で、きちんと10年、20年続いていけるような病院になるといいと思っています。

四季の郷で診療にあたっていた道又さんは、2012年の8月、町の内陸部にいち早く新しい診療所を開いた。道又医院の外装には鮮やかなピンク色が施されている。

[証言/道又衛]

仮設の診療所を開いていたのですが、やっぱり日が経つにつれて患者さんも自分の健康に対して不安が出てくるんですね。以前は、その日の血圧や風邪の薬をあげれば満足していたのですが、将来が見えるとだんだん変わる。災害医療ではない医療が求められる段階にきていたんです。

それならば仮設では無理だし、本来の診療体制に戻らなければいけないと、とにかく早く診療所を建てようという気になりました。

津波後で、周りに色がほとんどない状態でしたから、外壁はやはり明るい色にしたいと思いました。もともとピンクが好きでしたし、気持ちが明るくなるというか、みんなが幸せな気分になればと思ってピンクにしました。

大槌町にいた開業医は、震災後1人が町を離れたが、新たに1人が加わり、今も5人で大槌病院を支えている。

［証言／道又衛］

この町の健康を守るためには、やっぱり、県立の大槌病院を中心にして、私たち開業医がフォローアップしていく体制が大事だと思います。これは、次の世代に残したいシステムですよね。だから今後は、なんとかそのために努力していかなければいけないなと思っています。そうして医療体制さえしっかりすれば、人が安心して暮らせる地域になるはずですから。そうすれば、また魅力ある町になっていくのだろうなと期待しています。

（２０１３年12月　取材）

釜石市

——身元確認・歯科医師たちの闘い

鵜住居町

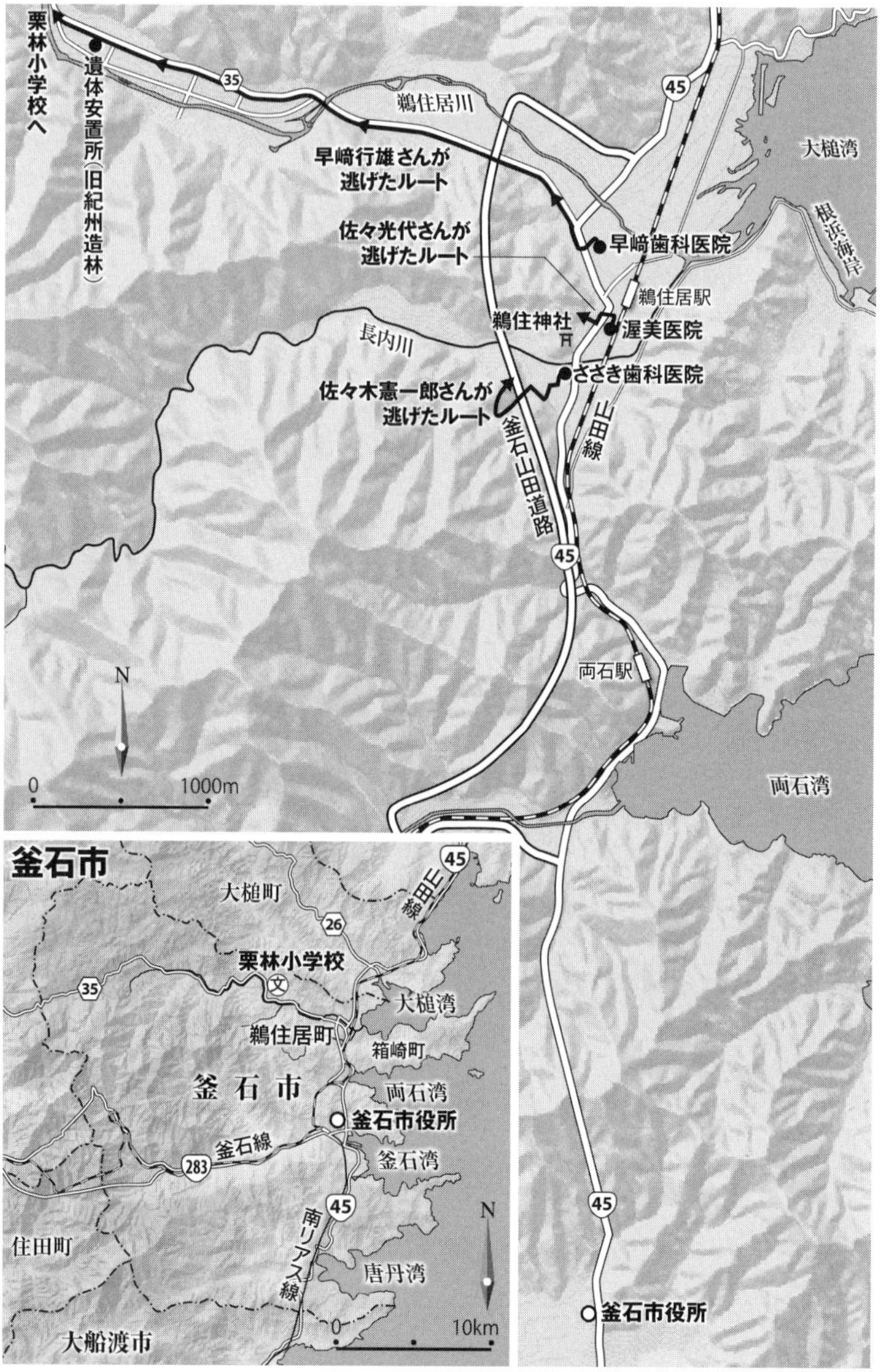
栗林小学校へ
遺体安置所（旧紀州造林）
35
鵜住居川
45
大槌湾
早﨑行雄さんが
逃げたルート
根浜海岸
佐々光代さんが
逃げたルート
早﨑歯科医院
鵜住居駅
鵜住神社
渥美医院
長内川
ささき歯科医院
佐々木憲一郎さんが
逃げたルート
山田線
釜石山田道路
両石駅
両石湾
N
0
1000m
釜石市
大槌町
山田線
26
栗林小学校
文
大槌湾
鵜住居町
箱崎町
釜 石 市
両石湾
釜石市役所
釜石線
283
釜石湾
南リアス線
住田町
唐丹湾
大船渡市
0
10km
釜石市役所

岩手県沿岸南部の釜石市。市の北端に位置する鵜住居町《うのすまいちょう》は、震災による津波で大きな被害を受けた。

鵜住居町では、釜石市の犠牲者の半数以上におよぶ580人もの人々が亡くなり、急ごしらえで安置所となった工場跡には被災直後から次々と遺体が運び込まれた。

安置所では、遺体を間違いなく家族のもとに帰すために身元の確認が徹底して行われた。指紋やDNAとならんで身元を特定するのに有力な方法が歯の照合である。混乱のなか、安置所で歯による身元確認を行ったのは、自らも被災している地元の歯科医師たちであった。

安置所に通いつめて家族を捜す人々と、身元確認に力を尽くした歯科医師たちの証言を聞く。

二つの歯科医院

釜石市鵜住居町は、北上高地から流れ下る二つの川、鵜住居川と長内川《おさないがわ》が合流する三角州にひらけた町で、震災前にはおよそ3700人の人々が暮らしていた。鵜住居には2軒の歯科医院がある。その一つ、町の中心部の早崎《はやざき》歯科医院は1983年に開業した鵜住居で初めての常設の歯科医院である。院長の早﨑行雄さん（63歳）は宮崎県の出身で、大学時代に釜石出身の揚子《ようこ》さんと知り合い、結婚して妻の故郷で開業することにした。

［証言／早﨑行雄］

初めは言葉もわからないので助手の女性に通訳してもらっていました。地元のおばあちゃんたちが何を言っているのかわからなかったです。せっかくこっちに骨を埋めるつもりで来たのに、どうしようかと思いました。それで結局、子どもを通して地区の活動に参加していきましたね。

長男を野球チームに入れたり学校のＰＴＡの行事にも出まして、地区の集まりにも積極的に出席しました。それで受け入れていただくのに5年ぐらいかかりましたかね。東北の方はやっぱり受け入れてくれるまでが大変なんですね。受け入れてくれたら、あとはもう本当に友人として迎えてくれますので、友だちもいっぱいできました。そこまでがやっぱり大変でしたね。

もう一つの歯科医院は町の南部にある、ささき歯科医院である。長内川を河口から2キロほどさかのぼったところにあり、2000年に開業した。院長の佐々木憲一郎さん（46歳）は地元釜石市の出身で、慣れ親しんだ土地でのスタートであった。

［証言／佐々木憲一郎］

鵜住居は母親の実家があるので、小さいころはよく泊まりに来て犬を連れて川に行ったりとか、根浜《ねばま》海岸に泳ぎに行ったりしていました。海あり、山あり、川あり。鵜住居はすべての自然の要素がいろいろと揃っている地域です。本当にのどかな田舎町という気がしますね。

大地震の発生

2011年3月11日午後2時46分、激しい地震が鵜住居の町を襲った。早崎歯科医院では午後の診療を始めたばかりであった。

［証言／早﨑行雄］

地震のときは診療をしていました。助手たちが立っていられないぐらいの強い揺れで、だいぶ長かったのを覚えています。ちょうど診察台に患者さんもいましたので、私は台を押さえながら地震が収まるのを待ちました。助手たちは座り込んでしまって動けませんでした。

ほかにも患者さんが待っていらっしゃったんですけど、普通の地震とは違うからすぐ避難するように言って帰しました。助手たちが心配そうな様子だったので「とりあえず山のほうに逃げよう」と言い、まず助手たちを車で避難させました。私はすぐに帰ってこられると思っていたので、白衣のまま2匹の犬を抱いて歯科技工士の女性といっしょに車で逃げました。

ささき歯科医院でも午後の診療が始まろうとしていた。尋常ではない揺れのなか、佐々木さんの妻で看護師の孝子さん（37歳）は患者や病院のスタッフへの対応に追われていた。

［証言／佐々木孝子］

一気に強い揺れがガタガタと来て、すべてが倒れてくるような感じでした。揺れている最中に診察室のほうへ行って患者さんたちに大丈夫ですかと確認してまわりました。待合室の様子も女性のスタッフたちに見てくるように頼み、まず患者さんたちの安全確保に努めました。

スタッフには倒れているものはそのまま倒しておいて、今後落ちてきそうなものを粘着テープでとめるように指示しました。そうしたら受付のスタッフが、カルテが置いてある棚を粘着テープでとめてくれたんです。余震でカルテがパーッと飛び出してくるだろうと思ったらしいんですね。カルテが入っている棚を1本の粘着テープで上から下までピーッととめてくれました。それは本当にあくまでも余震のため、揺れに対してだけのためでした。

津波の襲来

ささき歯科医院ではその後、患者たちを帰し、全員が余震にそなえて医院の前の駐車場に出た。佐々木憲一郎さんが車のラジオをつけると「大津波警報が出た」というニュースが流れていた。そのとき、佐々木さんは目の前を流れている長内川の異変に気付く。

［証言／佐々木憲一郎］

3時15分ごろだったか、「釜石市に4メートルの津波が到達した」とラジオから聞こえてきました。そのとき、信じられない光景が目の前で起きました。医院の前の長内川はふだんあまり水量のない川なんですけど、その川をものすごいスピードで下流のほうから家や車が流れてきたんです。川の向こうには土煙が上がり、おそらく津波が来てるんだなと思いました。それを見た瞬間に、ここじゃだめだとわかりました。津波だ！と大声を出して、スタッフ全員に「山のほうに向かってとにかく走れ」と指示を出しました。とにかく行け、とにかく全力で行きなさいと。

スタッフたちを避難させた佐々木さんは、医院の中に戻っていた孝子さんが出てくるのを待って二人で走りはじめた。医院の前の道路にはすでに津波が押し寄せていたので、裏手にあるフェンスを乗り越えて逃げることにした。

［証言／佐々木孝子］

いつもは通らないような道を行くしかなかったので、フェンスを乗り越えようとしたんですけど私だけ思うように乗り越えられなくて、主人が引っ張ってくれたんですね。そのときに下ばかり見ていたら、木の枝に気が付かなくて、枝が目に刺さってけがをしてしまいました。痛いとは思ったものの「もうそこまで波が来ている」と主人が言っていましたから、痛いなんて言ってられないんだと思って。主人に手を引っ張ってもらいながら必死で走りました。
逃げる途中で道路の側溝の蓋が、ガバガバって一気にドミノ倒しの逆のようなかたちで持ち上がってきて、水がワーッとあふれてきたんですね。津波は後ろから来ているはずなのに、水が足元を一瞬で追い越していくのでびっくりしました。私はまだ津波には追いつかれていないと思っていたので、目の前に水が来たときには、もうどうなるんだろうって思いました。

津波に追われながら必死に走る佐々木さんたちは、途中でスタッフたちが立ち止まっているのを見つける。先に逃げたはずのスタッフたちが、近所に住む車いすの人を助けようとして、佐々木さんたちより遅れていた。すぐ後ろには津波が迫ってきていた。

[証言／佐々木憲一郎]
スタッフたちが頑張ってね、車いすの人を助けようとしていたわけです。でも、もうその後ろには濁流といいますか、家が動いてくるんです。土煙がすぐ何十メートルか先に迫ってるんだからもう間に合わない。車いすを押しながらでは絶対に間に合わないというふうに私は判断しました。とにかくもう自分のスタッフを守るということを第一に考えて「とにかくこっちに来い」と叫びました。申し訳ないけどその車いすを押しながらでは絶対に間に合わないと。そういう状況判断をしたといいますか、今となってはすごく悔いが残るのですが……。あと1分早く逃げてい

れば、いっしょになってその人を助けることができたと思うんです。すごくつらかったです。その瞬間だけは今でも鮮明に覚えています。ものすごく後悔の残る瞬間というか、その様子はもう頭の中にこびりついて離れないですね。

佐々木さんと孝子さんはスタッフたちと合流し懸命に走った。すでに足元の道路は水にぬれていた。佐々木さんたちは間一髪で裏山にたどり着き、坂道を登って完成したばかりの三陸自動車道（釜石山田道路）の高架橋に上がることができた。

橋から見下ろした鵜住居の町は、高さ10メートルを超える津波に飲まれ一変していた。海に近い町の中心部は水没し、周囲の山すそにはたくさんの建物が押し流されていた。

［証言／佐々木孝子］

夢か現実か、とてもじゃないけど信じられない。とにかく誰一人として死んでいないと思いたかったです。けれども津波が引いていくのを見ながら思わず出た言葉は「これ何百人の人が死んだの？」というものでした。自分の口から死とか何百人という言葉が出てくることにびっくりしているときに、主人が私に言ってきた答えが「何百人じゃない。何千人だ」というものでした。

［証言／佐々木憲一郎］

その町を見たときに「俺ちょっと長い夢を見ているな」と思いました。現実のものとしては受けとめられないんですね。とてもじゃないけど信じられない。正気に戻ったときには「ああ、もうみんないなくなってしまった」というふうに思いました。そのときはそんな思いしか浮かばなかったですね。おそらくとてつもない数の犠牲者が出ただろうと。

日が暮れるときに「助けてあげられなくて申し訳なかった」と心の中で謝りながら、「ただ最後には家に帰れるように捜してあげますから」とその町を見ながら思いましたね。「助けてあげられなくてごめんなさい、だけど必ず捜してあげるから」って、そのときに思いましたね。


孝子さんは高架橋の上で佐々木さんが何度もつぶやいていたある言葉が忘れられないという。佐々木さんは眼下の惨状を見ながら「俺はデータを取りに行く。データを取りに行くからな」という言葉を独り言のように何度も繰り返していた。

佐々木さん自身は「そんな言葉を口にした記憶がない」と言うのだが、翌日からの行動でその意味するところが明らかになっていく。

遺体の歯の記録

もう一人の歯科医師、早﨑行雄さんは、いち早く車で避難したために津波を見ることはなかった。しかし、歯科医院のあった町の中心部は大きな被害を受け、自宅を兼ねた医院は診察室を津波が突き抜けて鉄骨がむき出しになり、診療器具や患者のカルテもほとんどが流されてしまった。

早﨑さんは助手の女性たちといっしょに鵜住居川の上流にある小学校の体育館に避難する。早﨑さんはまず助手たちを自宅に帰すことに専念した。震災から4日目の3月14日、早﨑さんは最後まで残った歯科技工士の女性を釜石へ送り届けると、ようやく妻の実家に立ち寄って家族の無事を確認することができた。

その後、早﨑さんは釜石市内の遺体安置所へと足をのばした。無事だった仲間の歯科医師たちが安置所で活動を始めていると聞いたからである。

安置所では身元の確認のために遺体から歯の記録をとる作業が行われていた。

特に被害の大きかった鵜住居の安置所で歯科医師が不足していることを聞いた早﨑さんはすぐに手伝う決心をする。安置所は林業関係の会社の使われなくなった工場の中にあった。

[証言/早﨑行雄]

私は鵜住居の紀州造林の工場跡のご遺体を検案するために皆さんと行ったんですけれども、まあちょっとすごかったですね。197体のご遺体が安置されていまして、それはもうちょっと驚きでしたね。けれども、とにかくやらないといけないと。私は鵜住居で開業しているので患者さんとか知りあいの方とか、亡くなられた顔を見たらわかるんですね。歯の検案をしながら「ああ、この人はあの人だ」というふうにわかっていったんですけれども、やっぱり知りあいの方で亡くなられたというと、ちょっとやりきれなかったですね。

鵜住居では580人あまりの犠牲者が出ていた。捜索は連日続き、震災から5日目には1日で110の遺体が安置所に運び込まれた。広い工場の敷地はたちまちいっぱいとなり、行方不明になった家族を捜す人たちが次々と訪れて来ていた。

運ばれてきた遺体は警察と医師によってまず死亡の確認が行われる。同時に身元の確認のために衣服や所持品の検査、写真の撮影、指紋の採取などが行われる。その後、歯科医師により歯の記録がとられる。歯はDNAや指紋とならんで身元を確認するための重要な手がかりとなる。人の歯は親知らずも含めると上下で32本ある。その1本1本について治療の跡などを調べると、その人だけにしかない特徴が明らかになる。例えば32本の歯についてそれぞれを健康な歯かそうでないかという二つに分けただけでも、その組み合わせは2の32乗で約43億通りとなり、日本の人口をはるかに超えてしまう。遺体の検案では残された歯の1本1本について治療の方法などをさらに詳細に記録していくので、生前のカルテと比較することができれば個人を特定できる有力な情報となるのである。早﨑さんは身元の確認に欠かせない遺体の歯の記録を安置所でまかされていた。歯科医師となって初めてのことであった。

[証言／早﨑行雄]

警察の方がですね、ご遺体を洗ってきれいにしていただけるんですけれども、ただ口の中にはヘドロや血とかが残ってるんですね。口も硬直していて開口器を使っても開かないので金属のヘラを使ってゆっくり開けまして、まず口の中をきれいにします。それからようやく歯の記録作業です。やっぱり1人30分ぐらいはかかっていましたかね。

まあ無我夢中ですかね、やっているときはですね。お昼も食べなかったです。とにかく早くご遺体をご家族のもとに帰してあげたい、それだけですよね。顔がまだ判別できる状態だったらいいんですけど、難しいときはDNAあるいは歯の記録がないとやっぱり識別ができないんで。それがないと早くご家族のもとに帰してあげることはできないですからね。応援に来ていらっしゃる先生方もそうだし、私自身もそうだし、なるべく早く帰してあげたい、皆さんそれだけだったと思いますよ。

早﨑さんは遺体の数が最も多かった3月下旬まで、毎日安置所に通って歯の記録をとり続けた。遺体のなかに見知った顔があっても、あえて感情を出さずに作業を続けたという。そんな早﨑さんが涙を抑えきれなかったことがある。

[証言／早﨑行雄]

僕の友人の娘さんで、高校卒業と同時にうちの診療所に勤めていた女性なんですけど、5年くらいいまして結婚して退職したんです。その女性が鵜住居の防災センターに子どもさんと避難しまして、そこで亡くなったんですね。それで、子どもさんは見つからないで、その女性だけ安置所のほうに運ばれてきました。そのときにその女性の父親から呼ばれたんです。検案していてちょっと見たら、父親が来ていまして「早さん、早さん、ちょっと見て」って。死んだというふうに言われて本当に涙が出ましたね。

まあ私はこちらのほうに骨を埋めるつもりで来ましたので、やっぱり地区でこういうことがあると何かできないかとか、そういうのはいつも心の中にありましたから。遺体の歯の記録はたしかに大変なことですが、自分のできることはちゃんとやろうと思いました。

早崎さんたち地元の歯科医師や岩手県の内外から駆けつけた歯科医師たちの活動により、遺体の歯の記録は順調に集まっていった。しかし、遺体の身元確認を行うためには、この死後の記録と照合するための「生前の歯の記録＝カルテ」が必要であった。

カルテを復元する

津波からかろうじて逃げのびた歯科医師、佐々木憲一郎さんも動きはじめていた。津波の翌日、佐々木さんは避難していた高架橋を下りてがれきのなかを歯科医院へと向かう。患者の歯のデータが書かれたカルテを捜しに行ったのである。津波を見ながらつぶやいた「データを取りに行く」という言葉のデータとはカルテのことであった。出発の前、妻の孝子さんには災害時に歯のデータが果たす役割を説明していた。

［証言／佐々木孝子］

この波の下だとどこで誰がどのように犠牲になっているかがわからないから、絶対に歯医者のデータが役に立つ、それをもとに遺体の身元を捜していかなければならないと言っていました。地元の歯医者として、自分の患者さんが犠牲になっているはずだから、カルテで捜していかなければならないと。遺体が見つかっても、データがなければ照合もできないから、そのためには絶対にカルテが必要なんだということを、津波の第1波を見たときから思っていたみたいです。

歯科医院までの道のりは400メートルほどであったが、がれきにおおわれていたため1時間以上かかった。歯科医院は1階の天井まで水に浸かり、診察室の中も激しく壊れていた。しかし、受付の棚に置かれた患者のカルテは無事であった。地震のときに貼った粘着テープのおかげで、津波にも流されずに残っていた。

［証言／佐々木憲一郎］

破れているとかそういうものも何枚かはありましたけど、テープでとめていた棚のカルテは完全に残っていました。海水に浸かって泥だらけではあるんですけど、ちょっと手でぬぐったりすると、あっ、これはまだ読めるというふうな状態だったので、これをちゃんと整理しようと思いました。ああ、残っていてくれたというのがそのときの印象ですね。

4000枚以上あったカルテはほとんどが診察室の中で見つかった。しかし、津波が運んできた土や泥がこびりついて読むことができないものも多くあった。震災からおよそ10日後、佐々木さんは女性のスタッフたちを壊れた歯科医院に集めて、カルテの復元を手伝ってほしいと話す。

［証言／佐々木憲一郎］

安置所に行けば数百体のご遺体が並んでいる状態でした。実際にそれを顔とか服装だけで判断して、家族のもとに帰すことができるかといえば、なかなか簡単にはできないということをまずスタッフに説明しました。それじゃあ身元確認のためのツール（手段）としては何があるのかといった場合は、まず私たち歯科医師が持っている歯のデータ、これがものすごく重要だし確実だから、どうかこのデータを揃えるのに協力してくださいと頼みました。どうにか手を貸してくれないかということで作業が始まりました。

カルテの復元作業は妻の孝子さんが中心となり、7人の女性スタッフたちが交代で取り組んだ。作業場所は津波で壊れた診察室であった。カルテを洗ったり乾かしたりするスペースを確保するために、まず壊れた診療器具を外に出して床をきれいに掃除することから始めた。

[証言/佐々木孝子]

3月から4月の前半にかけてですから、まだまだ寒い時期ですよね。暖房は反射式のストーブ1台だけでした。水道も何もかもストップしているので、ポリタンクに毎日水を入れて運んできて使いました。広いスペースをとって、泥になったカルテから洗える量だけを持ってきて、スタッフは2対2ぐらいに分かれて座ります。バケツとぞうきんを準備して、汚れたカルテを一度ファイルから出して、ファイルの中と外を拭いて、それからカルテを1枚1枚、泥をとるようなかたちで拭いていきます。ファイルを拭いて、カルテも拭いて。で、乾かしていくんです。紙が湿気っているので、強く拭くと泥を落とすだけじゃなくてカルテの紙が破けてしまう。これ以上拭くとカルテ自体がぐちゃぐちゃになってしまうというギリギリのところまで拭いてから乾かすということをしていましたね。カルテを傷つけてせっかくの情報がなくなってしまっては元も子もないので、本当に1枚1枚を拭くのにすごく時間がかかりました。

あとは余震によって再度の津波が来るかもしれないという恐怖がみんなにありましたので、ラジオを必ずつけっぱなしにしていました。黙々と作業はしていますけどラジオはついていて、常に音がしているような状況でしたね。

早く終わらせて早くカルテを揃えて、もしこの中の人に犠牲者がいるのであれば早くカルテを照合に回さなければならないという思いはみんないっしょに持っていたと思います。

スタッフたちは1か月かけて4600枚におよぶカルテの泥を落とした。

その間に佐々木さんは釜石市から行方不明者の名簿を提供してもらい、自分の歯科医院の患者がいないか探していった。その結果、およそ100名の患者が行方不明であることがわかった。佐々木さんは復元したカルテの中から行方不明者のものを選び出し、それを持って4月初めから本格的に鵜住居の安置所に通いはじめる。

歯による身元確認

鵜住居の安置所では4月になっても新たな遺体が運び込まれていた。

盛岡市から応援に来たある歯科医師はこのころの遺体の状態について次のように記している。

「遺体の死後変化が著しい。肌色が緑暗色に変化し、遺族による顔貌での個人識別はほぼ困難である」（身元確認作業報告書より）

鵜住居の安置所でも時間とともに遺体の傷みが激しくなり、歯による身元確認の重要性が高まっていた。佐々木さんは自分の歯科医院で復元した行方不明者のカルテを安置所に持ち込み、遺体の歯の記録と1枚1枚照合することにした。しかし、その作業は根気のいるものであった。

［証言／佐々木憲一郎］

とにかく数が数ですので。安置所の歯科所見（遺体の歯の記録）は300枚とか400枚とかずらっとあるわけです。こちらのカルテも100近くあるわけですから、それを1枚1枚照合するのは大変なことです。そこで効率をよくするために、まずカルテの表紙に歯の特徴を赤ペンで書き出しました。例えばこのカルテに赤い字でFDと書いてあるのは「フルデンチャー」の略で総入れ歯という意味です。義歯ですね。上の歯が総入れ歯なんです。こうした特徴をわかりやすく赤ペンで書き出したカルテを何枚か机の上に置いておいて、それと比べながら死後記録を1枚1枚見ていきます。それでこれは赤字で書かれた特徴と似ているぞというのがあれば、内容を細かくチェックします。その時点でもうまったく間違いないとなれば、今度はそのカルテとレントゲンのデータを持って、警察官に「このご遺体を見せてください」と言って、実際のご遺体の歯を見て間違いないかを確認します。そういうふうな流れで作業をしていました。

カルテから遺体の身元が確認できれば照合にあたった歯科医師が判定用紙を記入する。判定では32本の歯すべてについて死後の記録と生前の記録（カルテ）を比較し、特徴が一致するか確認する。その上で歯科医師の所見と最終的な判定を書く。佐々木さんは行方不明になっていた自分の歯科医院の患者のうち、カルテを使っておよそ50人の遺体を見つけることができた。

残された家族のためを思っての頑張りだったが、結果を告げるときは複雑な気持ちだった。

［証言／佐々木憲一郎］

この人はあなたのお父さんです、お母さんです、おじいちゃんです、おばあさんですっていうふうにお伝えするということは「望みがもうないですよ」と言うことと同じなんです。どこかで生きているという望みはもうないですよっていうふうに宣告してしまうのと同じなので、判定の理由をできるだけ詳しく説明してから、「申し訳ありませんがお母さんです」っていうふうな言い方で結果はお伝えしていました。

私がそういう判定をしたときというのは涙を流して泣き崩れるご遺族がほとんどです。それと同時に本当に何回も何回もありがとうございますっていうふうに、何回も何回も頭を下げてくださったのも覚えています。ご遺体を家族のもとに帰すことはできたんだけど、非常に申し訳ないという気持ちがやっぱりすごく強かったですね。

毎日必ず通ってくる佐々木さんのために、安置所を管理する警察も専用の机を用意してカルテの照合作業をやりやすくしてくれた。

精力的に身元確認を行っていた佐々木さんだが、家族には違う一面を見せていた。

［証言／佐々木孝子］

家に帰ってくると、まず座ってたばこを吸って、はあああって力を落とすような感じからスタートするんですね。気分がまいっている。ショックを受けているというか、どうしてこういうことが起きてしまったんだろうっていうような様子で遠くを見てずっと考えているようなときもありました。疲れた顔をしているというか、いつかこの人は倒れるかもしれない、大丈夫なんだろうかっていうふうに思って見ていたところはあります。

抱え込んでいたら多分壊れてしまうかもしれないと思ったので、あえて「今日はどうだったの？」とか聞きました。疲れていて話す元気もないようなときもありましたけど、一つでも二つでも口から出してもらって楽になってもらえたらなと思うこともよくありましたので。ご遺体が見つかってご遺族に説明をしたときは必ず話してくれましたね。

若いお母さんのご遺体が見つかったときに、小学校の何年生かは定かじゃないんですけど、その子どもに「ごめんね、お母さんだったよ」って言ったら、そのお子さんは泣かないで、ありがとうございましたとだけ言ったことがあったみたいです。そのときは本当にいろいろとご家族に説明をしたけど、やはりお子さんにお母さんだよって告げたときはつらかったようですね。

たぶん震災から1か月ぐらい経ってからだったと思うんですけど、お母さんだよって言ったときに泣いちゃうかなって思ったけど泣かなかったって。その子はおそらく1か月の間、必死に捜していたんだろうと。必死に捜しながら、あの顔はたぶんさんざん泣いて泣き尽くして、ああ、やっとお母さんが見つかったっていうようなときの顔に見えたっていうことを言っていました。

残された者の思い

佐々木さんが鵜住居の安置所で毎日顔を合わせる人がいた。看護師の佐々《ささ》光代さん（62歳）である。佐々さんは高校を卒業してすぐに鵜住居の駅の近くにある渥美医院で働きはじめた。院長の渥美進さん（当時81歳）は内科医、妻の久子さん（当時71歳）は小児科医で、町の人たちが頼りにしている地元の医院であった。佐々さんは勤めて3年目からは住み込みの看護師となり、その後40年間にわたって渥美夫妻と家族同様に暮らしていた。

[証言／佐々光代]

渥美医院での生活というのは私は親兄弟よりも長いんです。だから今思えばね、院長先生と久子先生は親みたいな感じなんですよね。ご飯も3食いっしょです。本当に優しくてアットホーム。まるで家族ですね。ほかのみんなも家族みたいな感じで働いていました。

院長先生はね、若いときはカッとなって私も結構怒られましたけど、やっぱり年をとってくるにしたがって丸くなりましたね。震災の前の年に心筋梗塞をされまして、それからですね、何か頼まれたことをしてさしあげると、すぐありがとうって言うんです。あまりにも言うので、いや、院長先生、そんなこと言わなくてもいいんですよって言ってたんですけどね。今考えれば、震災であああいう別れ方をするために、すぐありがとうっていう言葉が出てきたのかなと思います。

震災の当日、佐々さんは院長の渥美進さんを支えながら高台にある神社を目指して避難していた。妻の久子さんと先輩の看護師、花坂優子さん（当時67歳）もいっしょであった。

［証言／佐々光代］

院長先生の手を握って外へ出たとき、もう海側にある線路の向こうに水が見えていました。私が院長先生の左側に立って花坂さんが右に立って、両脇を支えながら国道に出たんです。逃げる途中で会った救急隊員から「もう津波が来ているからそこの山に登れ」って言われました。山まで着いて、えっ？て思ったんですよ。とても急な斜面で院長先生は無理だと思いました。でもまあ3人で持ち上げればどうにかなるんじゃないかと思って。私の前に院長先生を立たせて、それで花坂さんと久子先生といっしょに院長先生の腰を押して「先生、山に上がるべしな」って言ったんです。その途端にもう波が来たんですね。山に上がろうって言ったのが最後の言葉でした。

4人は津波に飲まれて別れ別れになってしまう。佐々さんは波の中でいったん気を失うが、水から浮いたときに意識を取り戻し、目の前にあった木につかまって一命をとりとめた。

［証言／佐々光代］

もう寒くてね。木の枝につかまって、先生たちの名前を呼んだんですよ。院長先生は先生って言って。久子先生は奥さんって言ったんです。花坂さんはゆうちゃんって言って。

どこか近くに上がっていれば返事をするだろうなと思って何回も呼んだんですけどね。全然

やっぱりね、波の音が聞こえるだけで、全然応答はありませんでした。

佐々さんはその後、神社に避難した人たちに助けられたが、渥美進さんと久子さん、花坂優子さんの3人は行方不明となった。佐々さんは震災直後から3人を捜しはじめる。避難先の釜石から鵜住居まで車で送ってもらい、町の中を捜し歩いた。

［証言／佐々光代］

三陸道の途中の恋の峠で車から降ろしてもらい、そこからはずっと歩いていきました。まず渥美医院の跡を見て、あとは安置所のある紀州造林まで歩きました。

渥美医院ではしばらく立ち止まってね、医院がなくなった様子を見ているんですけどね、またこの震災がおさまれば渥美医院で働くんだっていう、そういう気持ちだったんですよ。この目で見ているんですよ、もう渥美医院がないのを。跡形もないんですけど、これが落ち着けばまた渥美医院で働くんだっていうね、そういう精神状態でした。そういう状態で、もう涙もね、本当に涙も一滴も出ませんでした。

佐々さんは一日も休むことなく鵜住居へ通った。3月の下旬には安置所で花坂さんの遺体を見つけて家族に知らせることができた。しかし、渥美進さんと久子さんは行方不明のままであった。

［証言／佐々光代］

安置所では亡くなった人の特徴が掲示板に貼られているんです。それを見て、あっこれ院長先生に似ているなとか久子先生に似ているなとかっていうふうに捜すんです。それから写真も出てくるようになって、似ていると思えば警察の人に言って遺体を見せてもらったりします。

どうにかして見つけてあげたいっていう気持ちしかないと思いますね。今考えれば、よく本当に毎日歩いたと、通ったと思いますよ。今歩けって言われてもなかなかできないと思います。ただ見つけたいっていう気持ちだけですね。それだけですね。

先生たちを見つけるのが私の仕事かなっていう気持ちなんですね。家族ですからね。いっしょに暮らして、3食同じものを食べて。親兄弟よりもいっしょにいた時間が長いですしね。息子さんとか娘さんよりも私が長くいるんですよ、いっしょに。

4月に入ると佐々さんは安置所で歯科医師の佐々木憲一郎さんをよく見かけるようになる。渥美医院は佐々木さん一家のかかりつけ医であり、子どもが風邪をひいたりすると小児科医の久子さんによく診察してもらっていた。佐々木さんにとっても渥美夫妻が行方不明であることは気がかりであり、お世話になった二人の医師を何とか見つけたいと思っていた。

［証言／佐々木憲一郎］

佐々さんとは毎日、本当に毎日会っていましたね。まだ見つかりませんかと声をかけると、見つからないですという返事で、どこに行ったんだろうねというふうに会えば話をしていました。

とにかく私も非常にお世話になった二人だったので、安置所でもずっと捜していました。

［証言／佐々光代］
　私が行くと佐々木先生も来てるんです。夕方会うときもあるし、午前中会うときもあるし。あらっ先生って言ってそこでお話をして。そのときにですね、「久子先生と院長先生は私が見てちゃんと確認してあげるから」ということを言われたんですよ。すごく安心しました。先生たちがもし見つかれば、（佐々木）憲一郎先生にちゃんと歯のほうの記録で確認してもらえるっていう気持ちが強かったですね。だからすごく心強かったですよ。

　震災から半年後の9月19日、鵜住居の安置所は閉鎖された。歯科医師たちの献身的な活動もあり、528人の身元が判明したが、渥美進さんと久子さんは行方不明のままであった。

帰ってきた義歯

　9月初め、修繕を終えたささき歯科医院はもとの場所で再開した。安置所での身元確認も一段落し、佐々木さんは再び患者の治療を中心とする日常に戻っていた。
　ところが再開から3か月後の12月初め、警察から突然の連絡が入る。歯による身元確認を行ってほしいという依頼であった。遺体の身元と推定されていたのは、ささき歯科医院の患者であった野﨑博信さん（当時64歳）である。海沿いにある自宅で津波に巻き込まれ、ずっと行方不明のままでであった。そこで家族が警察にＤＮＡ鑑定による身元の捜索を頼んでいたところ、年末になってようやく野﨑さんと思われる遺体が見つかったのである。

身元判明の知らせを持って警察が仮設住宅を訪ねて来たときのことを野﨑さんの妻、貞子《ていこ》さん（64歳）は次のように語っている。

［証言／野﨑貞子］

（２０１１年）12月の上旬だったと思うんですけど、突然警察の方が二人訪ねてこられまして「ご主人とＤＮＡが一致する遺体がありまして、引き取りに来てください」って言われて、えっと思ったんですね。嬉しかったんですけど、すでに火葬されているということだったので、「写真か何かありますか」って言ったら、写真を一応見せてくださいました。もう素っ裸で布が何もなくて髪の毛も抜けていて、身につけているのは長靴片方とあとはパンツのゴムだけでした。

その遺体は震災から2か月後に宮古の魹ヶ崎《とどがさき》沖60キロに浮かんでいて、タンカー船に見つけていただいて届けてもらったということを聞きました。それは偶然にも運よく見つけていただいて引き上げていただいたわけで、私たちのところに帰ってきていますけど、ただそう言われても、ああそうですか、って認めるわけにいかなくて。

そうしたらたまたま遺体の入れ歯が両方、上下とも残っていると聞かされて、それしかもうあとは証拠品がなくてね。それでどうしたらいいのかちょっとわからなくて、すぐに引き取りの返事はできなかったんです。でも考えたら主人が通っていた歯医者さんが鵜住居にあるものですから、先生に歯型を見ていただいたらわかるかなと思って。それがもう最後の望みでしたね。

ささき歯科医院には遺体に残された義歯（入れ歯）を持ってまず警察が来訪した。佐々木さんは保管してあった行方不明者のカルテの中から野﨑博信さんのものを取り出し、鑑定を行った。

［証言／佐々木憲一郎］

漂流していたご遺体の中に義歯が残っていたというのがまず奇跡ですよね。ご遺体はグッと歯を食いしばるようにしていたので義歯が口の中に残っていたそうです。それから広い海の中で、たまたまタンカーが通りかかって見つけてですよ、タンカーがそこで海上保安庁か何かの船が来るのを待っていて収容したっていう経緯も奇跡的ですし。ご遺体はおそらく最後の力をふりしぼって帰ってきたのかなっていう気がしますね。

どうしてもＤＮＡで納得できないということであれば、それを証明してあげるのが歯医者の務めだと思います。自分の患者さんであった人にしてあげられることが身元確認というのは悲しいことですが、かかりつけの歯科医師として最後までできることをやろうという気持ちでした。

鑑定の結果について、佐々木さんは家族に直接説明したいと申し出た。野﨑さんはすぐにささき歯科医院にやって来た。

［証言／佐々木憲一郎］

野﨑さんが来たとき、最初に「先生、先生、助けてください」と言ったのを覚えています。第一声がそこからスタートして、要は納得できないと。DNAでは納得できない。だけど、まず間違いなく本人だから警察で引き取りを願っていると。納得できない遺骨を引き取るわけにはいかないので、どうにかしっかりとした証拠を提示してもらえませんかということでした。

佐々木さんは遺体の義歯とカルテを比較しながら説明をした。カルテには、野﨑博信さんが義歯をたびたび壊していたことが記されていた。

［証言／佐々木憲一郎］

野﨑さんは6、7年通っていただいて最後は総義歯になりました。体型もがっちりしてあごが丈夫なので噛む力が強く、「よく義歯を壊した」と（カルテに）書かれています。かたいものが好きだからと言って何回も義歯を壊し、歯科医師泣かせの患者さんでした。

野﨑さんの義歯は弾力性のある丈夫な樹脂を使っていましたが、噛む力が強いのでそれでも壊してしまう。そこで技工士さんに頼んで樹脂の中に金属製の芯を特別に入れてもらったんです。カルテにも「補強線、入れました」と書いてあります。総義歯（総入れ歯）にですね、そういう補強のための金属の芯を入れることはあまりしないんです。はっきり言って野﨑さん以外にこのパターンはないです。ですので、芯を入れてくださいというオーダーを出したのはものすごくよく覚えていて。カルテのほうにも記載してありますし、警察から渡された義歯にもその補強を確認できました。ほかにも細かな特徴が一致していました。

野﨑さんはあごがしっかりしている患者さんでしたので、義歯の大きさも通常よりかなり大きいんです。その大きな入れ歯を入れた顔が浮かぶんですよ。ちょっと大きな入れ歯で頑丈につくったのを入れていた顔が（義歯を）見た瞬間に浮かびました。

今言ったような点をご家族にしっかり説明して「ご本人です」って言った瞬間に、涙を流されたのは今でも覚えています。ご本人です、迎えに行ってあげてくださいと言ったらもう、そのまま涙を流されて、本当に何回も何回もありがとうございますっていうふうに言われました。最後にすぐ迎えに行ってきますと言って、お互いに頭を下げながら医院から出ていかれた姿を今でもしっかり覚えていますね。

［証言／野﨑貞子］

間違いないですということをその場ですぐ教えていただいたときは、安堵っていうか、遺体を引き取る気持ちになりましてね。じゃあ間違いないんだったら、すぐ迎えに行きましょうということで、その日のうちに宮古に長男と飛んでいって手続きをして家に連れてきました。もう火葬した骨ですけど、壺にいっぱいでした。からだが大きい人でしたので重かったですね。どういうかたちであれ、家に帰ってこられたということは、私たちにとっては悲しいことなんですけどよかったなって思ってね。あとはみんなで供養していくことができるんですから。

震災から9か月後、歯が決め手となり、野﨑博信さんは家族のもとに戻ってくることができた。義歯は野﨑さんの遺骨といっしょにふるさとの墓に納められている。

名前を取り戻す

年がかわって2012年になってからも佐々木さんへの鑑定の依頼は続いた。

1月16日、ささき歯科医院に警察から一通のファクスが入る。DNA鑑定だけでは身元を確定できない遺体があるので、歯による鑑定をお願いしたいという内容であった。

震災の遺体には運び込まれた安置所ごとに番号がつけられている。鑑定を依頼されたのは「ウの439」という番号の遺体で、鵜住居の安置所に439番目に運び込まれた遺体である。震災から2か月と経たない4月末に見つかっていたが、結局身元が判明せず、DNAのサンプルや歯の記録をとって火葬されていた。

DNAは万能と思われがちだが、歯と同じく、生前のDNA情報と比較しなければ鑑定ができない。今回の震災では被災者本人の生前のDNA情報はほとんど残っていなかったので、血縁者から細胞のサンプルを提供してもらい鑑定を行っていた。野﨑さんのケースのように高い確率で親子や兄弟であると推定できることもあるが、「ウの439」の場合、DNA鑑定では60パーセントの確率でしか身元を推定できなかった。親子関係を否定はしないが、断定はできないという結果である。

警察からのファクスには「渥美久子さんの照合の件」と書かれていた。「ウの439」の身元と推定されていたのは、渥美久子さんだったのである。警察は、渥美さんをずっと捜し続けていた佐々光代さんから話を聞いて、佐々木さんに鑑定を依頼してきたのであった。

[証言／佐々光代]

まず盛岡にいる（渥美）久子先生の妹さんから電話があったんです。警察から「ＤＮＡで久子先生と思われる遺体が見つかった」っていう知らせがあったって。すぐに先生の息子さんにも電話したんですけど、遠くに住んでいるので来るのに時間がかかりますから、私が先に釜石警察署に行きました。

釜石署のほうに行ってから久子先生の名前を言って、着ていたものとかをお話ししたんです。そうしたら、安置所にあったのとは別の写真を見せられたんですね。その写真には前からよく着ていたセーターとかもちゃんと写ってるんですよ。それで「あ、これ久子先生のセーターだ」って私言ったんです。逃げるときに寒いから着たと思うんですよね。その上に茶のジャケットを着ていましたけれど、それは写真ではグレーにしか見えないんですよ。本当にグレーにしか見えない。茶のズボンをはいていたんですけど、それもグレーにしか見えない。それでも、あんなに通っていて見つけてあげられなかったという申し訳ない気持ちでしたね。

警察からＤＮＡでは60パーセントしか身元がはっきりしないと聞きましたので、「鵜住居の佐々木歯科の先生がいろいろしてくれていますから。ちゃんと見てくれますから」って言って、佐々木先生のお名前を出したんです。前に「渥美先生たちのことは俺がちゃんと見てあげるから」という話を聞いていましたのでね。もう即座に佐々木先生の名前が出たんですよ。警察に、鵜住居の佐々木先生がちゃんと見てくださいますからと言ったんです。

警察から連絡を受けた佐々木さんは、すぐに鑑定にとりかかった。渥美久子さんは釜石市内の別の歯科医院に通院していたので、まずそこから歯のレントゲン写真など生前の資料を提供してもらった。写真はカルテ以上に細かく歯の特徴がわかる。佐々木さんは遺体の歯の記録と１本１本比較していった。遺体の歯が死後に１本欠落していたが、残っていた歯の特徴はすべて一致した。佐々木さんは照合判定用紙に次のような所見を書き込んでいる。

［遺体番号ウ４３９と渥美久子様との照合］
補綴《ほてつ》物（ＭＢブリッジ、インレー）の部位・形態は生前のＸ線写真及び口腔内写真より全く一致する。特にポンティックや冠の形態は生前写真・死後写真を比べても同一の物であると断定できる。下顎の義歯の形態も写真より同一の義歯の形態であると判断できる。
（中略）
以上より同一人物であることを疑う余地はない。

さらに佐々木さんは最後の総合判定に「上記の結果よりウ４３９と渥美久子様は同一人物であると断定」と書き込んだ。いつもは「同一人物と考えて問題なし」という表現を使う佐々木さんが、断定と書いたのは初めてのことだった。

［証言／佐々木憲一郎］
ここまで全部一致だと。だから総合判定として、ウ４３９と渥美久子様は同一人物であると断——

定。そういうふうなことを書かせていただきました。これはちょっと感情を入れてはだめなんだろうけど、ここまでくれば100パーセント間違いないです、はっきり言ってしまって。絶対的な自信があったし、久子先生には自分たち家族が今までお世話になって、特に子どもたちがものすごくお世話になっている。4月の末に見つかったご遺体だったのに、家族に見守られながら送ってあげるということをさせてあげられなかった。そういうこともあって、この人にだけは「断定」という言葉を使わせてもらいました。

渥美久子さんの遺骨は釜石市内の仙寿院という寺に安置されていた。佐々さんと遺族はすぐに引き取りに向かった。身元不明の遺骨をおさめた骨箱には遺体番号を書いた紙が貼ってあった。佐々木さんはその紙について寺に一つのお願いをした。

［証言／佐々木憲一郎］

そのお寺のご住職は知っている方だったので、お電話をして、こういうわけで鵜住居のウ439番っていうご遺骨があると思いますけど、あと何時間かあとにご遺族が引き取りにうかがうと思います。お手間だとは思うんですが、できれば番号ではなくお名前にしておいてもらえませんかとお願いしました。番号じゃなくて、渥美久子というお名前を書いておいてもらえませんかとお願いしたら、わかりましたっていうふうにすぐに承諾していただきました。

仙寿院は震災のあと、釜石市内で身元がわからないまま火葬された遺骨をすべて預かってきた。

住職の芝﨑惠應《えのう》さん（57歳）は、それまでも遺骨の身元が判明して家族にかえすときは番号を書いた紙を必ず名前に変えてきていた。

[証言／芝﨑惠應]

生きている姿を何とかあらわしてあげたい。遺族からすれば、数字というのは生きていたときの姿とはまったく別物ですよね。名前一つで間違いなくこれが自分の家族だって思えるじゃないですか。だってご遺体を見ないで火葬してしまっているわけですから、ご遺骨だけ見てこれが自分の家族だってわかる人がいるかとなれば違いますよね。いくらこのご遺骨はおたくの家族ですよって言われたとしても、見てわかるものではないですよね。せめて、目で見て自分の家族はここにいるんだよとわかってもらうためには、名前を書くということしか方法がなかったということです。嬉しかったですよ。名前が書けるって嬉しかったですね。

震災からおよそ10か月後、渥美久子さんは歯の記録により身元を確認され、再び名前を取り戻すことができた。

[証言／佐々光代]

たぶん番号じゃないかと思っていましたけど、ちゃんと名前が書いてありましたからね。

やっぱり名前が書いてあれば、違いますもんね。ああ、これは久子先生なんだっていう思いがありますものね。今までお寺ではお経とかはあげてもらっているんでしょうけど、やっぱり安心できるところに納められるっていう気持ちがありますからね。名前を見たときは、ああ、奥さんだって。久子先生だって思いましたもんね。

地元の歯科医師として

震災から3年が過ぎ、鵜住居の町の中心部では土地のかさ上げ工事がようやく始まった。かさ上げの対象地にあった早﨑歯科医院は町の郊外に移り、仮設の建物で診療を再開している。早﨑行雄さんはこの先も鵜住居で診療を続け、いつの日にか元の場所に戻りたいと考えている。

［証言／早﨑行雄］

やっぱり鵜住居がいいですね。友人もいますし、住みよいところですから。人も温かいです。息子から盛岡のほうに来ないかと言われたこともあるんですけど、ただやっぱり、私はここに来たときに骨を埋めるつもりで来ましたので、やっぱり最後までここにいたいと思いますね。

佐々木憲一郎さんは、鵜住居の復興まちづくり協議会のメンバーを務めながら診療を続けている。震災後は歯の治療だけでなく、患者の心のケアも大切になってきているという。

［証言／佐々木憲一郎］

震災で親御さんを喪《うしな》った子どもがたくさんいます。その何名かは私たちの医院に通ってもらっているんですけど、お母さんやお父さんが亡くなってものすごくつらい思いをしているわけですよね。例えばお母さんを亡くした子が叔母さんといっしょに来たときなど、診察のときに横にいる叔母さんを間違えて「じゃあお母さんにちょっと説明します」というふうなことを言っちゃうと、その子どもはすごく傷ついたりすると思うんですよね。なので、その辺をしっかりとケアというか気をつけながら診療にあたっていかなければだめだし、そういうことはカルテの間に何でも書いていいメモ書きみたいな紙をはさんで、「この子のお母さんは亡くなっています」とか、「この子のお父さんは僕が照合したこの人です」とか、ちょっとメモをさせてもらっています。

これはいつまで続くかちょっとわからないですけど、歯の治療だけじゃなくて、メンタルなところも患者さんに対応していかなければだめだし、まちづくりのほうもですね、一刻も早く進めるために、そっちのほうのお手伝いもまあ頑張って率先してやっていかなければだめだなというふうに思っています。

（2014年6月取材）

遠野市

——内陸の町　手探りの後方支援

遠野市周辺図

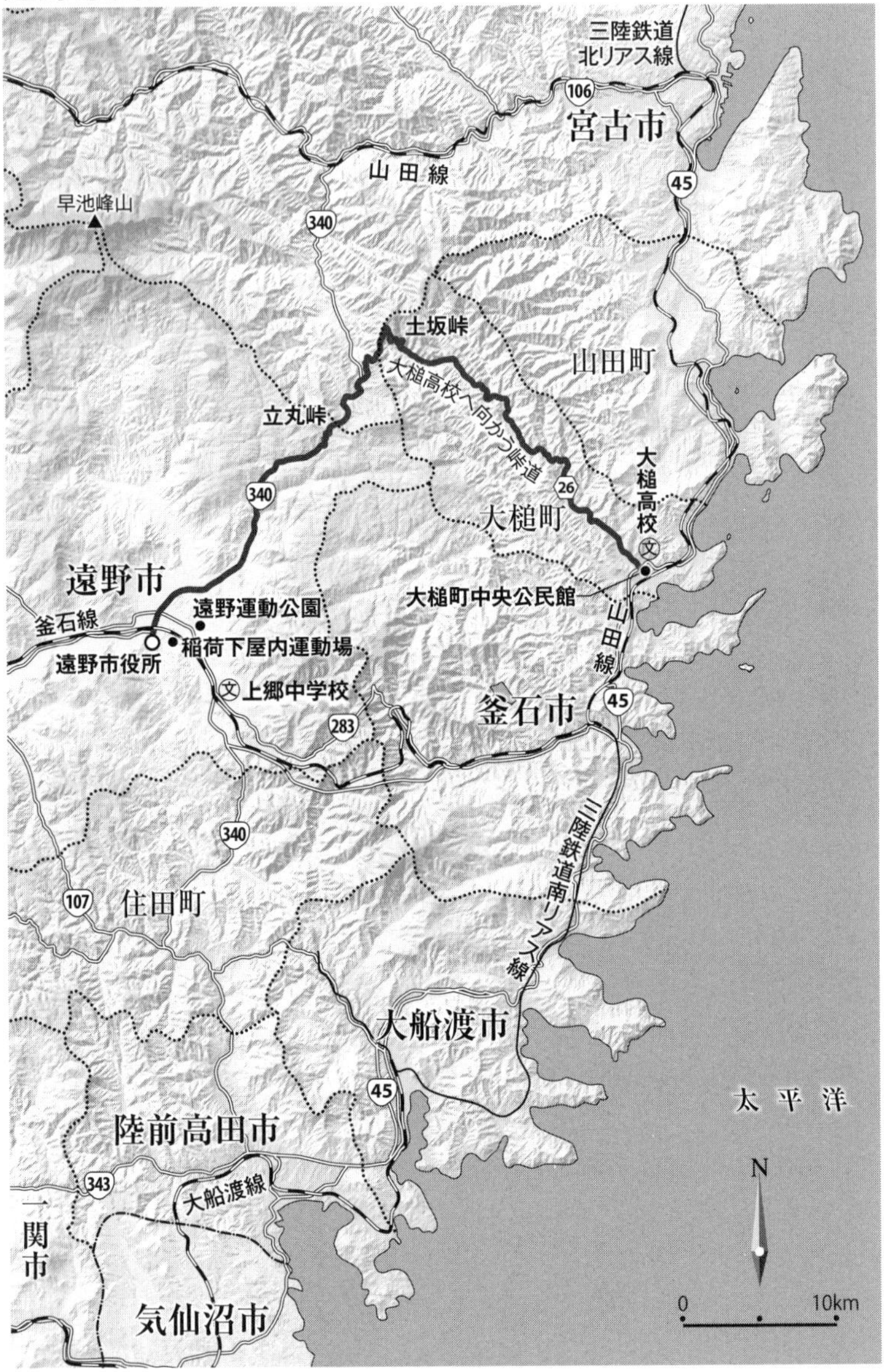
三陸鉄道
北リアス線
106
宮古市
山田線
45
早池峰山
340
土坂峠
山田町
大槌高校へ向かう峠道
立丸峠
大槌高校
26
340
大槌町
遠野市
大槌町中央公民館
遠野運動公園
山田線
釜石線
稲荷下屋内運動場
遠野市役所
上郷中学校
釜石市
45
283
三陸鉄道南リアス線
340
107
住田町
大船渡市
45
太平洋
陸前高田市
N
343
大船渡線
一関市
0
10km
気仙沼市

遠野市は、岩手県を縦断する北上高地のほぼ中央に位置し、四方を1000メートル級の山々に囲まれる。

海岸からおよそ30キロ離れた内陸にある遠野市は、古くから三陸海岸と内陸を結ぶ宿場町として栄えてきた。

2011年3月11日、遠野市は震度5強の地震に見舞われる。幸い命にかかわる被害はなく、津波に襲われることもなかった。

しかし、東日本大震災は思いがけないかたちで遠野の人々を巻き込んでいく。きっかけは、一人の男性が、被災地の窮状を訴えて市役所に駆け込んできたことだった。遠野市はすぐに救援物資を被災地に送り届ける。だが、そこで知ったのは、あらゆるものが足りない被災地の実情だった。

何よりも足りなかったのは、被災地の情報。日が経つにつれてようやく救援物資が増えても、情報不足からニーズの変化に対応できないという、新たな問題が起きていた。さらに、刻一刻と変わる状況のなかで、錯綜する情報に振り回されることもあった。

混乱のなかで、手探りの後方支援に力を尽くした遠野の人々の証言である。

地震発生

2011年3月11日、大きな揺れが遠野市を襲う。激しい上下の揺れは2分以上続いた。遠野市役所では柱が折れ、建物全体が傾いた。余震は何度も続き、職員たちは避難した駐車場でただ立ち尽くすしかなかった。

市の経営企画室の副主幹、小向浩人《こむかいひろと》さん(53歳)は、地震のとき市役所の2階で事務作業をしていた。

［証言／小向浩人］

グラッと来たとき、「これはもうだめだ」と一目散に逃げました。職員全員が一斉に逃げたというかたちです。駐車場に逃げてからもしばらく揺れていましたね。

地震発生からおよそ20分後、市庁舎が使えないため、職員たちは駐車場にテントを張り、情報収集拠点となる災害対策本部を設置。市内の被害状況を把握するため、職員が町の巡回を始めた。

当時、総務課の係長だった佐々木徹《とおる》さん(54歳)は、市内の被害調査を行った。

［証言／佐々木徹］

それぞれの課で分担して、災害状況の確認を行いました。私はもう一人の職員と、特別養護老人ホームとか、あとは学校を確認したと思いますね。遠野市の場合は、役所は潰れてしまったんですけれど、それ以外はあまり、大きな被害がなかったと思うんですよ。私が歩いて確認したところでは、瓦が落ちたとかそうした被害はありましたが、その程度かなと思っていました。

災害対策本部には、被害調査にあたった職員一人ひとりから、停電や断水などの情報が寄せられていた。職員全員が情報を共有するため、情報は逐一、大きな模造紙に書き込まれた。小向さんは、災害対策本部で情報収集にあたった。

［証言／小向浩人］

まず、模造紙にこだわりました。ホワイトボードも庁舎内にありましたが、ホワイトボードというのは、書いた情報を消して次の情報を書くということで、前の情報が消えてしまいます。ですから極力ホワイトボードは使わずに模造紙に書き留めるということを徹底しました。

情報が、次から次から入ってくる。その情報を一つたりとも漏らさずに、みんなに知らせなきゃいけないという思いで、ひたすら油性ペンで書き殴っていたような記憶があります。

地震発生からおよそ2時間後。遠野市内に命にかかわる被害はないことが確認された。断水が各所にあったが、大きな火災や家屋倒壊もなく、最も大きな被害を受けていたのは市庁舎の建物だった。

後方支援拠点の提供

災害対策本部の立ち上げと同じころ、市役所から2・5キロ離れた遠野運動公園に駆けつける人がいた。施設の管理を行う奥寺大樹《だいき》さん（36歳）だ。

［証言／奥寺大樹］

当時、市民センターの体育館の事務所に勤めていました。事務所の作業中に尋常じゃない揺れが来て、いきなり停電になりました。その後、市の担当課からの連絡で運動公園を開けるようにとの指示がありました。

運動公園は、12月から3月までは冬季期間で、一切、入れないようになっています。ですので、除雪された状況ではなく、だいたい膝下くらいまで雪があったんですけれど、まず人が通れるような状況をつくってから扉を開けて、自衛隊、消防、警察の受け入れをしたという経緯になります。

実は遠野市は、津波災害が起きたとき、自衛隊や消防などの活動拠点として運動公園を提供することを決めていた。

２００７年に行われた自衛隊や消防との合同訓練でも、運動公園を拠点として沿岸部に救援物資を送り、被災者を避難させることを想定していた。遠野市から岩手県南部の沿岸には、１時間ほどで着くことができる。津波災害が発生した場合には、救援活動を行う自衛隊などの拠点として最適だと考えられたのだ。
この構想を発案したのが、遠野市長の本田敏秋さん（66歳）だ。

［証言／本田敏秋］
２００６年か２００７年ごろ、宮城県沖地震の危険性が高まっていると盛んに報道されたんです。その際に、津波災害が三陸沿岸を襲うことは容易に想像がつきました。

遠野市には、１８９６年の明治三陸地震津波の際に、被害を受けた三陸沿岸の町に後方支援を行ったという記録が残されている。

［証言／本田敏秋］
遠野市には海がない。したがって、「津波は来ないだろう。だから関係ないんだ」という構図ではないですよと。津波災害は、三陸沿岸を大変なかたちで襲うと予測されていました。そのなかで、海のない、津波が来ない、地盤も安定している遠野の果たす役割があるのではないかと思いついたわけです。
例えば、道路にしても釜石のほうまでつながる国道が整備されている。それに、運動公園の面積は約30ヘクタールもあって、高圧線も走っていないので、そのまま臨時へリポートになる。また、運動公園の駐車場にしても、自衛隊、消防隊、さらには警察隊、医療隊が、大災害のときに、助かった命をつなぐために活動できる拠点になり得るのではないだろうかと考えたんです。そこで、「後方支援中継基地構想」をまとめました。――

3月11日の夕方から12日の未明にかけて、遠野運動公園に消防、警察、自衛隊などが各地から集結する。ここを拠点に被災地に入り、がれきで埋まった道を切り開いたり、行方不明者を捜索したりする活動が展開されていった。

市内の安全を確認し、後方支援の拠点を提供した遠野市。ここまでは想定通りであったが、その後、事態は思わぬかたちで進んでいくことになる。

被災地からのSOS

3月11日の夜、市長をはじめとする災害対策本部の職員は、泊まり込みで情報収集にあたっていた。とはいえ、長引く停電で電話が使えず、沿岸部の情報はまったく入ってこない。情報源は1台のラジオのみ。じっと耳を傾けるしかなかった。

動きがあったのは、翌12日午前1時40分のこと。災害対策本部に一人の男性が駆け込んできた。

［証言／本田敏秋］

「大槌町から来ました、大変なことが起きております」と。そして「何でもいいから助けてください」と言うんです。さらに、「高校の体育館に500人が避難しているんだけれど、何もない」――

という話だったんですね。——

このとき災害対策本部に駆け込んできたのは、釜石市に住む佐々木励《つとむ》さん（33歳）。大槌高校に勤務する妻の安否を確認しに行ったところ、高校の校長から大槌の状況を伝えてほしいと頼まれた。

［証言／佐々木励］

当時、私は釜石にいたんです。そしたら、地震、津波があって。妻の勤める大槌高校は高台だから大丈夫かなとは思いましたが、連絡がとれなかったので行ってみようと。海沿いの道は通れなかったので、遠回りですが、遠野市から入る峠道を通って大槌へ行きました。妻の無事が確認できて、帰ろうかなと思っていたところに校長先生たちに声をかけられて。高校の体育館に500人くらいいるとか、あとは救援物資として毛布や食料、飲料水、それから燃料ですね、灯油も不足していることを伝えてくれないかと言われたんです。——

大槌町の近隣の市や町とは連絡がとれず、なおかつ沿岸地域に支援を求めるのは難しいと考えた佐々木さんは、遠野市へ向かう。真っ暗ななか、明かりがついていた遠野市の災害対策本部に駆け込んだ。

［証言／佐々木励］

市役所の明かりを見たときは、これでとりあえず伝えられると思いました。でも私は遠野市民でもないですし、５００人が避難していて救助が必要であるということを、伝えることには不安はありました。市長さんに直接言うのが早いだろうと思って、居場所を聞いたら案内していただいて。そうしたら真剣に聞いてくれたんですよね。私の言ったことを模造紙に書いてくれて。

佐々木さんの訴えを聞いた市長の本田さんは、すぐにでも大槌町に物資を届けたいと考えた。しかし、遠野市の職員を派遣するのには問題があった。災害対策基本法によると、災害が発生した場合、被災した市町村に対する支援は、県が近隣の市町村に指示することになっている。近隣の市町村は、県の指示を受けて初めて支援を行えるのである。しかし、この時点ではまだ、県からは何も指示がなかった。

［証言／本田敏秋］

国や県からは、まだ何も指示が来ていないときでしたからね。夜中だし道も凍結している。それでも、遠野市民の命を守るためであれば、職員に「行け」と職務命令を出せますよ。「市民の命を守るのは職員として当然の義務なんだ、仕事なんだ」と言えるでしょうが、ほかの市町村なわけです。

けれども、大変な状況のなかで助かった命が、何もない体育館に集まっている。飲む水もない、暖をとれるものもない。毛布一つないという過酷な状況のなかで生きている。であるならば、もう県からの指示を待っているような状況ではないし、とにかく何かをしなきゃならない。ただそれだけでした。

あのとき、ほかの市町村に命を張ってまでも出かけることについて、職員から「拒否します」と言われていたら、たぶん私もそれ以上のことはできなかったと思うんです。しかし、職員は、それをきちんと受け入れてくれたんですね。

被災地への救援物資の輸送

遠野市は、大槌高校に支援物資を運ぶことを決める。消防本部に備蓄していた毛布250枚、乾パン500缶、さらに水と灯油を、トラックに積めるだけ詰め込んだ。二次災害を懸念して、出発は夜明けを待った。

物資を運んだのは、総務課係長の佐々木徹さんと組合の書記長だった佐藤秀晃《ひであき》さん（29歳）。佐藤さんには、物資を届けるほかに、もう一つの指示が与えられていた。

［証言／佐藤秀晃］

できることであれば、大槌高校に何人避難しているのか、どういうものを必要としているのかを聞いてきてほしい、情報を持ってきてほしい、という指示を受けました。

早朝4時50分。物資を積み込んだトラックは大槌高校へ向けて出発。

災害対策本部に駆け込んできた佐々木励さんの情報で、沿岸の道は津波で被害を受けたため、通れるのは峠道を通るルートだけであることがわかっていた。当時は、車1台の幅しかない狭い山道だった。

雪も降って、峠道が凍結している状態でした。遠野の人はあまり通らない道で、通るのが初めてなので、かなり慎重に運転しました。下り坂で細かいカーブが多いんですね。道もわからないしスリップの恐れもあったので本当に怖かった記憶があります。

［証言／佐藤秀晃］

市役所を出発しておよそ2時間、峠を抜けた佐藤さんは、想像を絶する光景を目のあたりにする。大槌高校は高台にあったため被害を免れていた。しかし、高校の前を流れる大槌川を津波が逆流し、川からあふれた水が住宅街を飲み込んでいた。

すべてのものが津波に破壊されて、本当に、がれきだらけでした。車が転がっていたり、家が流されていたり、その破片がそこら辺に点在しているような感じでした。残っている家を見ても、窓の上まで津波が来たことがわかる。津波の跡がくっきり残っていたんですよ。山も火事になっていましたが、火を消す人もいない。ただ避難することで精一杯だったんだな、というのが見てとれました。

［証言／佐藤秀晃］

大槌高校に到着したのは、市役所を出発しておよそ2時間半後だった。

［証言／佐藤秀晃］

校舎の入口に、避難されている方が何人かいました。その方に「遠野市です。救援物資を運んできました」と伝えると、トラックを見た方々、話を聞いた方々が中から出てきて、すぐにバケツリレーの状態が組まれました。集まった人数は、大体100人ぐらいでしたね。結構人が多くてびっくりしました。あとはもう自然に、物資がトラックから中へとバケツリレーで運び込まれていくような状態でした。

ここに来るまで被害の様子を見てきましたから、あそこで被害を受けた方々がここに集まっているのだと、救援物資を待ちわびているのだということがわかりました。

トラックの中の物資は、わずか5分でなくなった。佐藤さんは避難していた人から声をかけられた。

［証言／佐藤秀晃］

「もう終わりですか」というような言葉をかけられました。それが、すごく印象に残っています。そのときに、やはり500人が避難しているということがわかって、明らかに物資が足りないんだなと思いました。持って行ったのが非常食の乾パンだけだったので、やはり食料は必要だと思いました。そして寒かったので防寒ですね。この二つは絶対に必要だと。
なかには赤ちゃんを抱えているお母さんもいて、「赤ちゃんのミルクやおむつが欲しい」と言うんです。ミルクをあげるには哺乳瓶も必要ですし、そういったものが不足しているから欲しいという話でした。この状況を一刻も早く遠野市の対策本部に伝えて、第2陣、第3陣につなげなければならないと思いました。

佐藤さんは、「一刻も早く支援が欲しい」という人々の声を背に災害対策本部へと戻る。そして、大槌高校に食料がないこと、支援は急を要することを懸命に伝えた。

［証言／佐藤秀晃］
実際に大槌の状況を見て、本当に救援物資が必要だと。本当に甚大な被害を受けて町ががれきの山になっているというのを見て、やはり自分の意識も変わっていきました。必要なものや避難の状況を対策本部に伝えるのは使命だと思いましたね。

佐藤さんは道中で撮った写真を見せながら被災地の状況を伝えた。
初めて見る被災地の惨状に、本田市長は本格的な支援を決意する。

［証言／本田敏秋］
12日の午前10時過ぎごろに職員が戻ってきて、「市長、言葉になりません」と。大変な状況で

あるとデジタル写真を見せられたわけです。あぜんとしました。大槌では食べるものがないから、何個でもいいから炊き出しのおにぎりが欲しいとか、また、灯油ストーブはあるけれども、灯油がないから欲しいとか。あるいは、懐中電灯はあるけれども乾電池がないから、ろうそくの火で明かりをとるしかない、といった報告を受けました。

通信が途絶しているなか、実際に今何が起きて、何が求められているのか、こうしたリアルタイムの情報を集めて書き出すことで、みんなで情報を共有していったんです。

それから、今でも耳から離れないんですが、ブルーシートも欲しいという話があったんですね。食料や水、燃料ならわかるけれども、なぜブルーシートなんだろうと。そうしたら、ご遺体を安置するために、ブルーシートが必要だということでした。ご遺体を安置する——やっぱり、ラジオで叫んでいるのはそのとおりの現実なのだ、大変なことが起きているのだということを、そこではっきり感じ取ることができたんですね。もう、ほうっておけないような事態がどんどん出ているのだから、とにかくやれるだけのことはやろうと決めました。

職員はすぐ、必要な物資を市内で集めて回り、４時間後には物資の積み込みが始まった。積み込まれた物資は、粉ミルク、おにぎり５００食、米10キロを１００袋、灯油ポリタンク８缶、ガソリン40リットル、ブルーシート20枚。これらが再び、大槌高校に届けられた。

市民によるおにぎりづくり

遠野市の支援は、大槌町から釜石市、陸前高田市、大船渡市、山田町の、五つの市や町へと拡大していった。

そうしたなかで、職員の報告などから何より緊急を要するものは、「おにぎり」であることがわかった。しかし、一度に何千個ものおにぎりをつくるには、市の職員だけでは足りない。遠野市の支援は、職員だけでなく、市民も巻き込んでいくことになった。

海老糸子《えびいとこ》さん（74歳）も、おにぎりづくりに参加した市民の一人だ。

［証言／海老糸子］

皆さん、困っていると思えば助け合いの精神で集まってくるんですよ、自発的に。遠野では「結《ゆい》」というんですけどね。昔から助け合いの精神を持っているわけです。

机にお鍋を置いて、まず一人分ずつご飯をお茶碗に盛っていくわけですね。ご飯が盛られたお茶碗がどんどん来るので、そこに梅干しを入れて回す係の人がいて、それをみんなで握っていくんです。「熱いね、熱いね」って、もう手が真っ赤っか。やけどするんですよ。毎日続けたら大変です。でも、熱いのにも慣れてくるんですよね。

おにぎりづくりは市内の9か所で、およそ1か月間続けられた。毎日、数千個単位のおにぎりが、市民総出でつくり続けられた。参加した市民の多くは、沿岸部に親戚や友人がいた。

［証言／海老糸子］

海岸に、私の友だちがいっぱい住んでいました。流されて、どうなったかわからないし捜しようもないんだけれど、おにぎりをつくっていたら、その人に届くのではないかという思いがありました。

結局、おにぎりづくりに参加した人は、みんな、思いは同じだったんですよ。食べさせたいという思い。必要なのは食べるものと寝るところと、寒さをしのぐことだったと思うんですけれど、一番は、食べることだと思ったのね。できるのはおにぎりづくりだけだと。本当にそれが大事なような気がしたので、一生懸命やったと思います。

おにぎりには、市民からのメッセージも添えられた。

［証言／海老糸子］

ただおにぎりを出すだけじゃなくて、現地の方を元気づけようということから始めました。できた箱に紙を乗っけて、そこにメッセージを入れるんです。「今日も元気で」とか、「おいしく食べてね」とか、いろいろ。ニコニコした顔を描いたり。箱を開けたときに、それがあればちょっと嬉しい気分になるじゃないですか。

物資センターの設置

震災から2日後の3月13日。遠野市は物資支援を本格化させるため、稲荷下屋内運動場を「物資センター」として、物資支援の拠点にすることを決める。防災無線で市民や市内の企業に物資の提供を呼びかけたところ、米や毛布などの支援物資が続々と集まった。さらに、日頃から交流のあった友好都市からも物資が届いた。

しかし、それは支援の難しさを知る始まりでもあった。市の農業活性化本部長を務めていた菊池武夫さん（60歳）は、物資センターの責任者となった。

[証言／菊池武夫]

稲荷下屋内運動場は、初めは市民用の物資拠点だったんです。ところが、そこへ被災地の情報が入ってきて、徐々に被災地の物資支援の拠点になっていきました。

集めた大量の物資を被災地に送り届ける段階になって、あることに気が付く。

[証言／菊池武夫]

最初のうちは、「物資をどう出すか」を考えずに受け入れていたんです。とにかく、空いたスペースに置けばいいという考え方でした。しかし、やはりだんだんと、スペースを有効活用するためには水や食料、衣類など、区分ごとにいかに整理するかが大事だとわかったんです。同時に、支援物資を被災地に送るには、われわれが今、水なり米なりをいくら保有しているかという、数を管理しなければいけないことがわかったんですね。そのためには、水なら水をまとめて置いておかないことには管理ができない。数量が把握できないんですよ。

われわれは倉庫業、物資の取り扱いについてはまったくの素人集団ですから、本当に日々、みんなが知恵を出し合って、つくり上げていったということだと思います。

支援の難しさはそれだけではなかった。被災地の人々が必要とするものは、日々変わっていったからだ。

[証言／菊池武夫]

開所時はまだ物資は多くありませんでした。最初に集まってくるのは灯油。あとは水とか米が多かったと思います。当初は何が必要かわからなかったので、われわれの判断で物資を支援していったということになりますね。15日あたりからはかなり物資が来ました。物資がどんどん届くのはいいんですが、被災地のニーズをもっと正確に把握しなければいけないのではないかという疑問がわくわけです。物資をどんどん送ればいいというだけでは済まないぞという気持ちが出てくるんですね。だいたい1週間くらい経つと、ニーズに変化が出てきたと思いますね。1週間経てばお風呂にも入りたいし、ひげも剃りたいですよね。

被災地に物資を届けていた佐藤秀晃さんも、日が経つにつれ、ニーズが変化してきたことを実感する。

［証言／佐藤秀晃］

最初は食べるものが何もなかったので、やはり食料が必要でした。日にちが経つにつれて、被災地にも各地から物資が集まってきていて、入口に届けられた段ボールがぎっしり置いてあるんですね。やはりそういった物資は水だったり、毛布だったりが多く集まってくるんです。そういうものが十分にあるので、ほかのものを欲しがっている、震災当初に比べてニーズが変わってきているという印象がありました。特に生活用品の歯ブラシだとかシャンプーだとか、洗顔料などですね。そういったものにどんどんニーズが変化していくのが見てとれました。

被災地の物資センターに届けると、担当者に「何を運んできたんですか」と聞かれるわけです。そこで「水と毛布を持ってきました」と答えると、がっかりしたような声になるんですよ。欲しいものが違うと。毛布だとか水だとかというのは、すでに届けられていますから、「また毛布ですか」「また水ですか」というような反応はありました。

物資センターの菊池武夫さんは、人々のニーズの変化に対応するため、通信の回復を待って被災地の物資担当者と連絡を取り合った。

［証言／菊池武夫］

われわれの物資の在庫一覧表を差し上げました。一覧表の中から必要なものを言ってくれ、あるいはファクスしてくれと。そうすればいつでも届けるからと、物資担当者と情報の共有をしたんです。
友好都市のなかには、1回の支援だけではなく、2回、3回と支援してくれたところがあるわけですね。そういうところには、「次は何をお願いします」というふうに、被災地のニーズを踏まえた支援をお願いしました。そういうふうにして物資をいただきながら、なるべくニーズに合った支援をしていきたいなとは思っていました。

また、集まった大量の生活物資から、菊池さんはさらに新たな問題に気付く。生活物資には、食料品と違う仕分けが必要なのだ。

［証言／菊池武夫］
衣類一つとってみても、例えば靴にしてもそれぞれサイズが違いますからね。そういうものを分類して整理するということが、今度は大変になってくるんですね。

これら大量の物資を、一つひとつ仕分けしたのは市民ボランティアだった。
こうして、市役所職員だけで始まった被災地支援は、市民全体を巻き込むかたちに広がっていった。

錯綜する情報

日々変わる状況を共有するため、模造紙に書き込まれた情報。そのなかには、遠野の人々の努力が空振りに終わった出来事も記されていた。

地震発生からおよそ4時間後の3月11日午後7時、岩手県から避難者の受け入れ要請があった。この対応にあたったのは、災害対策本部で情報収集を行っていた小向浩人さんだ。

［証言／小向浩人］

当時はまだ、電話交換機のバッテリーがあったので電話がつながっていて、岩手県の市町村課の職員から「沿岸市町村の避難者を、遠野市で受けていただけませんか」という電話を受けました。沿岸部が大変な状況になっていることは把握していましたので、避難者が沿岸から内陸のほうに来るというのは予想できました。それで、本部長（市長）に報告して、「もちろん、受け入れます」と回答しました。

受け入れ施設をどこにするのか、すぐに話し合いが行われた。決まったのは上郷《かみごう》中学校の体育館。遠野市で最も沿岸部に近く、２００人を収容できるからだ。

受け入れ準備を任されたのは、当時、建設課の課長だった多田勝紀《かつのり》さん（61歳）。

［証言／多田勝紀］

私は建設課でしたので、災害時の通常業務では、市が管理している農道とか林道、橋梁、また水路などを確認して、被害を受けているものがあれば対処していく、併せて被災状況も報告していくということでした。そうしたら、市長から上郷の中学校などの対応をしてくれということで、あれ、これは尋常じゃないことが起きているなと感じました。

多田さんは大急ぎで上郷中学校の体育館に向かったものの、扉を開いて中を見た瞬間、途方に暮れてしまう。

体育館には発電機はおろか、暖房器具さえなかった。当日は氷点下の寒さ。これでは、着の身着のままで避難してくる人たちを迎えることはできない。

［証言／多田勝紀］

遠野は盆地で寒いところですから、体育館は天井も高いし、通常の家庭用のような暖房では間に合わないと思いました。避難してくる人にとっては明かりも必要ですよね。照明器具や、あとはトイレも、体育館のトイレだけでは間に合わないだろうと感じました。これらをどうにか手配しなくちゃならないと思いました。

多田さんが頼ったのは、日頃から付き合いのある、建設会社社長で建設業協会の遠野支部長をしている三浦貞一《ていいち》さん（63歳）だった。三浦さんは、多田さんの困り果てた様子をよく覚えている。

［証言／三浦貞一］

くたびれたような顔で、ボーッと入ってきて。「社長いる？」「おう、よく来たな」って感じでね。そのときに、多田さんから照明、暖房、それにかかわる発電機、それからあとはブルーシートとトイレを用意してもらえますかと。それで、「場所はどこだ」と聞いたら、上郷だというので「わかった、ＯＫ」と即決した。そしたら多田さんは、じゃあお願いっていうことで帰ったんですけどね。

［証言／多田勝紀］

大丈夫だと言っていただいたときは、本当にほっとしました。これで一つ役目が達成できたかなと。本当に感謝しています。

三浦さんは、自社にあるものだけでは足りないため、社員に機材を集めるように指示を出した。しかし地震の影響で電話がなかなかつながらない。

［証言／三浦貞一］

「とにかく、電話をかけ続けろ」と言いました。携帯電話も同じです。それから「メールは打ち続けろ」と。その中でつながったりするわけですね。詳しい中身はともかくとして、メールを受けて実際ここに来てくれて、「どうすればいいですか」と聞いてくれる人も結構いた。そこで、「これをお願いします」というような話をしました。そういった意味で、いろんな人から助けられたんですね。こうしたことを、いろんな人たちがいっしょになってやっていたということです。

受け入れ準備を任された多田さんは、地元の建設会社の協力を得ながら、夜を徹した作業によって体育館に発電機や暖房器具などを設置。あとは、避難者が来るのを待つだけとなった。

ところがその日、避難者は現れなかった。

小向浩人さんは県の担当者に問い合わせるが、何もわからない状況が続く。

その2日後の13日。県から、さらに山田町の避難者200人の受け入れ要請が入る。

遠野市は、ただちにバス3台を待機させ、受け入れ先となる上郷中学校では避難者への炊き出しも準備させた。

そこに、また県から避難者数の追加情報が入る。まずは100人の追加、さらに200人が増え、合計500人が避難してくるという。

[証言/小向浩人]

山田町の避難者情報が、本当に追加情報なのか、同じ情報が2回来たのかも、実は確認できていなかったんです。

まず、県の担当者でも同じ人とやり取りするということがありませんでした。もちろん、名前を聞いて電話もするのですが、その場にいなかったりするので、常に伝言ゲームのようなやり取りでしたね。ですから、情報を受けた人が「さらに追加だ」と受け止めれば追加になる。同じ情報が2回来ると二重になってしまう。3回来れば三重になってしまう。情報が錯綜していたということもあります。

結局、この日も県から要請があった山田町の避難者は、上郷中学校に来なかった。避難者受け入れに奔走した多田さんは、1週間、避難者を待ち続けた。

[証言／多田勝紀]

空振りがあったとしても、それはまず仕方がないのだと思っていました。ある程度、割り切ってやっていかないと進まない。「明日はどうなのかな」と、気持ちの切り替えをしていかなくちゃいけないとは思っていましたね。空振りでも、やらないで「しまった」と後悔するほうが、あとがつらいのかなと思います。

被災地の情報を掌握するはずの県も、把握しきれない混乱が続いていた。市長の本田さんは、あらためて現地から直接情報を得ることが大事だと痛感する。

[証言／本田敏秋]

これだけの大規模な災害であったわけですからね。県は県で、指揮命令系統、あるいは情報収集といった部分においては、かなりの混乱状態であったのではないかなと思うわけです。

ですから、われわれにできることは、はっきり言うとその部分をなり代わってやる、ということであり、そういう方向にせざるを得なかった。そのためには、確実に情報を取ってくるという仕組みをつくらざるを得なかった、ということです。

被災地からの情報収集

震災から8日後の3月19日、遠野市は、被災地の災害対策本部に職員を派遣することを決定する。本田市長にとっては、市の職員を二次災害の恐れもある地に派遣しなければならないという決断でもあった。

［証言／本田敏秋］

余震もあるなか、職員を危険な被災地に向かわせることが、遠野市長として本当にとるべき態度なのかということは悩みました。もし職員に何かあったら自分はこの職にはとどまれないだろうと思いながら、職員にはお願いして行ってもらったということです。

第1陣として、大槌町の災害対策本部に派遣を命じられたのが、飛内雅之《とびないまさゆき》さん（58歳）たち5人の職員だった。

飛内さんたちが支援に入った大槌町は役場が津波に飲み込まれ、町長を含め、32人の職員が行方不明になっていた。津波のあとの火災で町は焼け野原と化し、家を失った6000人近くの人々が避難所で支援を待っている状況だった。

［証言／飛内雅之］

テレビで見るのとはまた違った光景。町が壊滅状態なのを見て、どうやってがれきを処理して普通に戻るんだろうかって。災害対策本部がどんなことを、何をしているのかがまったくわからないわけです。そのなかで何ができるんだろう、でも何かをしなければならないと感じました。

役場が被災したため、災害対策本部は高台の中央公民館に設置されていた。

［証言／飛内雅之］

中央公民館は高台にありますが、そこの高台までの斜面も火事で焼けていたんですね。周りを見渡しても建物がほとんど残っていない光景、そして火事のあとのにおいというのが、非常に印象に残っています。

そこで飛内さんが目にしたのは、生き残った職員たちが膨大な量の仕事を前に、途方に暮れる姿だった。

［証言／飛内雅之］

大槌の役場の方も3割が亡くなったと聞いていました。管理職の方も結構亡くなられて、残った方で何をしたらいいのかという状態でした。1週間経っても電気も水もない。ここに住み込んでいたと思うので、みんな疲れ切って憔悴した感じでした。

本部も足の踏み場もないようなところにいろんな人が来ていて、混乱状態。役場の職員は、電気はどうする、水道はどうする、がれきをどけて道路も通さないといけない、被災者を確認しなきゃいけない、仕事がいくつもいくつも重なって、頭の中は本当にいっぱいだったんだと思います。多分、指示する側としても何を指示していいかわからないのだろうというような状態でした。

皆さん、自分の家族が亡くなったり、行方不明であったり、自分の家が流されたりという大変な状況のなかで、でも彼らは役場の職員として、やれることはやらなければいけない、残ったわれわれがやらなきゃいけないと感じているようでした。その姿を見ると本当に気の毒で、われわれがやれることをしなきゃいけないなと思いました。

支援物資の集積場所となっていた公民館の会議室には、大量の物資が届けられたまま山積みになっていた。管理にあたる大槌町の職員はわずか7、8人。物の仕分けまで手が回っていなかった。

[証言／飛内雅之]

何をどのように手伝えばいいかと、はっきり聞ければいいんですよ。でも、そういう状態じゃないっていうのもわかったので。ですから、じゃあうちが勝手に見て、ここっていうところを手伝うからって言って、本当にその数分の話で物資のところに行きました。

物資担当の方とお話をして、われわれが中心となって整理をするからと。ではお願いしますと言われました。

飛内さんは派遣された2日間、支援物資の仕分けや、避難所へ物資を送り届ける支援にあたった。そのなかで、何よりも支援物資の整理に人手が必要だと感じた。

［証言／飛内雅之］

物資はたくさん来ていたんです。でもパンのように賞味期限があるものは積んでしまえばわからなくなるので、来るものごとに場所を分けなければなりません。ものが来ればやっぱり区分けしないと出すときにわからなくなるんです。

大槌のなかで役場の職員といっしょになって働ける人は、数えたら何人もいなかったと思うんですよ。よそから来ない限り、整理できる人がいなかったということです。

だからこそ、よそから多くの方が来て、手伝ってあげることが必要。10個の荷物があれば、1人だと10回やらなきゃいけない。10人いれば1回で済む、そういうことですよね。そのあとも、全国から多くのボランティアの方々が手伝いに来ました。それが被災地を支援していく、一番のかたちかなと思います。

飛内さんの報告を受けて、遠野市は職員に加え、ボランティアも被災地に送り込んだ。彼らは、陸前高田市や釜石市など五つの市や町で、物資の仕分けや配送にあたった。人手不足に苦しむ災害対策本部の力強い助けとなったのだ。

遠野市から被災地への職員派遣は、同年の12月末まで続いた。

後方支援の役割を再検証

自衛隊や消防の後方支援拠点となった遠野運動公園の傍らに、２０１２年、遠野市の総合防災センターが建設された。2階の展示室には、職員たちが情報を共有するために書き込んだ模造紙が残されている。遠野市が被災地とどう向き合ったのか、後世に伝える教訓として、劣化しないよう加工を施し保存することで、次の災害への備えにしたいと考えている。

［証言／本田敏秋］

パネルにしてあるのは一部ですね。全部で１００枚近く、必死になってみんなが書き込んだ情報が残っています。だから私は1枚たりともこれを捨ててはだめだと、これは後世に伝えなきゃならない記録であり記憶だと言ったんです。

人の命といったようなものは、失ったら戻らないんですね。今度の東日本大震災の場合も、そういう本当に悲惨な悔しい、無念な思いをした。だけども、それをどこにぶつけたらいいかわからない被災者の方々がいっぱいいるわけですよね。したがって、一人でも二人でも命をつなぐ。命を救うという役割における仕組みを、人として、あるいは自治体としてきちんとつくっておくということが必要です。

今回、大規模な災害で、被災地が役場を失い、幹部職員を失うなかで、被災市町村が国や県に要請して、それを国や県がほかの自治体に指示するという仕組みは、機能していませんでした。今後の巨大災害、広域災害を考えると、やはり直接被災していないところに、冷静に情報を把握しながら的確に行動していけるような基地を置くことは、どうしても必要なのではないかと思っています。

ただ、われわれも決していいことばかりじゃなかったんですよね。さまざまなミスマッチもありましたし、私自身もいろんな判断ミスがありました。そういった部分をきちんと検証しながら、次の備えとなることをこの記録のなかから見いだしていく。それが、危機感が高まっている広域災害に対する、われわれが果たすべき一つの役割ではないかと思います。

思いがけないかたちで行うことになった被災地への後方支援。大災害が起きたとき、近隣の市町村はどう動いたらいいのか、遠野市が投げかける課題である。

（2014年9月　取材）

あの日　わたしは

岩手県

岩泉町―宮古市―山田町―大槌町
遠野市―大船渡市―陸前高田市

守られなかった家族の約束

岩泉町　取材日／2013年4月5日

三浦千寿子さん(34)

――海から約1キロのところにある自宅で両親とともに暮らしていた三浦千寿子さん。車で宮古市に出かけていたとき、大きな揺れに襲われた。

今までにない揺れだと思って。確実に警報か何かが出ると思ったので、避難しなきゃいけないと。

――三浦さん家族はふだんから、地震があったときは別々に避難すると決めていた。しかし、三浦さんが向かった先は高台ではなく、自宅だった。

何度も電話したけどなかなか通じなくて。田老のトンネルを過ぎたあたりで奇跡的に電話が通じて、「今、田老だから、向かっているからね」と母親に言ったら、「うん、うん」って2回返事をしたので。

――家族の約束にもかかわらず、電話を受けた母親のツイさんは承諾してしまう。一方、三浦さんは自宅まであと少しというところまで来たが、道路が封鎖されていた。

役場の人に止められて、「迂回して高台のほうに行ってください」と言われましたが、「家で家族が待っているので」と通してもらいました。

――自宅にたどり着いた三浦さん。すぐに母親を車に乗せて出発しようとしたそのとき、津波に気付いた。

向こうから砂ぼこりのような煙が見えたので、母と「何だ、あれ?」と言っていると、茶色い波が来て。

――急いで車を走らせようとするが間に合わず、押し寄せた津波に車が巻き込まれる。

津波に押された時点で死んじゃうなと思いました。

――幸い車はがれきに挟まれ水没を免れた。余震が続くなか、三浦さんたちは一晩を車の中で過ごし、翌日救助された。二人ともけがはなかったが、母親のツイさんは、「なんであんな返事をしたんだろう。今もずっと後悔している」と言う。

大きい揺れが来たら、油断しないですぐに高台に逃げる。それぞれが、その場から一番近い安全な場所に逃げると決めてやっていこうと思います。

岩泉町　北上高地の東部にあり、東は太平洋に臨む。透明度の高い地底湖を持つ龍泉洞が有名。震災による津波で家屋や漁船に被害が出た。また周辺地域で活動する自衛隊の拠点ともなった。
死者／10人

巨大堤防への過信

宮古市　取材日／２０１３年９月10日

赤沼正清さん（72）・陽子さん（70）

――宮古市田老地区・野原は、かつて津波の危険地帯とされ住む人はほとんどいなかった。しかし、１９５８年、高さ10メートルの巨大堤防が建設されたことで急速に宅地化が進んだ。１９７６年、赤沼正清さん、陽子さん夫婦は、この場所なら津波に襲われる危険はないだろうと考え、念願のマイホームを建てた。

あの日、正清さんは高台の宿泊施設で働いていた。一人で家にいた陽子さんは、地震発生からしばらくして不思議な音を耳にした。

すごい音がしたので何の音かなと。よく昔の人が、津波は大きい音がするということを言っていました。それで「あっ」と思ったとたん波が上がったんです。（陽子さん）

――陽子さんはとっさに裏山を駆け上がり、高台に避難した。家が濁流に飲み込まれたのはその直後だった。

まず自分の家が流れていくのを見ました。堤防が波で見えず、町の中が海でしたね。どんどん住宅やら何やらみんな流れてきて。地獄なんて見たことないけど、まさに地獄。（陽子さん）

――巨大堤防は津波の圧力に耐えられず、決壊した。震災後、これから住む場所をめぐって夫婦の意見は分かれた。津波を目にしなかった正清さんは再び同じ土地に家を建てたいと考え、津波で恐ろしい体験をした陽子さんは田老を離れることを望んだ。

やっぱりふるさとであるということ。それから、自分が求めた土地であるということ。昔の思い出を大切にしたいから、震災があっても離れたくないという気持ちが大きいんですよ。だけど妻は津波を見ているために、「いやだ」ということでね。（正清さん）

――二人は歩み寄り、田老は離れずに、今後造られる高台の住宅地に移ることになった。

海は好きだし、景色もいいし、空気もいいし、人間関係もすばらしいので、私、ここの地にいたいと思っているわけです。（正清さん）

宮古市　岩手県沿岸部中央に位置する。田老地区は高さ10メートルの巨大堤防が築かれ、津波防災の先進地として国際的に有名だった。しかし、巨大堤防は津波で破壊され、多くの犠牲者を出した。死者／５６７人

津波てんでんこ

宮古市 取材日／2012年12月27日

赤沼ヨシさん（95） 食堂経営

――宮古市田老地区で食堂を営んでいた赤沼ヨシさん。娘夫婦や孫が近所に住んでいたが、あの日、揺れを感じたときは海の近くの自宅で一人だった。

どーんと飛び上がるような大きな地震。昔経験した地震よりずっと大きいの。

――赤沼さんは1933年の三陸大津波を経験しており、当時は家族バラバラに高台に逃げて全員助かった。

津波のときは人を待っていられない。自分の身を守るだけ。本当に〝てんでんこ〟（各自で）なのさ。

――昭和の大津波を超える津波が襲ってくると確信した赤沼さんは、心配して様子を見に来た家族に避難場所へ先に逃げるよう促した。自分の足では、階段を上がらなければならない避難場所に逃げるのは難しいと考えたからだ。「津波てんでんこ」とはそれぞれが逃げられる場所へ逃げること。赤沼さんは近くの山へ向かった。何とか山のふもとにさしかかったときだった。

バリバリ、ガリガリとすごい音がして、海が浮き上がってきたように見えた。あの波に追いつかれたくないと、夢中になって走って逃げた。

――赤沼さんは必死に道を急いだが、足場が悪くなり、進めなくなる。周りの人たちが手を貸そうとしたが、みんなを巻き込むまいと、山に避難するように言って、その場にとどまった。

おばあさんは置いて逃げるのが当たり前。若い人たちはこれからなんだから。

――赤沼さんは後ろから波をかぶればある程度耐えられると思い、波にお尻を向けてしゃがみ込んだ。

耳もふさいで、目も閉じて、死ぬもんだと思って。

――だが、津波は来なかった。逃げてきた場所のすぐ手前で津波は止まっていた。家族も全員無事だった。

昭和の津波が勉強になった。人をおぶったり、手を引いたりしないで逃げろと教えられた。本当に自分が身軽にして逃げなきゃだめでしょうね。

宮古市　取材日／2012年10月2日

消防団の息子に助けられた母

宇都宮一子《はつこ》さん(72)

――あの日、宇都宮一子さんは、宮古市赤前の海からおよそ300メートル離れた自宅にいるとき、大きな揺れに襲われた。揺れのあと、家の中の片付けをしていると、職場から戻ってきた息子が叫んだ。

「津波が来るから逃げろ」って。「俺は消防に行くから」と息子は走って行ったんです。

――消防団員の息子は、急いで家を出ていった。しかし、宇都宮さんはすぐには避難しなかった。近くに高さ8・5メートルの防潮堤があったからだ。片付けを終えて外に出ると、すでに津波が迫っていた。慌てて裏の畑を登りはじめたが、防潮堤を越えてきた津波に一瞬にして足をさらわれ、波に飲まれる。

波の中にいるときは、右に回ったり左に回ったり全然まっすぐに泳げない。自分の体力がなくなれば終わりだなと思ったから、波まかせにしていた。

――宇都宮さんは100メートルほど流されたところで、目の前に流れてきた戸板にしがみついた。そのとき、高台に一人の男性を見つけた。宇都宮さんが「助けて」と呼びかけると、「今助けるから頑張れ」と言って、男性は水に飛び込んだ。

近くに来たら、息子だったんですよ。「なんで逃げなかった」と言うので、「ごめんね。ごめんね」って。

――しかし息子一人では宇都宮さんを運べず、二人は30分以上冷たい水に浸かっていた。

日が傾いて、「寒くなったな」と息子に言ったところまでは覚えているんだけど。

――宇都宮さんは気を失ってしまう。その後消防団に救助され、体育館に運び込まれる。そこでは避難してきた人たちが宇都宮さんの服を着替えさせ、体をさすり続けた。意識を取り戻したのは、5日後、病院のベッドの上だった。

本当に皆さんのおかげで助けられて今があります。ありがたいですね。津波が来るといっても、まさかこんなに大きいのが来るとは思ってもみませんでした。

油断から学んだ大津波の脅威

宮古市　取材日／2012年10月5日

小林光男さん（74）　漁師

――宮古市蛸の浜で漁師をしていた小林光男さん。大きな揺れに襲われたのは、自宅にいたときだった。津波に備えて船を高い場所に移すため、自宅から400メートル離れた漁港へと向かった。

少しでも、波から船をよけるためにね。

――作業の途中、4、5人いた仲間の一人が海の異変に気付く。波が引いて磯が見えていた。これはだめだと、小林さんは作業を中断し近くの道路に上がった。仲間たちはまだ浜にいた。そのとき、防災無線が「津波の高さは約6メートルに変更になっています」と告げるのが耳に入った。

皆に「おーい、だめだ、上がれ」と言ったんだ。

――小林さんたちは海が見渡せる高台に移動。その直後、津波が押し寄せた。

8艘ぐらいの船が転覆した。磯の岩と松の間くらいまで波が上がりました。

――仲間たちは一斉に走って逃げたが、ここまでは来ないだろうと油断していた小林さんは逃げ遅れる。危険を感じて走りだしたときには、すでに津波はすぐそこに迫っていた。小林さんは道の脇にある墓地に流される。海に流されたら命がない。小林さんはとっさに水中に潜り、足元のブロック塀にしがみついた。

水が引かなければ死ぬだけだと。手を離して楽になりたい、でも流されたら終わりだ。そんなことばかり考えていた。

――ブロック塀から手が離れると、墓石にしがみついた。ようやく波が引いたときにはふらふらだった。

腕が壊れたので救急車を頼んでくれと言ったんだ。

――その後、通りかかった警察官が病院に送り届けてくれた。左腕は骨折していた。

津波を甘く見ないこと。津波だと思ったら海に近寄らないことだ。3・11のようなとき、蛸の浜に安全な場所はない。それを次の世代に残していきたいね。

宮古市　取材日／2013年9月20日

新船に息子の名前をつける

八重樫則夫さん(63)　養殖業

――田老地区でワカメとコンブの養殖業を営む八重樫則夫さん。あの日、港で作業をしていた八重樫さんは、地震発生後、すぐに車で高台に避難した。しばらく海の様子を眺めていたが津波の来る気配はない。町に引き返すことにした八重樫さんは、戻る途中で異変に気付く。

　岩が砕けたような白い波がパーッと見えた。

――津波が引いたあと、八重樫さんが自宅に戻ろうとすると、町から逃げてきた人たちに止められた。

　家に行こうとしたら、「みんななくなったから。津波が町の中に入ってきたから、全部なくなった」って。そのときは力がガクッと抜けちゃったね。

――翌日ようやく水が引き、八重樫さんは自宅に戻ることができた。

　家は影も形もなくなっていて、愕然とした。

――自宅には高齢の両親と息子の昌宏さんがいた。昌宏さんは中学生のときから漁師を目指し、祖父の宰次郎さんに仕事を教わっていた。宰次郎さんは、脳梗塞の後遺症で歩くことができなかった。昌宏さんは車の免許を持っていなかったため、八重樫さんは三人が自分の帰りを待っていたのではないかと考えている。

　どういう感じで津波に連れていかれたのかね。声を発する時間があったのか、何も知らないでガーンとやられたのか。

――3月15日、宰次郎さんの遺体が沖合で見つかった。母のハルさんと昌宏さんは今も見つかっていない。

　2012年7月、八重樫さんはワカメの養殖を再開するため新しい船を造った。その船を、昌宏さんの名前から「宏昌丸《こうしょうまる》」と名付けた。

　息子の名前を逆さにして。悩んだけれどもこれしかないと思って。沖で働いていると「こんなときはこうしたよな、二人で」というのを自然と思い出して、涙がボロボロ出てくるんですよ。

山田町 取材日／2012年10月18日

流される車から決死の脱出

上澤史雄さん(69) 警備員

──警備員をしている上澤《うえざわ》史雄さんが激しい揺れに襲われたのは、JR陸中山田駅近くの工事現場で交通整理をしているときだった。

グワーッと揺れて電線、電柱も波打っていました。

──その後、防災無線やラジオで大津波警報を聞いたが、いっしょにいた人たちが工事を続けていたため、上澤さんも交通整理を続けた。工事現場は海からおよそ600メートル。叫び声を聞き、海のほうを見ると、津波が駅を飲み込みながら押し寄せてきた。

見たら駅のホームにドーンと来たわけだ。

──津波は堤防を乗り越え、山田町を飲み込んだ。走って逃げても間に合わないと思った上澤さんは、近くに止めてあった自分の車に乗り急発進。しかしすぐに津波に追いつかれ、脱出しようとしたがドアが開かない。プラスチックの誘導灯で窓を叩いたが割れなかった。そのとき、車内に転がっていた栄養ドリンクのビンに気付き、握りしめて神様に祈りながら窓を叩いた。

どこに流されるかわからない。とにかく車から出ようと思い、「神様お守りください」とビンで窓ガラスを叩きました。そしたら、バリーンと割れたんです。

──ようやく窓が割れ、流されていた車の窓から脱出する。道路沿いの植木まで泳ぎ、しがみついた。すると、がれきの向こうからおばあさんの声が聞こえてきた。

「助けてください、助けてください！」って……。

──身動きが取れず、励ますことしかできない。さらに、上澤さんは自分たちに迫る危険に気付く。

エンジンがかかった車が流れてきて、一方ではプロパンガスが流れてきて。シューっとガスが出ているわけですよ。ぶつかったら火の海。自分もおばあさんも助からないと思ったんです。

──そのとき波が引きはじめ、上澤さんたちは何とか助かった。上澤さんは、あのとき仕事を続けずに自分自身で判断すべきだったと反省している。

自分で自分を救わなきゃだめだと思い知りました。

山田町 陸中海岸のほぼ中央に位置し、山田湾と船越湾の二つの湾を持つ。震災では、二つの湾に津波が押し寄せ、漁港や湾内の養殖いかだなどの漁業施設が壊滅。町の水産業は大打撃を受けた。
死者／833人 行方不明者／1人

山田町　取材日／2013年3月30日

ポンプ車と広報車を守れ

大石秀男さん（60）　消防団分団長

――山田町大沢地区で、消防団の分団長を務めていた大石秀男さん。あの日、自宅で激しい揺れに襲われ、すぐに消防団の屯所に向かった。

「これは津波が来る」ということが頭に浮かんで。

――屯所は海の近くにあったため、津波を想定して、消防車を近くの高台に避難させる訓練を毎月行っていた。消防団にあった車は、ポンプ車と広報車の2台。

消防車がなくては何もできないと頭にあったから。

――消防団員たちは、すぐにポンプ車と広報車に分乗し、地区にあるすべての水門を閉めに向かった。さらに住民たちに避難を呼びかけたあと、訓練どおり車を高台に避難させた。その直後、津波が襲う。大沢地区は孤立し、ほかの地区からの消防隊の応援は望めない状況だった。町を見下ろすと、ガソリンスタンドの近くから煙が上がっていた。

屋根が燃えた火が、いろいろな物に移って。ガソリンスタンドが近いから、大沢全域に火が回るんじゃないかと思った。

――水が引いたあと、大石さんたちは津波から守ったポンプ車で現場に急行する。

最初は小さい火でも、だんだんに大きくなって。

――しかし、消火栓は大量のがれきに埋もれ、使えなかった。水がなくては消火活動はできない。困り果てたそのとき、大石さんは、使われなくなった防火水槽が近くにあることを思い出した。がれきをかき分け、ようやく防火水槽を見つけだした。

ふたを取って中を見たら、まだきれいな水で。それでホースを15本つなげた。

――3時間かけて火災を鎮圧し、ガソリンスタンドへの延焼を食い止めることができた。さらに広報車も役立った。けが人や病人を運ぶ救急車の代わりになったからだ。大石さんたち消防団は、日頃の訓練を生かし、自分たちの力で地域を守ることができた。

本当に、２台がなかったらと思うとぞっとします。

山田町　取材日／2013年2月1日

町から配られた避難用リュック

昆野昭子さん(81)

――あの日、海から150メートルのところにある自宅で激しい揺れに襲われた昆野昭子《あきこ》さん。津波が来ると思い、すぐに避難の準備を始めた。そのとき夫は、家の中で地震の片付けをしていた。

「津波が来るから、そんなもの片付けなくてよござんす！」と、薬と避難用リュックを持って学校に行くように言いました。

――昆野さんは、ふだんから用意していた避難用リュックを持って、夫とともに避難所になっている小学校に向かった。小学校に到着したのは、地震発生から20分後。まだ避難してくる人は少なかった。

外を見ると、向こうから家がバリバリと音を立て、濁流がものすごい勢いで流れてきました。その水で人が流されていくのをこの目で見たもんだから。20人から30人はいたかと思う。「助けろ」「逃げろ」の声がしても、どうすることもできない。

――昆野さんは助かった住民とともに体育館に避難。

体育館に入るときは、雪が降っていて、薄暗くなっていて。

――中には200人を超える住民たちが集まっていた。

寒いし、子どもたちは腹が減ったと。私は乾パンと柿の種をいっぱいリュックに詰めてきたから。

――昆野さんは、持ってきたリュックから非常食の乾パンや菓子、手袋などを取り出した。

軍手も2人の人にあげました。手が冷たいと言うから。食料も。役に立ったとみんなに感謝されました。

――実は昆野さんが持ってきた避難用リュックは、町からすべての家に配られた物だった。しかし、避難所にこのリュックを持ってきていたのは、昆野さん夫妻だけだったという。

ずっと何年も準備して、1年に1回、9月の避難訓練のとき、全部中身を出して、下着や靴下を干したり、食べ物を取り替えたりしました。ふだんの心の準備。そういうのが私は大事だと思います。

大槌町　取材日／2012年9月20日

娘にかけた最後の言葉

上野ヒデさん(70)

――上野ヒデさんは、海の近くで夫と娘の3人で暮らしていた。あの日、上野さんは大槌町役場近くのふれあいセンターの3階で婦人会のイベントに参加。2階では町役場職員である娘の芳子さんが確定申告の受付業務をしていた。大きな揺れに襲われた直後、津波が来ると確信した上野さんは、すぐに避難を始めた。

　階段を下りたとき娘に会って「この地震は津波が必ず来るからあんたも早く逃げて」と声をかけました。

――芳子さんはセンターにいる人たちの避難の対応に追われていた。上野さんは娘の身を案じながら、その場を離れた。

　上野さんは日頃から、津波が来た際に落ち合う場所を家族の間で決めていた。夫や娘もそれぞれ避難するだろうと、近くの高台に向かう。上野さんが高台に着いてすぐ、町役場とふれあいセンターが津波に飲まれた。

　家がどんどんなぎ倒されていく様子をその高台から見ていました。1回目の波で助かった家が、2回目の波で全部持っていかれるという感じ。そのときは、ああ、大槌は終わりだなと思った。それでも夫も娘も助かっているだろうと思ってました。

――しかし二人に会うことはできなかった。

　次の日かな、役場の屋上にいた20人か30人が、ヘリでここに運ばれてきました。そのときに娘のことを聞いたらみんな目をそらしたから、「変だな」と。

――震災発生から1週間後、芳子さんは町役場の裏で遺体となって見つかった。避難していなかった夫の強三《きょうぞう》さんも、同じ日に遺体で見つかった。なぜ避難してくれなかったのか、今でも上野さんは悔しくて仕方がないと言う。

　娘が役場職員でなければ、無理してでも連れて逃げました。「早く逃げてよ」というのが、あの子にかけた最後の言葉だった。今思えば、いっしょに連れて逃げればよかったなと。

大槌町　岩手県沿岸部のほぼ中央に位置する。東は太平洋に面し、大槌湾周辺に人口が集中。震災による津波とそれに伴う火災のため、壊滅的な被害を受けた。
死者／1278人　行方不明者／2人

未来のために撮り続けた惨状

大槌町　取材日／2013年12月10日

菊池公男さん(74)　自主防災会役員

――あの日、菊池公男さんは運転中に地震に襲われた。

電線はバウンドして、道路沿いの住民が両側から飛び出してきました。

――津波が来ることを予想した菊池さんは、自宅に車を止め、カメラを持ち高台に避難する。

自主防災の役員でしたから、地震の被害や海の状況は撮っておくべきだと思いました。

――最初に写したのは津波に飲み込まれていく小さな蓬萊島の写真。「ひょっこりひょうたん島」のモデルといわれる蓬萊島は町のシンボルだった。

初めての体験なので、怖くて怖くて。蓬萊島は灯台が壊れた。涙を流しながら撮ったように思います。

――津波の脅威を感じた菊池さんは、より高台を目指す。高台の道路には20人ほどの住民がいた。

住民の皆さんが、船や家がなくなっていくという会話をしているなかで、私はカメラを向ける。「なんでこんなときに写真を撮るんだ」という方もいました。やめようかとも思いましたが、記録に残す必要があると思い、撮り続けました。

――被害状況を記録することを決心し、菊池さんは避難所へ向かった。するとさらなる災害が地区を襲う。

いろいろな人たちに会えて「助かった」と喜んでいたら、今度は町が火事になった。自分の家は津波か火事でやられてしまっただろうと、写真を撮りながら思いました。自分の故郷でこんな光景を見るとは……。

――避難生活3日目には、住民総出で生活道路の復旧を目指した。がれきを取り除き、約200メートルの道路をわずか1日で復旧。その様子も写真に収めた。

私たちが震災後どう過ごしたか。自分の孫にもこの惨状を正しく伝えたいという気持ちがありました。

――菊池さんは、記録を一冊の写真集にまとめた。

1枚の写真の威力をあらためて感じました。私を批判した人からも、「撮ってもらってよかった」と言われて……。本当に嬉しかったですね。

大槌町　取材日／2012年7月27日

消防団だからこそ逃げる

鈴木　亨さん（43）　大槌町消防団　第二分団部長

——大槌町の消防団第二分団部長を務める鈴木亨さん。あの日、強い揺れを感じた直後に水門に向かい、消防団の仲間と担当するすべての水門の閉鎖を確認した。そのとき、無線で津波が襲来している情報を耳にする。

もしかしたら堤防を越えるのではないかと。

——鈴木さんたちは2台の消防車に分かれ、住民に避難を呼びかけながら高台へ向かう。

「津波だ、逃げろ」と強い口調で連呼しましたので、逃げてくれることを願っていましたけれども……。

——川の近くには、呼びかけても避難せず津波を見ようとしている人がいた。そのとき、すでに津波が川をさかのぼり、あふれそうになっていた。

「逃げろ」と言ってもなかなか逃げない。別の団員が胸ぐらをつかむような勢いで言っても逃げない。そうしているうちにどんどん水かさが増して、あとからあとから来るんですよ、津波が。

——必死で説得し避難させると、自分たちも急いで高台へ向かう。それからすぐ、津波が堤防を越えた。

真っ黒い波が消防車を追いかけてきました。家やがれきが燃えながら流れて漂流しているという、まさに地獄絵図。われわれもあと5秒、10秒、消防車に戻るのが遅かったら、今この場にいないですね。

——なんとか高台に着いた鈴木さんは、もう1台の消防車に無線で呼びかけた。しかし応答がない。

団員は車を置いて逃げていると思っていたけど、夜になって避難していた人から「消防車が流されているのを目撃した」という話を聞き、現実を知りました。

——もう1台の消防車の団員たちは、避難していない人を助け出そうとして津波に巻き込まれていた。乗っていた6人のうち、助かったのは1人だけだった。

津波から助かるには逃げるしかないですね。住民であれ、消防であれ。防災にかかわる人間も逃げてこそ救助活動などに移行できるわけです。逃げるというのは本当に大切なんだと強く思っています。

遠野市 取材日／2014年4月19日

救援活動を支えた手紙

菊池清子さん(75) 婦人会会長

――遠野市で婦人会の会長をしていた菊池清子《せいこ》さん。震災のあと、自宅近くの集会所には、神戸市水道局の人たちが、沿岸の被災地で水道管の復旧や給水活動を行うために寝泊まりをしていた。

寝袋を利用して、7人から10人くらいかな。朝7時に出発して、夜9時にならないと帰ってこないんですよ。厨房にはインスタントものが山積みにされていました。それを見たときに、長い間ここにいらっしゃるのであれば、体を壊すんじゃないかと思ったんです。

――菊池さんは近所の主婦5人で夕食を準備することにした。水道局の人たちが救援活動に出かけている間に食事を準備し、手紙を残しておいた。

「まごころのお水をとどけていただいていることに胸が熱くなります。……ささやかな気持ちです。……おせっかい婆さん一同」

食器も洗わないでおいてくださいって書きましたけど、きれいに洗ってありました。「水道管を探すのに一日かかった。すっかり気持ちもぼろぼろになって帰ってきたとたんに温かい料理があって、本当に生きた心地がした」というような手紙もありました。

――食事づくりは2か月間続き、やりとりした手紙は50通にもおよんだ。なかでも喜ばれたのが「ひっつみ」という遠野の郷土料理だった。

手紙には「全員、『おいしいおいしい』の連発であっという間になくなりました。今日は、すさまじい嵐のような風のなか、大変疲れましたが、おいしい夕食に癒されました」と書かれていました。

――菊池さんは、水道局の人たちが神戸に帰るときにいっしょに撮った写真を今も大切にしている。実は、顔を合わせたのはそのときが初めてだった。

阪神淡路大震災のときにお世話になったということが心の中にあるみたいで、少しでもご恩返しができたらと、すごく優しいすばらしい人たちでした。感謝の気持ちでいっぱいです。

遠野市 岩手県の内陸、南東部に位置する。北上高地の中央にあり周囲を山に囲まれた盆地。震災では震度5強を記録、市内全域が停電、断水した。被害が少ないことから、岩手県沿岸被災地の後方支援活動の拠点となった。

大船渡市　取材日／２０１２年10月29日

塗り替えられた地震の教訓

大和田正行さん（67）

　生きたいけど、どうにもならない。でも、「このまま死んではいられない」と頑張りました。

――大船渡に住む大和田正行さんは、海から２・５キロほど内陸で強い揺れを感じた。津波が来ると感じ、海のそばにある実家に車で向かう。16歳でチリ地震津波を経験した大和田さんは、地震のときは実家の大切な物を持って避難するように教わっていた。

　姉の住む実家までは、ふだんなら10分ほどで着く。しかし、避難しようとする人々で道は大渋滞。途中の交差点で動けなくなったところに津波が押し寄せた。

　車の中から内陸のほうを見ても車がいっぱいでどうにもならない。ドアを開けて逃げようかと思った瞬間に海のほうから大きな材木が流れてきました。

――直後、車は浮き上がり流された。そして交差点脇にあった家の塀にぶつかって止まる。大和田さんは窓から脱出し家の屋根によじ登ろうとするが、後ろから大きながれきがぶつかり、水の中に落ちてしまった。

　水の中に入った時点でぐるぐる回されて。真っ暗な水の中、上も下もわからない。自由がきかない。途中、一度だけ浮き上がって息ができて、「助かるかな」と思ったら、すぐにまた水の中に引き込まれて。どうにもならず、妻や母の顔が思い浮かびました。

――死にたくない、そう思ったとき、津波の流れが一度止まった。

　一瞬シーンとなったんです。そこでハッとして目を開けたら、首から上が、がれきの上に出ていました。

――気が付くと交差点から１５０メートルほど離れた高台のふもとに流れ着いていた。傷だらけになりながらなんとか高台へ逃れた。姉も自力で避難し無事だったが、大和田さんは自分の行動を深く反省している。

　実家へ行ってから避難という、今まで教わってきたことがガラッと変わりました。地震が起きたら津波が来る。とにかく避難の指示が出たら、高いところへすぐ避難することが大切だと思いました。

大船渡市　天然の良港を有し、コンテナ船による海外との定期航路を持つ国際港湾都市。10メートルを超える津波が多くの漁船を飲み込み、港に大打撃を与えた。
死者／４９２人　行方不明者／４人

陸前高田市 取材日／2013年3月6日

野球部の仲間と乗り越えた日々

髙橋優太さん（18） 県立高田高校野球部員

──あの日、県立高田《たかた》高校の野球部員だった髙橋優太さんは、校舎の裏の高台にあるグラウンドで、約40人の部員と練習をしていた。

本当に強い揺れだったので、立っているのもやっと。グラウンドも地割れしたところがありました。

──部員が持っていた携帯で津波の映像を見た髙橋さんはフェンス近くに駆け寄り、海を見渡す。すると広がる松原を越えて波が押し寄せていた。津波が迫るなか、一人のお年寄りが高台への坂道を登っていた。

おばあさんは後ろを見ていなくて、つらそうに歩いていました。「早く上がってこい」って野球部の仲間も必死に叫んでいました。自分はとくに何も考えずに下へ行って、おんぶして上まで来ました。上にあげたときは「ありがとう」と言われました。

──グラウンドに戻ると、お年寄りやけがをした人が大勢避難していた。野球部の仲間たちは、室内練習場にシートを敷き、布団を運んだり、けが人をおぶったりして、避難してきた人たちを助けた。

自分の服を貸しているやつもいて。みんな自分から動いて、すごいなと思いました。

──寒さに震える人たちに、髙橋さんも自分の着ていたジャンパーをかけてあげた。夜になると雪が降り、寒さはさらに厳しくなっていった。

布団は、避難してきた人たちに使ってほしいということで、自分たちはブルーシートに収まって寝た感じです。でもやっぱり眠れなかったですけど。

自分一人では絶対できなかったと思う。仲間とか先輩とかといっしょに行動できたからこそ、不安なく動けたのだと思います。

──その後、髙橋さんは専門学校に通い、警察官の試験に合格。地元のために働きたいと考えている。

つらい時期を乗り越えてきた仲間と、最後は地元に戻ってきて、みんなで復興や町づくりに携わっていきたいと思っています。

陸前高田市 海岸沿いには、約7万本の松が立ち並ぶ国の名勝「高田松原」があった。津波に流されなかった松が「奇跡の一本松」と呼ばれて復興の象徴とされた。
死者／1804人 行方不明者／4人

陸前高田市　取材日／2013年5月4日

遠慮せず助けを求める

吉田千壽子さん(77)

――吉田千壽子《ちじゅこ》さんは緑内障で目が見えない。自宅は海から約150メートル離れた場所にあった。大きな揺れに襲われたとき、いっしょに暮らす長女は仕事に出かけ、吉田さんは一人だった。家が潰れると思い、四つんばいになって掘りごたつに逃げ込んだ。

すごい揺れなので、到底逃げられないな、ここで死んでもいいなと思いました。視覚に障害があるために、できるだけ人に迷惑をかけたくないと。

――吉田さんは大腸がんの手術を受け、退院したばかりで体力も落ちていた。死を覚悟したそのときだった。

物が落ちてきたんです。何だろうって手で触ってみたら、いつも飲んでいる抗がん剤とお薬手帳が入った巾着袋だったんです。

――このとき、吉田さんの心が変わる。

これを手にして、思わず抱え込んでしまったんです。大事なものだって。子どもたちが「お母さんらしくない、死んでしまうなんて」と寂しげに言う姿がちらついて、これを持ったとたんに私は決断しました。

――生きることを決断した吉田さんは避難を始める。すでに、地震発生から20分以上が経っていた。外に出た吉田さんは、向かいに住む女性に呼びかけ、手をつないでいっしょに小高い場所にあるお寺を目指した。

バリバリと音がしました。そしたら向かいの奥さんが、「吉田さんの家、流されたよ。もっと歩けない？　走れない？」と言うから、私は夢中で走りました。

――家を出て間もなく、町は津波に飲み込まれた。津波は吉田さんのすぐ後ろまで迫ってきた。

力尽きて転んでしまって、「誰か！」って呼んだら、男の人が、山門まで引っ張り上げてくれました。

――周りの人たちに助けられ、なんとか生き延びることができた吉田さん。障害を気にして逃げるのをためらったことを反省している。

障害のある方は、地震や津波のときは遠慮しないで、早めに手を貸してもらうことが一番だと思います。

第Ⅱ部

宮城県

名取市―石巻市―気仙沼市―仙台空港

第Ⅱ部
宮城県

名取市

――誰も想像できなかった

名取市閖上地区

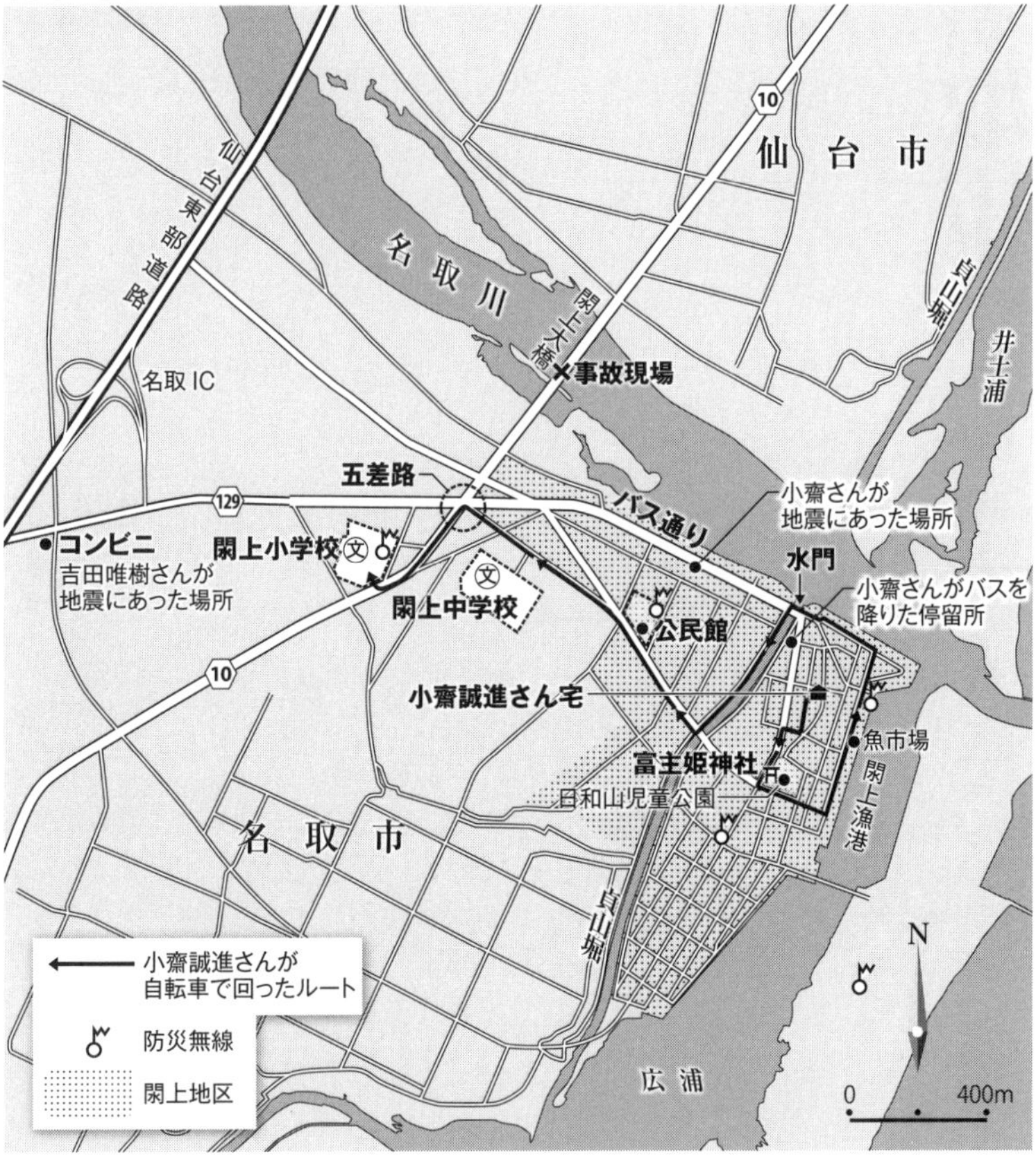
仙台東部道路
名取川
閖上大橋
仙台市
10
貞山堀
井土浦
名取IC
✕事故現場
五差路
129
バス通り
小齋さんが
地震にあった場所
●コンビニ
吉田唯樹さんが
地震にあった場所
閖上小学校
閖上中学校
水門
小齋さんがバスを
降りた停留所
公民館
10
小齋誠進さん宅
魚市場
閖上漁港
富主姫神社
日和山児童公園
名取市
貞山堀
小齋誠進さんが
自転車で回ったルート
防災無線
閖上地区
広浦
N
0
400m

海に沿って平坦な土地が広がる、宮城県名取市閖上《ゆりあげ》地区。

太平洋に面する宮城県名取市は震災で大きな被害を受けた。なかでも、名取川を挟んで仙台市の南に隣接する閖上地区の被害は甚大だった。この地区は、仙台藩主伊達政宗の命によって造られた運河、貞山堀《ていざんぼり》が海岸線と平行に町を貫く。人々は、この貞山堀を越えて津波が来ることはないと信じていた。

震災の日、閖上の指定避難所の一つである閖上公民館には約300人が避難していた。「10メートルの津波が来る、公民館は危険だ」という情報が入ると、人々はより高い3階建ての中学校に移動する。しかし公民館と中学校を結ぶ通りの先で大きな事故があり、道は大渋滞していた。そのとき、巨大な津波が閖上地区を襲う。押し寄せた大津波は、中学校に向かっていた多くの人や車を飲み込んでいった。

想像を超える大津波で、754人もの命が奪われた閖上の町。津波は来ないと信じていた人々の証言である。

忘れ去られた先人たちの言葉

かつて2500あまりの住宅が軒を並べ、およそ7000人が暮らしていた閖上の町。津波でほとんどの建物が流され、3年近く経った今も、人は住んでいない。

そんな閖上地区で、震災後、地元の人たちから注目を集めた場所がある。水の神、弁天様を祭る富主姫神社《とみぬしひめじんじゃ》だ。

社は津波で流されてしまったが、いくつかの石碑が残っていた。その石碑の一つに、かつて閖上地区を襲った津波の記述があった。〝地震があったら津波の用心〟と題された石碑には〝昭和8年3月、岩手県沖で地震が発生。40分後、水の高さ10尺（およそ3メートル）の津波が閖上を襲った〟と記されていた。

閖上で生まれ育った元会社員の小《こ》齋《さい》正義《まさよし》さん（72歳）は、震災後、初めて石碑のことを知り驚いた。

[証言／小齋正義]

2000年の間に4回も津波が来ていたなんていうことは、本当にわからなかったわけです。誰が言うともなく、閖上に津波は来ないと言われていたことが、結局、被害につながったのだと思います。過去にも津波が来たということがわかっていればね……。ここにこのような碑があったことすらわからなかったんですから。やっぱり歴史は繰り返しますからね、ちゃんと語り継いでいくべきだと思います。
石碑につづられた80年あまり前の先人たちの言葉を、閖上に住む人たちは忘れていたのだ。

静まり返った町

2011年3月11日、閖上地区を震度6強の地震が襲った。単身赴任をしていた会社員の小齋誠進《せいしん》さん（45歳）は、東京から家族の住む閖上の自宅に向かう途中、バスの車内で地震にあった。

［証言／小齋誠進］

その日の朝まで東京で仕事をしていまして、14時半の名取発のバスに乗って、ちょうど閖上地区に入ったときに地震にあいました。バスの中は立っていられないくらいの揺れで、乗客は私を含め3人いましたけれど、やはりみんな恐怖というか、何が起こったんだみたいな雰囲気でした。私もただ事ではないと思い、一番後ろの座席から一番前の座席に移動したのですが、移動するのも大変で、何かにつかまっていないと倒れてしまいそうな状況でした。バスはすぐに止まり、揺れが収まるのを待っていました。

まず頭に浮かんだのは、宮城県沖地震が来たのかなということです。ただ、イコール津波というのは正直全然思わなくて、倒壊した家などがあったら、中にいる人を救わなければと思っていました。実際、何軒か壁が崩れている住宅もありましたし、家自体が相当揺れているのも確認できたので、ちょっと尋常ではない地震だということは感じました。

揺れが落ち着くと、バスは運転を再開した。小齋さんは鞄の中にあったカメラを取り出し、バスの車窓から被害の様子を撮影しはじめた。商店街の店は壁が崩れ落ち、地震の揺れで、地面から水が噴き出す液状化現象が起きていた。

液状化した道路は危険な状況だったが、小齋さんはバスの運転手に頼み込み、自宅付近のバス停まで行ってもらった。バスを降りた小齋さんは、崩れた建物を見つけると、中に人がいないか確認しながら自宅に向かった。

築4年の自宅には目立った被害はなく、家族は町外の病院に親戚の見舞いに出かけていて留守だった。小齋さんは町の様子を見て回ろうと、カメラを持ち自転車で出かけた。

[証言/小齋誠進]

最初は、自宅の周りのご近所の様子を見に行きました。そうしたら何人か外に出ておられて、お互いに気をつけましょう、という会話をしたあと、自転車で回りました。バス通りに出て、知り合いのお宅をちょっと見に行きましたが、皆さん留守だったので、そのあと、日和山《ひよりやま》の下にある、子どもとよく遊んだ公園などを見ながら一周しました。それから閖上の漁港のほうを回り、名取川の河口のほうを見に行きました。そうしたらそこも液状化で、駐車している車が泥の中に埋まっていました。でも、そのときもまだ津波が来るという意識はありませんでした。

当日は本当に静かだったんです。私のイメージでは、大きな災害があると、やっぱりサイレンが鳴っていたり、避難を呼びかける放送などがあるのかなって思うんですね。しかしそれがなくて、すごい静かな雰囲気で、本当に「これから何をすればいいのか……」というような感じが、正直ありました。

被害の大きさとは反対に、異様な静けさに包まれていた閖上の町。小齋さんは避難が必要なのか判断に迷い、情報を得ようとした。

[証言／小齋誠進]

消防署の車なのか、地元の消防団の車なのかわからないんですけど、消防車が目の前を通りかかったので、ちょっと止めて、「何か今、警報は出ていますか」と聞いたところ、「大津波警報が出ていますよ」と言われました。何メートルの津波なのか、そこまでの話はなかったのですが、あれだけの規模の地震だったので、そういう警報は出るなっていう感覚はありました。ただし、あれだけの規模の津波が来るというのは、そのときも思っていなかったですし、正直言って、何か緊急性のあるような、「早く逃げましょう」みたいな感じには聞こえなかったんですね。

小齋さんは再び自宅に戻ると、今度はビデオカメラと三脚を持ち出し、名取川の河口まで自転車で行き、三脚を立てビデオカメラを設置した。津波の様子を撮影するためだった。ビデオを早送りしてわかる程度の津波だろうと思い、長時間撮影できるようにセットした。

そのとき、何気なく西の水門のほうを見ると、ヘルメットをかぶった数人の男性が目にとまった。

名取川から貞山堀へ水を引き込む水門前で、作業をする人たちだった。

何をやっているのか気になり、水門のほうに行って作業をする人たちに話を聞きました。すると「停電で水門が下がらない。予備の発電機があるから、それを使って水門を閉めようと思っている」と言うので、「私も手伝わせてください」と言って、担当の人といっしょに水門を下ろす作業の準備をしました。

それから水門の操作をする人が来たので、機械室に入り発電機を回す作業を手伝いました。発電機自体は手順書に従って操作しているうちにかかったんですが、エンジンが温まるまで5分から10分ぐらいかかるということでしたので、その間に、水門の一番上の操作盤がある部屋で、担当の人とお話をさせてもらいました。

[証言／小齋誠進]

小齋さんと話をしていた担当者が、そのとき貞山堀の変化に気が付いた。

貞山堀の水が結構引いていて、それを見て、「あ、これはでかいのが来るぞ」と担当の人が声を上げました。確かに水が引いてはいましたが、水位の低い貞山堀も何回か見ているので、極端に引いているとは思わなかったんです。ただ北の仙台市側の貞山堀は、船が通れないくらい水が引いている感じはありました。

[証言／小齋誠進]

鳴らなかった防災無線

町では住民が避難を始めていた。閖上地区には3か所の指定避難所があった。その一つの閖上公民館では、その日、中学校と幼稚園の謝恩会が行われていた。地震のあと、避難してきた人々も加わり、公民館にはおよそ300人が集まっていた。

当時、公民館の館長だった恵美《えみ》雅信さん（65歳）は、大きな津波が来るとはまったく考えていなかった。

［証言／恵美雅信］

三陸のほうは大変なんだよ、あっちはリアス式だからしょっちゅうやられるんだ、なんて話したりしていたんです。悠長に、ひと事みたいにね。こっちは遠浅の海岸だから、あまり津波は来ないから大丈夫だなんて。昔からそんな話を聞いていましたからね。

津波が来ても50センチくらいというのはときどきあるから、港の桟橋を越えるか越えないかくらいのものはわかるんだけど、貞山堀を越えてこちら側に津波は来ないだろうな、と思っていました。でも考えてみれば、山じゃないから越えて来るときは来るんですよね。貞山堀を越えて津波は来ないという話は、今考えてみると、あまり意味のない話だったと思います。

公民館の前には防災無線が設置されていた。しかし震災の日、防災無線から津波警報やサイレンが鳴ることはなかった。

何かあれば防災無線が鳴るだろうと思っていましたが、何の音沙汰もないから、これは何もないんだなと、たいがいの人は思っていたと思います。何も言わないということは、何もないんだなというとらえ方をしてしまったんですね……。

サイレンも鳴らないし何もないから、ああ何もないんだって、みんなある程度安心感がありました。前の日までちゃんと夕方の5時に、カラスといっしょに帰りましょうの音楽が鳴っていたから、まさか壊れているとは思わないし、逆に安心していました。

［証言／恵美雅信］

閖上地区には公民館を含めた5か所に防災無線が設置されていた。震災の日も、名取市役所から発信される津波の情報が伝えられるはずだった。しかし、地震の揺れで発信機器が故障し、津波情報が流れなかった。

のちに第三者検証委員会がつくられ、2014年4月に「防災無線は地震発生後2分で故障し、職員は午後7時まで故障に気付かなかった。地域防災計画も2008年を最後に改定されておらず、津波への市の危機意識の薄さが浮かんだ」などを指摘する内容をまとめている。

公民館の近くに住んでいた主婦の丹野《たんの》裕子《ゆうこ》さん（45歳）は、地震のとき、中学3年生の娘の卒業式を終え、公民館の隣の建物で謝恩会に出席していた。揺れが収まるといったん自宅に戻ってから、公民館に避難した。そのときは、丹野さんも周りにいた人も、ほとんど危機感を抱くことはなかったという。

［証言／丹野裕子］

自宅が公民館のグラウンドのすぐ隣なので、近所の顔見知りの方たちとグラウンドの一角に立っていたんです。近所の方たちとは本当にくだらない話なんですけど、今晩どうやって寝ようかとか、どうやって片付ければいいんだろうって、そんなことを話しているうちに、あっという間に時間が経ってしまいました。

丹野さんは、公民館のグラウンドで中学3年生の娘といっしょにいたが、中学1年生の息子は少し離れたところで友人と遊んでいた。

［証言／丹野裕子］

大津波警報が出ているっていう話は、どこからともなく聞こえてきてはいたんですね。ただ自分のなかでは、防災無線が鳴ったとか、パトカーが来たとか、消防車がサイレンを鳴らしていたとか、そういう何かが聞こえたっていうことはなかったんです。ただ、子どもたちが携帯のワンセグを見たりして、何か大津波警報が出ているという話だけは聞いていたんですよ。でも、あれだけすごい大津波が来るなんて夢にも思っていなかったので、自宅にいるよりも、近所の方たちといっしょにグラウンドにいれば安心と思い込んでしまったんですね。それで建物に逃げることはせず、グラウンドにそのまま残っていました。

交通渋滞を招いたトレーラー事故

閖上公民館の前には大通りがあり、内陸におよそ600メートル行くと五差路があった。五差路の北東には、仙台市と名取市を結ぶ閖上大橋が架かっていた。

震災の日、会社員の吉田唯樹《ゆうき》さん（36歳）は取引先での仕事を終え、車で仙台市の会社に戻る途中だった。

［証言／吉田唯樹］

コーヒーを飲もうとコンビニで買い物をして出てきたときに、地震が来たんです。最初は地鳴りみたいなゴオーッていう音が聞こえて、これは何だろうと思っていると、コンビニに駐車してあった軽トラックが上下にジャンプしていて、立っていられないくらいになりました。これは大きな地震だと思って、落ち着くまでトラックにつかまっていました。ちょっと揺れが収まったので、車で会社に戻ろうとしました。

しかし吉田さんの車は、五差路の手前で渋滞に巻き込まれてしまう。

［証言／吉田唯樹］

電線が切れて垂れ下がってるし、1車線しか通れなくなっていました。停電で信号が消えてしまった状況のなかで全方向から車が来るので、みんな譲り合いながら、ノロノロ運転状態でした。閖上大橋の手前でずっとつながっていて、全然動かないから何か起きたのかと思って、側道に車を止めて、歩いて見に行ったんです。

吉田さんは、五差路から閖上大橋へ歩いていった。橋の中ほどで、トレーラーが積んでいた大きなコンクリートの杭が地震の揺れで落下し対向車を直撃する事故が起きていた。

［証言／吉田唯樹］

大型トレーラーの荷物が崩れていて、乗用車が潰されている状態でした。コンクリートの杭を動かそうと思ったんですけれども、あまりにも大きすぎて動かなくて助けられなかったんです。でも、エンジンがかかったままだったから、燃えたりするとまずいなと思って、潰された車に入って、エンジンは止めたんですね。で、（車の中にいた人を）助け出そうとしましたが、もう潰されていて出てこなかったんです。これは無理だと思い、レスキュー隊が来るのを待ちました。

五差路の渋滞はこの事故が原因だった。

レスキュー隊が到着すると、吉田さんは混雑する交差点に戻り、車の誘導を行った。

[証言／吉田唯樹]

閖上大橋のほうに向かって来る車の運転手さんに、「橋の上は通行止めになっているから渡れませんよ」と声をかけてUターンさせました。そのうちパトカーが来たので、車の誘導は警察官に任せ、再び事故現場に戻ってレスキュー隊の手伝いをしていました。

地震の揺れが引き起こした防災無線の故障と交通事故。不測の事態が重なるなかで、300人ほどが避難していた公民館にも「10メートルの津波が来る」という情報が伝えられた。

[証言／恵美雅信]

消防車が来たので情報を聞いたら、「大津波が来るんで、公民館の高さではもたない。2階ではだめだから3階建ての中学校まで避難させてください」と言われました。中学校は公民館から歩いて、私の足だと5分くらいで着きますが、お年寄りが多いですからね、地域的に。でも津波が来るので、「ここではだめ」ということで、安全な場所に移動しはじめました。

恵美さんは、公民館より高い3階建ての中学校に移動するように、避難をしている人たちに声をかけた。

公民館のグラウンドに家族で避難していた小齋正義さんは、その声にいち早く反応した。

[証言／小齋正義]

「津波の警報が6メートルから10メートルに変わったので、ここは危ないですよ。中学校に逃げてください」って言うんですね。10メートルという数字を聞いたときに、そこで初めてこれはちょっと変だなと思いました。今までは1メートルとか、2メートルという警報だったので、これはとてつもない数字だと。私と家内と娘の3人でいたものですから、「ここからは3人バラバラになるなよ。バラバラになったら絶対にだめだぞ」と言って、中学校のほうにすぐ避難しました。

小齋さん家族3人は、徒歩で公民館から閖上中学校に向かった。

[証言／小齋正義]

車道は渋滞していましたが、私たちは歩道を避難したのでスムーズに行けたんですね。私たちは比較的早く行動したほうで、私たちの前を歩いている人は、あまりいませんでした。今思えば、あのとき周りの人に、「さあ逃げよう」と言えばよかったのですが、自分たちの行動で精一杯で、そこまで気が回りませんでした。

公民館にいたときはグラウンドにいましたが、中学校に着いたときは、素直に上に行かなきゃいけないと思って、上へ上へとあがっていったんです。すぐ津波が来るとは思っていませんでしたが、やはり10メートルというのは異常だと思いましたから。

3階に来て、もっと上に行こうと思い、屋上に出ようと思ったんです。しかし3階から屋上に出る非常口に鍵がかかっていたんですね。おそらく中学生が屋上に勝手に遊びに出ないように、学校側が鍵をかけていたのだと思います。で、開かないものだから、そこに集まった人がちょっとパニックになって、「早く開けろ！」ということになりました。やはり誰もが緊迫した状態でした。

公民館から中学校に避難する人が次第に増えていくなかで、丹野裕子さんはグラウンドにとどまった。

［証言／丹野裕子］

３階建ての中学校に移動しませんかという声が上がっていたのはわかっていたんです。２階建ての公民館じゃだめだという声はあったんですけど、あの当時、小さな犬がいましたし、道路はもう車がずらっと渋滞していて、私たちは（ふだんの生活で）歩くことをほとんどしないので、車で行くにはちょっと渋滞しているよね、ということで、何人かの人は私といっしょに残っていました。娘は私のすぐ隣にいましたが、息子はお友だちといっしょにたぶん、ふざけて遊んでいたと思うんですが、私の手の届かない、ちょっと先のほうにいたんです。

閖上地区を襲う大津波

地震から約１時間が経過したころ、名取川の河口付近に渦のような流れが現れる。
水門の一番上にある部屋で作業を手伝っていた小齋誠進さんは、部屋の窓から、ふと外を見た瞬間、名取川の河口で大きな波が起きているのを目撃した。

［証言／小齋誠進］
沖合に見える消波ブロックや堤防が波しぶきを受けているのが見えたんです。そして、なんかものすごい壁みたいなものがこっちに向かって来ていて、名取川にも泥水みたいなものがドーッと流れはじめていました。そのとき私は、ああ、これ、逃げなかった自分がだめだったなと、一瞬諦めました。もう間に合わないと思って。

逃げるのを諦めた小齋さんは、津波を撮影しようと海にレンズを向けた。カメラのファインダーを通して、津波がどんどん迫ってくるのを実感した。

［証言／小齋誠進］
一瞬逃げるのを諦めましたけれど、いや、でもせっかく自転車で回っていたわけだし、一か八か逃げてみようと思い直しました。担当の人にも、「大きい津波が来たので逃げましょう」と声をかけました。そのとき堤防に男性が2人いて、上の窓から「大きな津波が来たから逃げましょう」と言ったんですけれど、「わかった、わかった」みたいな返事はいただきましたが、その後どうなったかはわかりません。

小齋さんは大通りを通って避難所の公民館へ向かおうと、自転車のペダルを必死にこいだ。見か

けた人に、津波が来るから避難するよう声をかけながら貞山堀沿いを走り、公民館前の大通りまで出た小齋さんは目を見張った。

[証言／小齋誠進]
公民館の前からもう車がぎっちりで動けない状況で、人もいっぱい歩いていました。車は全部止まっていて、五差路に向かってずっと列をつくっていました。

事故による渋滞は、公民館から中学校へ移動する車が加わり、さらにひどくなっていた。小齋さんは、人と車であふれた公民館は素通りし、中学校へ向かった。途中、渋滞に巻き込まれた車に向かって、避難するように呼びかけた。

[証言／小齋誠進]
こんな渋滞で止まっていたら津波に流されちゃうから、降りましょう、逃げましょう、走ってそこの建物に逃げましょう、と声をかけたんですけど。今でもはっきり覚えているんですが、ほとんどの車の方が残念ながら反応があまりなくて、「本当に津波なんか来ているのか」みたいな返事をいただいて、なかなか本心が伝わらず、歯がゆい思いをしました。

中学校も人であふれていたため、小齋さんは自転車で行けるところまで行こうと、内陸の五差路へ向かって自転車をこぎ進めた。

五差路の先の閖上大橋では、吉田唯樹さんがレスキュー隊の手伝いを続けていた。吉田さんはレスキュー隊から10メートルの大津波警報が出たことを聞いたが、信じていなかった。

［証言／吉田唯樹］

10メートルの津波が来るという情報は入っていたんですけれども、まさかそんなのが来るわけないだろうと思っていたので、そのまま手伝いをしていたんです。10メートルって聞いても、過去にそういう経験がないものだから、本気にしていなかったんですね。周りの人もみんな逃げずに、この場をなんとかしなきゃという感じでした。

しかしその直後、吉田さんは名取川の異変に気が付く。

［証言／吉田唯樹］

ふと川を見たら名取川の水がなくなって、川底が見えたんですね。で、おかしいなと思って海のほうを見たら、白い線が見えたんですよ。白い線と砂埃、土煙っていうんだか、何だか煙がもくもく上がっているのが見えたので、これはやばいな、本当に津波が来ると思いました。

津波が名取川の河口から遡上し、巨大な波頭《なみがしら》が閖上大橋に向かってきた。危険を感じた吉田さんは全速力で橋を駆け下り、五差路に止まっている車に向かって、津波が来たから逃げるよう伝えて回った。

［証言／吉田唯樹］

一台ずつ運転手さんに声をかけましたが、皆ぽかーんとしていて、何を言っているんだ、みたいな感じで、私が津波が来ると言っても、本当かよ、みたいな顔をしていました。車を置いてすぐ逃げた人もいましたが、そのままだった人もいました。

一方、五差路に着いた小齋誠進さんが、閖上大橋のほうを見ると、名取川が氾濫しているのが見えた。名取川の水位は堤防を越す寸前まで上がっていた。

［証言／小齋誠進］

五差路に着いたときは、津波に追い越されてもいないし、ちょっと安心して名取川の様子を確認しようと思ったんです。そうしたら閖上大橋に、波が当たっているのが見えたんです。ふだんそんなに水位がある川じゃないのに。

そこでちょっと写真を撮っていたら、ちょうど橋の右手の下のほうに住宅があって、住宅の中からご婦人が出てきて、「今、どうなってる？」と聞くので、「大きな津波が来ているから避難したほうがいいですよ」と答えたら、町のほうからバキバキという音が聞こえてきたんですね。それと合わせて黒い煙が町中に舞い上がっていて、それを見て、津波は川だけではなく町にも襲ってきたんだな、というのがわかりました。

小齋さんは名取川の堤防を指差しながら、車に乗っている人たちに再び避難を呼びかけた。

[証言／小齋誠進]

「あれ津波だから、やばい、逃げようぜ」って声をかけたら、結構、みんな車を降りて逃げてくれました。だからやっぱり危機って、自分の目で見て納得しないと動かないもので、自分自身もそうだったんですが、人に伝えるということは、なかなか難しいんだということを感じました。

小齋さんは周囲に避難を呼びかけながら、再び自転車をこいで海から一番離れた避難所の閖上小学校へと急ぐ。

[証言／小齋誠進]

もう必死ですよね。小学校の校庭に入るときに、すでに遠く離れた海のほうを見ると、津波で漁船が陸地に向かって走っているのが見えたんですね。本当に大きな津波なんだということを実感し、全力で校庭の中に入って、奥に見えた非常階段があるところまで必死に自転車をこぎました。非常階段で3階までたどり着いたとき、校庭に津波が入って来て、本当にもうギリギリでしたね。

そのころ、公民館にいた300人の多くは中学校へ向かっていた。館長の恵美さんは、寝たきりのお年寄りや車いすの人たちを移動させるために、車の準備をしていた。そのとき、恵美さんは空の異変に気付く。

［証言／恵美雅信］
東のほうの空から煙が見えてきて、火事になったのかなって思いました。そのときは中島町と呼んでいる東側の地域（海と貞山堀の間にある町）が、地震で燃えて火事になっているんだろうと思いましたが、でもどこか様子が変で、ようするに家の上のほうに煙が見えて、その煙がドドドッて近づいてきました。

恵美さんが見た煙は、津波が次々と家屋を押し倒すときに出たものだった。津波はもう公民館まで迫っていた。

［証言／恵美雅信］
消防団の分団長さんが、「津波だ、逃げろ」って走ってきました。その分団長さんの後ろから泥水っていうのかな、黒っぽい水が、ざわざわ追いかけてきて、そのとき初めてただ事ではないとわかって、「逃げろ」ということになりましたが、今から中学校に走って逃げることもできませんので、とにかくここにいる人たちを公民館の上の階にあげることになりました。

恵美さんたちは、体の不自由な人たちを連れて、必死で公民館に駆け込んだ。寝たきりのお年寄りは立て看板に寝かせ大人6人がかりで担ぎ上げた。車いすの人は、恵美さんともう1人で持ち上げ、津波が来る寸前に、2階に上がることができた。
公民館のグラウンドの端にいた丹野さんも、津波を知らせる大声を聞いた。

［証言／丹野裕子］

東のほうを向いたときに、お寺の屋根の上に真っ黒い煙が見えたんですよ。火事の煙だと思っていましたが、誰かが「あれは津波だ！」って大きな声を出してくれて、それで慌てて公民館の2階に逃げ込みました。娘はすぐ隣だったので、いっしょに上がることができました。しかし息子は、私が逃げた公民館のほうに走ったのか、それとも波から逃げるために、先に向かって走ったのかはわかりません。ただ本当に0・01秒とかですが、建物に上がるときに、ふとグラウンドを見て、息子の名前を叫んだんですけれども、そのときには息子の姿は見えませんでした。

丹野さんの息子の公太さんは、友人とともに中学校に向かって走ったと考えられている。水位はどんどん増し、公民館の2階まで迫ってきた。

［証言／恵美雅信］

2階の廊下まで水が来てしまって、ビニール製の床が、水風船みたいにところどころ水圧で膨れ、これが破けたら終わりだなと思っていました。少しでも高いところを作ろうということで、とにかく長机を並べ、水が来たらこの机に上がれば少しは大丈夫かということでね。考えてみたら、津波が来たらそれではどうしようもないんだけどね。でもかろうじて、それ以上水は上がってきませんでした。本当にスレスレでした。

［証言／丹野裕子］

私のすぐ後ろにいた娘の同級生の男の子が、波に飲まれて流されていったのを目の前で見てしまったので、慌てて2階のベランダに駆け寄って外を見ました。そうしたら、本当に自分の目線と同じ高さで船や家が流れていたんです。そのたくさんのものが濁流に飲まれていくなかに、同級生の男の子もいました。でも手も届かないですし、「頑張れ」としか声をかけられなくて。

本当だったらあのとき、飛び込んで助ければよかったと、今になると思うんです。ただあの日は、目の前に流れていったすべての景色があまりにもすごすぎて、現実とは思えませんでした。いったいこれは何だろうって。津波がどういうものかすら、私にはわからなかったんです。本当にね、勉強不足だったんです。考えが浅はかだったんですね。ちゃんとわかっている人は、地震のあとには大きい津波が来るからって、いち早く避難していましたから。私のなかには「津波」っていう言葉すらなかったんですよ。

公民館の上に逃げ込むことができた人たちは、54人だった。

多くの人々が津波に飲まれた

大津波は中学校にも押し寄せ、公民館から中学校へ向かう途中の人々を巻き込んだ。たどり着くことができなかった人も多くいた。

五差路にいた吉田さんにも津波が迫っていた。吉田さんは、とっさに五差路にかかる歩道橋に駆け上がった。

[証言／吉田唯樹]

歩道橋に駆け上がったら、もうあっという間に水が来て、間一髪でしたね。水が来たときは車から何から何まで、いろいろなものが流れて来ました。……顔だけ出た人が流れてきて、でも自分の手は届かないし、目が合いましたが、「ごめんなさい」をするしかなかったですね。

その後、吉田さんは歩道橋のほうに流れてくる女性に気が付き、歩道橋の階段の欄干から手を伸ばし、助けようとした。

[証言／吉田唯樹]

ゆっくりなんですけれど、人が流れてきたのがわかったので、階段の欄干から身を乗り出し、周りにいた人に落ちないように後ろから私のベルトを強く持ってもらいました。ちょうど手の届くところまで流れてきたので、手を出して助けようとしたら、その流れてきた女の人が、「いいから」って言うんです。だけどもう何も言わず無我夢中で体をつかんで引き上げました。全身濡れていたので、とても自分一人の力では上げることができなかったので、周りにいた4、5人で歩道橋の上にあげました。女の人は全身水に浸かっていたのでブルブル震えていて、よけいに服を着ている人から、少しずつ服を分けてもらって、着替えさせました。

歩道橋の上で津波を逃れた人は58人。風が冷たく、雪も降りはじめた。流れてきたゴザや発泡スチロールを使い、高齢者や女性たちは寄り添って寒さを耐え忍んだ。

夜11時ごろ、ようやく水が少し引き、吉田さんたちは避難所に移動した。


一番内陸にある閖上小学校にも津波は押し寄せていた。指定避難所になっていた小学校、中学校には合わせて1670人が避難した。

あの日、閖上の町はほとんど津波に飲み込まれてしまった。津波で亡くなった人は754人、行方不明者は39人にのぼる。

更地になった閖上の町

震災から3年が経ち、およそ7000人が住んでいた閖上の町は、ほぼ更地の状態になっている。

そのなかに、あの日、多くの人が避難した閖上中学校が津波に壊された姿のまま取り残されている。校舎の前には、亡くなった14人の生徒の名前が刻まれた慰霊碑がある。

丹野さんの息子の公太さんは、震災から2週間後、閖上中学校近くのがれきの中から発見された。

慰霊碑は丹野さんたち、生徒の遺族が建立した。丹野さんは慰霊碑の前に立つと、一言一言、言葉をかみしめるように語った。

[証言／丹野裕子]

多分、息子はね、中学校に向かって走ったんじゃないかっていわれているので、ここにさえたどり着いていたら助かっていたはずで、ここがゴール地点であってほしい、そんな思いもあってここの場所にこだわりました。

慰霊碑には、子どもたちを、そして震災の被害を忘れないでほしいという丹野さんたちの思いが込められている。

［証言／丹野裕子］

もう1か月も経つと、町がきれいに片付いてしまったんですよ。町がきれいに片付けば片付くほど、いったい震災は何だったんだろう、津波って何だったんだろうって自分のなかで葛藤が起きて。そのうちに、この町は誰も来る人がいなくて、本当に寂しい殺風景な町になって、もしかしたら震災なんて最初からなかったとか、閖上っていう町なんか最初からなかったよっていうふうに思われてしまったんじゃないかって。訪れる人もなくて、冷たい風だけが吹きすさぶこの町があまりにも悲しくて、それで何かできないかと思い、中学校の教室から机を二つお借りして、シーツを敷いて、ペットボトルを供えて、お花を飾って献花台を作ったんです。ここに息子が生きていたんだよ、この学校に14人の子どもたちが通っていたんだよっていうことを誰かに知ってほしかったんです。

元公民館館長の恵美さんは、あの日、公民館から中学校へ避難するように指示したことが最善だったのか、住民のなかには、その判断を問う声もあることを明かした。

[証言／恵美雅信]
あのとき、館長さんが中学校に移動するようにと言わなければ、うちの子も助かったのに、と言われます。でもそう考えるのはしょうがないことだと思いますし、そう思うのが普通です。本当にあとから考えれば、こうすればよかったのにということがいっぱい、いっぱいあるだけでね……。でもそのときはみんな必死で、最善の方法で生きようと動くんですよね。
例えば防災無線が鳴らなかった。でもそれに責任をかぶせるわけにはいきません。むしろ、自分たちでもっと先に判断する能力があれば、大丈夫だったんだけど、その点では人まかせすぎたかな。もう少し自分で本当に情報を集めていれば、こういうこともなかったんだろうけど。

後世に語り継ぐ

現在、閖上には県内外から多くの人たちが視察に訪れている。
丹野さんは震災から1年後、閖上の震災の記録を語る、語り部の活動を始めた。2014年1月22日、閖上に視察に来た人たちを、閖上中学校の慰霊碑の前に案内し、震災の日のことを語った。

[証言／丹野裕子]
正面に見えるのが閖上中学校です。校舎、決して壊れてないんですよ。宮城県は大きな地震が

来るといわれていたので、建物にはある程度の耐震基準が設けられているからです。この町で大きい被害が出たのはすべて津波によるものです。
地震が発生したとき、この町の人たちはどうしたかといいますと、ほとんどの人は逃げることをせず、そのまま自宅の中で片付けをしていたのではないかといわれています。というのも、実は私もそうなんですが、地震のあとに津波が来るということを、ほとんどの人は想定していませんでした。また津波が来るといわれても、あれほどの津波が来るということを頭の中に想像した人は、多分この町には誰もいません。悪くて床下浸水ではないかと誰もがそう思ってしまった油断が、今回７５０人という犠牲を生んでしまったのです。

視察に来た人たちを乗せたバスは、津波の被害でほぼ更地になった閖上の町の中をゆっくりと走る。
津波ですべて変わってしまった町並みと、失われた多くの命。閖上の人たちが払ったこのような大きな犠牲を無駄にしてはならないという気持ちで、丹野さんは語り続けている。

［証言／丹野裕子］

語り部をやりはじめた最初のころは、中学校の子どもたちが亡くなった場所です、と説明した前でピースをして記念写真を撮ったり、壊れかけた家の中にずかずか入っていって、泥だらけの流出物を手に取ってピースして写真を撮るような人たちのことが、本当に悔しくて悔しくて、ないしょで後ろから塩を投げ付けたこともあったんです。「被災地に二度と来るな」って、本当は心の中で何度もどなったことがあります。
でも、今になると、どんなかたちであっても被災地を忘れないということで、皆さんがここに来ていただけることが本当にありがたいということを、この3年間で学習しました。ですので、今はどんなかたちでもいいので、たくさんの方々に、もう何もなくなってしまったこの場所を見ていただきたいと思います。私自身もこれからこの町がどういうふうに変わっていくのか、ずっと自分の目で見続けたいと思っています。

丹野さんは、視察に来た人たち一人ひとりと握手をかわし、見送った。

[証言/丹野裕子]
やはり息子に対して申し訳なかったという思いがあるので、もう二度とね、同じ思いをする人がいないように、私と同じように本当に自分を責める人間がこれからも出ないように、ちゃんとした町になるように、ずっと活動を続けたいと思って今日までできています。

地震があったら津波の用心——。
昭和8年、先人が石碑に残した教訓を忘れてしまった閖上の人たち。今回の津波の記憶こそは、忘れてはならない——そんな痛切な思いで、次の世代へと伝え続けようとしている。

(2014年1月　取材)

石巻市

——津波と火災に囲まれた日和山

日和山周辺図

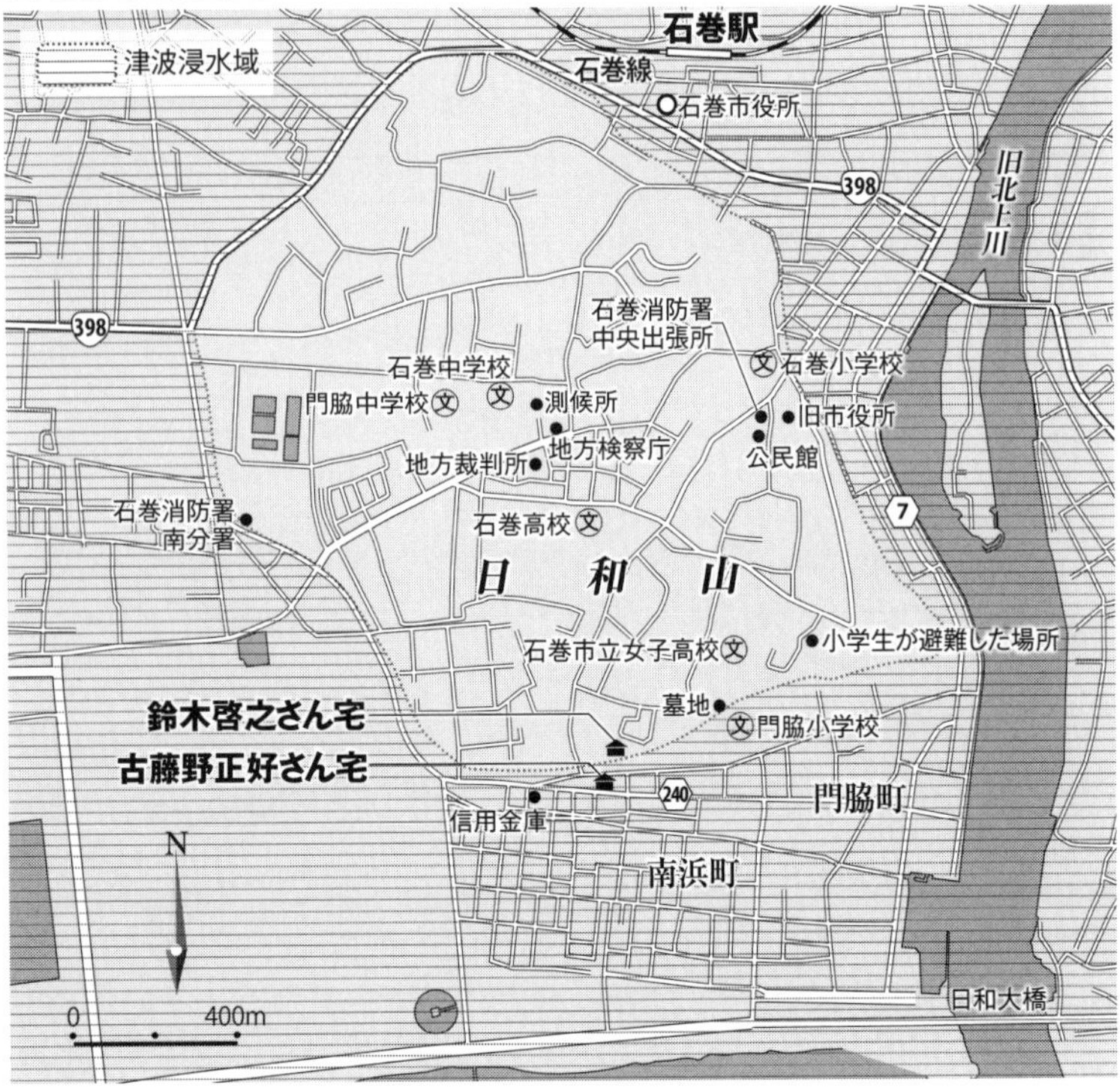

女子高のプールから引いた消火用ホースの位置

宮城県北東部、旧北上川の河口に位置する石巻市。東日本大震災で最大の犠牲者を出した。

宮城県で仙台市に次ぐ人口を擁する石巻市は、江戸時代、「奥州最大の米集積港」として、全国に知られる交易都市だった。そして明治時代になると、金華山沖の良好な漁場を背景に漁業の町として栄える。1960年代には新産業都市の指定を受け、67年に石巻工業港を開港。その後は、工業都市としても発展してきた。

しかし2011年3月11日、大津波は石巻市の内陸部まで深く侵入し、町を破壊した。石巻市は被災市町村別で一番多い、死者・行方不明者4000人を出した。なかでも日和山《ひよりやま》の南に広がる南《みなみ》浜《はま》・門脇《かどわき》地区は400人あまりが亡くなり、町にあったほとんどすべての住宅が流された。

被害はそれだけではなかった。津波で山裾に押し付けられた住宅が火を噴き、巨大な津波火災が発生した。風にあおられた火はさらに燃え広がり、9000人が逃げ込んだ日和山に迫った。火と水に囲まれ孤立した日和山。外部からの応援はなく、地元の消防士たちは、日和山の住宅への延焼を防ぐため、過酷な闘いを強いられた。火と水の恐怖にさらされた人々の証言である。

津波に襲われた南浜・門脇地区

石巻市の旧北上川の河口西側に位置する、標高61メートルの日和山。山とはいってもなだらかな台地のような地形をしている。海に面した南東の角が最も高く、そこにつくられた展望台からは太平洋が一望できる。

江戸時代には、仙台藩の千石船が米を江戸に運ぶときの日和を見る観測地点となっていた。江戸で消費される米の半分は、日和山のふもとから運ばれたという。かつて市役所が置かれ、今でも政治の中心地として、公民館、裁判所、気象庁の地方機関である測候所、五つの学校がある。そして、この日和山の南に広がる平地につくられた町が、南浜・門脇地区だった。震災前、2000軒の住宅があり、5000人が暮らしていた。

2011年3月11日、地震から30分後。旧北上川河口にかかる日和大橋の橋脚に黒い水の跡が見え、すでに川の水は大きく引きはじめていた。

水産加工会社に勤めていた古藤野《ことうの》正好さん（51歳）は、このとき日和山のふもとにある自宅を目指し、渋滞する日和大橋を車で渡っていた。

［証言／古藤野正好］

ラジオではもうすでに、大船渡《おおふなと》のほうに、6メートルの津波予想と言っていました。これはもう家がなくなるほどの津波が来るかもしれないと思って、急いで両親に知らせ、避難させなければと気持ちは焦っていたんですけれども、なかなか車が前に進みませんでした。ふだんなら、5分ぐらいで着くんですが、日和大橋が渋滞していて、30分くらいかけて家に着きました。

古藤野さんが自宅に戻ると、両親は部屋の片付けをしていた。

［証言／古藤野正好］

家はクリーニングと兼業の仕立屋をやっていました。仕立屋なので大きな作業台があり、おやじとおふくろは、その作業台にものを上げて片付けをしていました。あんなに大きな地震だったのに、見た感じ家はまともにありましたし、部屋の中もタンスなど倒れていなくて、思ったより何ともないなという印象でした。

とはいっても6メートルの津波が来るという予想は聞いていたので、6メートルもの津波が来たら家の2階まで水が来ると思って、とりあえず貴重品やちょっとしたものを持って避難しようか、ということになりました。

古藤野さんは、日和山に登るゆるやかな坂から避難するようにと両親を送り出し、その後、隣に住む老人の家に向かった。

［証言／古藤野正好］
ちょうど私が車庫に車を入れたときに、隣家の白鳥さんのおじいさんが、避難したほうがいいのか相談しに来たんです。それで、避難するからいっしょに行きましょうということになりました。白鳥のおじいさんは、「じゃあ用意するから」ということで、自宅に戻られたんですね。5分くらい待ちましたが来なかったので、私のほうから家に行き、玄関で声をかけたら、ちょうど奥さんが介護施設に行っていた日だったものですから、施設と連絡をとっているということでした。
そのあと、白鳥さんのおじいさんが出てきたので、手を引きながら、細道を歩きました。白鳥さんは何年か前に胃の切除手術をされていて、それ以来あまり丈夫ではなく、また高齢でしたので、歩みは遅かったです。

3時50分、町の海に面した一帯から土煙が上がりはじめた。およそ7メートルの津波が到達したのだ。しかし古藤野さんは津波が来たことは知らず、隣家の老人の手を引きながら、日和山へと向かっていた。

［証言／古藤野正好］
家から15メートルくらいまで来たら、ふだんは狭い道路なので車は入ってこないんですが、後ろから車が入ってきました。で、クラクションを鳴らされて、「津波が来た！」と運転手さんが叫びました。「え？」と思って振り返ったら、津波がバーッとこちらに向かってきていたんです。

黒い壁みたいなものが海のほうから迫ってくるような感じでした。とにかく走って逃げなきゃと思って、大通りに出ようとしたら、細道を出ないうちに後ろから波に押されたような感じでした。白鳥さんのおじいさんとはそのときに手が離れてしまって。お亡くなりになったようですが……。私は水の中で松の木に手がかかって、しがみついたんです。でも、水の中で息も続かないし、流れがゆるくなったなと思って、手を離してもがいて水面に顔を出したんです。そのあと、もがきながら流されていく感じでした。

日和山にぶつかった津波は東西に分かれ、古藤野さんはそのまま西に100メートルほど流されてしまう。

津波火災が発生

南浜・門脇地区を襲った津波は、町にあった木造の建物をほぼすべて流し去った。しかし被害はそれだけにとどまらなかった。津波によって山際に押し付けられた家々はがれきとなり、プロパンガスや車のガソリンに火がついて、すぐに燃えはじめた。津波のあと、火災の恐怖が人々の最大の脅威となった。

日和山の山裾にある門脇小学校にもがれきが押し寄せ、激しい炎を上げていた。このとき校舎にいたのは、津波から逃れて避難したおよそ40人の住民たちだった。

小学校の児童は、地震のあと、すぐに教師に先導されて日和山の上に避難していた。津波が心配されるような地震があったときは、必ず日和山に避難するように、年に何度も避難訓練が行われていたのだ。

小学校の職員、駒井清利《こまいきよとし》さん（60歳）は、避難してくる住民のために学校に残っていた。

［証言／駒井清利］

児童はみんな先生方と避難しましたので、残っている人たちは、あとから避難してきた人や車の中で待機していた人たち、津波に追われ途中で車を降りて逃げてきた人たちでした。皆さん屋上に上がってきました。

小学校には、火のついた家が流されてきて校舎にぶつかり激しく燃え上がっていた。屋上へ避難した人々は、校庭から響く爆発音、そして燃え盛る炎におびえていた。しかし出入口はがれきでふさがれ、皆、校舎に閉じ込められていた。

駒井さんは、皆を校舎からなんとか脱出させなければならないと思っていた。

［証言／駒井清利］

避難した皆さんは海側や町側を見ながらあぜんとしていました。私も、あっと思ったときには、これが今までの町だったのか、もう太平洋になってしまった、そんな思いになりました。周りが海という状況を見たときから、皆とこの校舎から山へ逃げなければと思っていました。

屋根が燃えている家がこちらに押し流されてくるのは見ていました。そのあと中央の校舎の真

ん中あたりでドーンという音がして、オレンジ色の炎が上がったのが窓越しに見えました。たぶん、車のガソリンに引火したか、プロパンガスかわかりませんが、とにかくこの校舎から40人ぐらいの人を出さなきゃいけない、いっしょに避難しなきゃいけないと思いました。

火災の危機にさらされた小学校の中で、駒井さんは避難経路を探して駆け回った。校舎の裏手は高台の墓地になっていた。駒井さんは、2階の窓とつながる校舎の裏手の屋根が、墓地の土手の近くまで伸びていることに気が付いた。屋根は平らになっており、2階の窓から屋根に出れば、そこから土手の上に飛び移れるのではないかと考えた。

［証言／駒井清利］

ここしかないと思いました。屋根も平らで、そこが、間隔が一番狭いところでしたので。

狭いといっても、校舎の屋根と土手の間隔は、1メートル50センチほどあった。避難者のなかには高齢者や女性も多く、飛び越えられない人もいた。しかし一刻を争うなかで、ここしか逃げ場は考えられなかった。

［証言／駒井清利］

お年寄りや女性の方が結構多かったので、飛び越えるのは無理だと思いました。雪も降っていてすべりやすかったですし。教室の教壇が目に入って、これしかないと。教壇を2枚並べてかけて、橋渡しをする以外ないと思いました。
最初は、滑りやすいし、渡るのが怖くてなかなか手を貸す人も少なかったんです。それで、先に渡った人たちに、とにかく手を貸してくれと、大きな声で叫びました。ちょうど上にも民家があって、こっちを見ている人が何人かいたので、その人たちにも聞こえるように大きな声を出して、誰でもいいから、とにかく手を貸してくれと言いました。そうしたらだんだんみんな手を貸すようになって、最終的には皆さん手を貸してくれて、脱出することができました。

しかし校舎に爆発音が響くと、皆、パニック状態に陥ったという。

［証言／駒井清利］
窓から逃げているときに爆発音がして、教室の入口のほうにオレンジ色の炎が見えたんです。もうそれでパニック状態になり、われ先にという感じになって、一人が窓から屋根に下りかかっているときに、その隙間から足を出して先に下りようとする人もいたので、「ちょっと待って」と止めて、大丈夫だから、手を貸すから、みんなちゃんと逃げられるから、ということを言って待ってもらいました。私も怖かったですが、爆発音を聞いたときには、ここから逃げなきゃということで、皆、必死でした。
逃げる途中で教務の先生が「3階まで火が回ったぞ」って大きな声で騒いだのはわかったんです。だから多分、一番東の昇降口から一気に火が上がったのではないかと思います。

門脇小学校はその後炎に包まれ全焼する。駒井さんたち教職員の機転によって、およそ40人の避難者は、無事脱出することができた。

一人炎の中に取り残される

津波で流された古藤野さんは、日和山の山際で波にもまれ、津波に流されずに残っていた2階建ての家にたどり着いた。

［証言／古藤野正好］

1階は完全に水没した状態でしたが、2階の窓から人が覗いていて、目が合ったので「助けて」と言ったら、60歳ぐらいの男性の方が「こっち来いよ」と手を差し伸べてくれ、家に引き上げてくれました。

着ていたジャンパーが重くて気持ち悪かったものですから、上着を脱ぎました。そのあと、津波の水位が高くなって、2階の床まで水が上がってきました。静かに波が来るみたいにサパーン、サパーンって水位が上がってきて、それからものすごい音がして、多分そのとき家が浮いて、壊れたという感じだったんですかね。あ、これは大変だと。

午後5時ごろ、石巻には、この日何度目かの大きな津波が押し寄せてきた。

［証言／古藤野正好］

家が浮いて流されたときに外が見えたんです。そうしたら山の上にいる人たちが、大きな声で、指をさして何かを叫んでいるんです。でも何を言っているのかよく聞こえなくて、で、その指す方角を見たら、ちょっとずつ火がポッポッポッとついてきて、火の手が上がったような感じでした。家が流されているのでどっちにしても危ないけれど、「焼ける前に逃げなきゃ」とだけは思いましたね。

古藤野さんがいた家の近くの日和山の崖の上には、多くの住民が避難していた。山に押し付けられたがれきは火を噴き、燃え広がろうとしていた。

［証言／古藤野正好］

家の中から様子をうかがっていましたけど、火がすごい勢いでこっちに迫ってきました。いよいよ逃げていた家の隣まで火が来たものですから、もうこれは完全にだめだと思って、窓から軒へ渡って、桟をつかみながら横歩きで火のない方向に向かいました。このままだと焼け死ぬのは間違いないので、とりあえず水に飛び込むしか選択の余地がなかったですね。火に追われて必死の思いで水に逃げたっていう感じです。

とにかく、どうせ死ぬのなら何か自分の形を残さなきゃと思ったんです。焼け死んだら何も残らないかもしれないので、溺死なら少しぐらい、波にさらわれない限り、自分の体が残るかなって、一瞬そんな思いがよぎったんです。

水に飛び込んだ古藤野さんは、信用金庫の建物を目指して泳ぐが、流れが邪魔をして近づくことができなかった。近くにあったがれきにつかまり、そのまま東に流されていく。

[証言／古藤野正好]

たまたま自分の足の下に大きながれきが流れてきて、よっこらしょとまたいだら、屋根みたいに大きながれきでした。自分の体が腰まで浮いて、がれきに乗れるような状態になったんですね。それでそのままがれきに乗って流されて、いっぱいがれきが固まっていたところに着きました。周りはがれきだらけで、そこに火がついて燃えていました。顔は熱くて、下は冷たいという感じでした。そのときは山の斜面をすごく遠くに感じました。でこぼこしたがれきがいっぱいあって、とても山には行けなかったですね。

崖の上から撮影された当時の写真には、火に囲まれたがれきの中に立つ古藤野さんが写っている。

[証言／古藤野正好]

ふと周りを見渡したら一面火の海みたいな感じだったので、ああ、これじゃあこのまま何もできなくて、自分は焼け死ぬのかなっていう感じがありました。だけど体は動けたので、生きようという気持ちはありました。

たまたま体が山のほうを向いていたのですが、懐中電灯かサーチライトかはっきりわかりませんけれど、周りを照らす光が見えたんですよ。山の上からぐるっと回す感じでライトが見えたので、あ、人がいるって思って。しばらく寒くて声が出なかったんですが、必死の思いで「おーい」って叫んだら、向こうから「今行く」っていうような返事があったものですから、ああ、助かるかもしれないって思って、がれきにつかまりながら、あとは待っていたという感じでした。

消防士による決死の救出

古藤野さんがいたところの火は激しさを増していった。一人の男性が、古藤野さんを見つけ、崖の縁《へり》まで下りてきたが、がれきの中に足を踏み入れることはできなかった。男性は急いで消防隊に救助を要請する。

要請を受けた3人の消防士がはしごを持って駆けつけた。火の勢いは増し、一刻を争う状況だった。

消防士の一人、日和山にある石巻消防署・中央出張所の佐藤和仁《かずひと》さん（37歳）は、すぐに古藤野さんのいる位置の確認を行った。

［証言／佐藤和仁］

誘導してくださった男性の方に大体の位置を聞きまして、それで姿が見えましたので、「聞こえたら手を振ってください」と声をかけましたら、手を振っていただいて、あの位置だなっていう確認がとれました。声は聞いていません。出せなかったのか、ちょっとその状況はわからないですが、手は挙げていただきました。

ポッポッと点在していた火が一つになりはじめていましたが、古藤野さんがいる位置あたりだけは、かろうじて火が来ていなかったような状況でした。

そのときは風が強く、火の勢いもあった。佐藤さんは必死に救出ルートを考えた。

[証言／佐藤和仁]

例えばすっかり火の海であれば、もうその時点で救助できる段階ではないと思うんですよ。風がかなりあり、だんだん火も回ってきているときだったので、厳しいなと思いつつ、火勢の状況だったりとか、風の状況だったりを見て総合的に判断し、今なら行けると。とにかく古藤野さんの周りが、まだすっかり火が回ってきていない状態だったので、このルートなら行けるというのを見定めて、まっすぐではなくちょっと迂回するかたちで救助に行きました。

通常であれば消防士は、空気呼吸器を装着し、援護放水の隊形を整えて現場に向かう。しかしこのときは、火に入る際に不可欠なこれらの準備ができなかった。所属していた石巻消防署・中央出張所の消防車が津波で流出し、車両に積んでいた空気呼吸器が失われてしまったのだ。

［証言／佐藤和仁］

普通は空気呼吸器というものを装着します。また援護放水は、周りの火を消したり、輻射熱の対応、排煙の効果もあります。消防団の車両をお借りしたのですが、空気呼吸器がありませんでした。それでも行けると自分で判断しました。訓練もしていますし、今までの経験などもありますし、そういったものを頼りに、大丈夫だと、このときの現場では判断しました。

もう目の前に人がいてですね、自分の身も守らなきゃいけないんですが、迷っている暇はなかったですね、正直なところ。もちろん恐怖心がないといったら嘘になりますが、助けたいという気持ちのほうが上でした。

―――――――――――――――――

佐藤さんたちは古藤野さんを救助するために、はしごを伝ってがれきに下りる。

［証言／佐藤和仁］

大体はしご1本ぐらいの高さまでがれきがあったと思います。家や車だったり、いろんなものですけど、私が主に見たのは屋根でしたね。やはりがれきなので、足場が悪い状況でした。

――――

救助に向かった佐藤さんは、途中、足元の異常に気が付く。

［証言／佐藤和仁］

足場が悪いので、まっすぐには行けませんでした。回り込むようなかたちで進んでいって、10

―

メートルくらい来たときに、結構ズルズル足が滑るなと。屋根の上を歩いていたんですけど、煙もちょっと上がってきまして、足元を確認したところ、靴底がちょっと溶けて、滑っているような感じがありました。またかなり下も熱いので、抜け落ちるんじゃないかというのがあって、このまま落ちてしまったら終わりだなと、一瞬思いました。

隊員の身の安全も考えて、足場としてははしごを水平に敷いて、その上を歩いていけば、なんとか古藤野さんのところまでたどり着けるんじゃないかと判断しました。

佐藤さんたちはいったん引き返すと、足場にするためのはしごを運び、しっかりしたがれきの上にかけて進んだ。

しかしそれは大きな危険をともなう救出行動だった。

[証言／佐藤和仁]

屋根っていうか、トタンがかかっているんですけど、もう抜け落ちている部分もあったんですよ。そこはもう下がかまどのように火が回っている状態で、あまり下は見ないように、ただ足の踏み外しだけはしないように注意しました。

佐藤さんは慎重な足取りで、古藤野さんのいる場所の近くの屋根まで行くと、古藤野さんに声をかけた。すると炎の中から古藤野さんが体を起こした。

[証言／佐藤和仁]

古藤野さんのいる屋根にうまくはしごがかからない感じでした。なので古藤野さんのいる場所の近くにはしごを下ろしました。本来なら自分もいっしょに下りて、介添えして上がってくればいいのですが、火の回りも速かったですし、本人に「はしごを登ってこられますか？」と聞いたところ、「登ってこられる」とのことだったので、「そのまま上がってきてください」ということで、登ってもらいました。

古藤野さんは燃え盛る火の中、渡されたはしごを無我夢中で登った。

[証言／古藤野正好]

最初は怖くて無理だと思ったんですけれど、必死の思いで行ったら、意外と簡単にパタパタとはしごの上を歩けたんですよね、不思議と。はしごを渡っているときは、結構な火の勢いで、大きな焚き火の間を走り抜けるような感じでした。

消防士の方に上まで引き上げてもらったら、緊張感がなくなっちゃったっていうか、完全に安心して腰が抜けて、ガクガクッていう感じになりました。助けられたあとのことはあまり覚えてないんですよ。

このとき、救助された古藤野さんが発した言葉を、佐藤さんは今でも覚えている。

［証言／佐藤和仁］

自分の隣に娘さんみたいな声が聞こえたので、そっちの方も救出してほしいということを古藤野さんに言われました。なので古藤野さんを引き上げたときに、一回声をかけてみたんですが、声は返ってきませんでした。見た感じでも姿は確認できませんでしたし、火の勢いが迫っていましたので、とにかくいったん安全なところまで避難しましょうということで、古藤野さんといっしょに退避しました。

無事救出された古藤野さんは、病院に運ばれた。佐藤さんたち3人の消防士は、危機一髪で古藤野さんの命を救うことができた。

［証言／佐藤和仁］

装備も何もない状態で、ましてや下が燃えている状態でしたから、やっぱりみんな、正直死というものを覚悟した部分はあったと思います。

火と水で孤立した日和山の9000人

古藤野さんを救出した佐藤さんたちは、すぐに消火活動に移った。

地下に消火用の水を貯めた防火水槽から水を取り、ホースを崖まで延長して、炎を上げるがれきに向けて放水を開始した。

地震発生から3時間後、山際の火はつながり、広範囲で燃えはじめていた。

すごく巨大な火災となっていますので、消すっていうよりも、とにかく延焼を防止する。この日和山だけには絶対に火を回さないぞという気持ちでやりました。もともとここの地区は高台密集地区という危険地区になっていて、通常の火災があった場合でも、隊数が通常よりも多く出るようになっているのです。

［証言／佐藤和仁］

住宅が密集する日和山には、延焼を食い止めるための防火帯となる広い道路がほとんどなかった。地震直後は、6000人の住民に、さまざまな公共施設に避難してきた3000人が加わり、計9000人が日和山にいた。

この9000人の命を守るため、本来なら石巻市の消防力を総動員して、消火しなければならない。しかし内陸奥深くまで侵入した津波が日和山を取り囲み、外部からの消防の応援は不可能だった。

火と水に囲まれ、孤立してしまった日和山。日和山の中に置かれた中央出張所と、日和山のふもとにある南分署から駆けつけた消防車3台、消防署員29人、消防団員17人。それがそのときの消防力のすべてだった。

［証言／佐藤和仁］

浸水して囲まれて、どこも応援に来られない状態ですし、応援に来ようと思っても、これだけ大規模な災害でしたので、ここ以外でも活動している部隊がたくさんあったと思うんですよ。やっぱりそういったなかで、ここは自分たちの隊でやるしかないなと、もうみんな同じ気持ちでやっていたと思いますね。

佐藤さんたちは1時間放水を続けたが、火の勢いは衰えない。

[証言／佐藤和仁]

ポンプについていた機関員が、「水がもう残り少ないから、取水を行う部署位置を変えないといけない」と言ったので、どうしようということになり、水源が豊富なところというと「女子高のプールがあるぞ」ということで、女子高に部署位置を変えて、あとホースの隊形も増やし、筒口の数を増やして防御にあたりました。

佐藤さんたちは、防火水槽を諦め、石巻市立女子高校のプールから水を引き直し、限られた水源で、猛火に挑んだ。

そのときの状況をつづった手記が『東日本大震災　3・11石巻広域の消防活動記録』（石巻地区広域行政事務組合消防本部編）に残されている。

「水利はほぼ無いに等しい状況で、水利部署の移動を繰り返す。その度に猛火が我々に向かって迫ってくる。筒先を握りしめ一歩また一歩と後ずさりしながらも、我々は時の経つのも忘れ力の限りの消火活動にあたった。転戦に次ぐ転戦、直ぐにホースが足りなくなる。既に使用した水の入ったホースを巻こうとしても、内部はシャーベット状に凍っている」

日和山の消防隊の奮闘を間近で見続けた人がいた。日和山に住む会社員の鈴木啓之《ひろゆき》さん（46歳）だ。鈴木さんは妻と子どもを実家に避難させ、父親と家に残って状況を見ていた。

［証言／鈴木啓之］

津波直後の火災は、まさかあんな大きな火事になるとは思いませんでした。それが北西の風にあおられて、燃える材料もたくさんありましたので、だんだん大きくなっていきました。

新築したばかりの鈴木さんの家は、日和山の南西の端の崖に建っていた。

［証言／鈴木啓之］

消防隊の皆さんの放水が始まって、ちょっとうちも厳しいかなと。最初何名かの消防隊の人が、私の家の前に来て、ここの状況を見ながら、「山の手に延焼したら、石巻がすべてだめになるので、なんとかここで食い止めたい」という話をしました。それで、女子校のプールに水があるので、今からそれを使って放水しますと。ただ、ここの山の上にある水は、この25メートルプールの水しかないので、そこがなくなったら、われわれの消火活動はもうできなくなります、という話でした。

鈴木さんは、ホースをたどりながら、高校のプールの近くまで行き、ホースのねじれを直す作業を手伝った。

[証言／鈴木啓之]

その25メートルのプールからの水もわずかばかりだったんですよね。だんだんその水も少なくなってくると、出も悪くなってくるし、ホースもねじれてきたところがあったり。非常に寒い日だったので、ホースなんか触っていくと、凍っているのか、ジャリジャリって音がするんですね。それで金づちでちょっと砕いたり、あとは足で踏んづけて砕いたりしていましたね。

日和山を守るぎりぎりの闘い

日和山に危機が迫っていた。

夜の10時を過ぎると、西から吹き付けてくる風にあおられて、がれきの炎は猛火となって迫ってきた。

日和山の一番高い場所にある測候所で測られた震災の日の風向きの記録によると、それまで北から吹いていた風は、10時から西風に変わり、風力も強まっている。日和山に向かう炎を押さえていた風が、炎をあおる風向きに変わってしまったのだ。

日和山は展望台のある東側の標高が一番高く、西に行くに従って低くなっていく。そして南西側に、南浜・門脇地区から上がれる唯一の坂があり、住宅が密集していた。そこに火が燃え移ってしまうと、火は住宅を燃やしながら、日和山全体に広がっていくことになる。水に囲まれていた日和山は、延焼すれば避難者も含めて、９０００人が逃げ場を失ってしまう。

日和山の南西の崖に建つ鈴木さんの家は、まさに延焼防止の最前線となっていた。

［証言／鈴木啓之］

消防士さんたちは、もうここが最前線で、ここが破られて延焼してしまうと、日和山が全滅になるので、ここで食い止めて頑張るという話でした。ただそれとは裏腹に、水はほとんど出ないので、たぶん消防士さんたちもジレンマはあったと思います。

消防士さんたちも、あれだけの大火の経験はないと思いますので、パニック的な状況にはあったのかなと思います。でも見ていて彼らの心意気は感じることができました。次に何をしたらいいか、何をしようかと彼らは一生懸命考えていた。私の目にはそう映りました。

真夜中近くになると、火は長さ７５０メートルの帯に広がろうとしていた。

佐藤さんも、延焼防止の最重要拠点である鈴木さんの庭に移動してきた。消防は総力を西に結集した。

［証言／佐藤和仁］

西側のほうに進入して放水をしました。奥のほうから火が迫ってくるような感じでしたね。時間ははっきりわかりませんが、西側から来ている火勢が、風の具合で強くなってきました。延焼速度がはやくて、火の勢いがあったんです。ゆっくり来る延焼の速度ですと、注水すればいったん消えてくれるんですけれども、なかなかうまく消えてくれなくて、近くまで行って放水して、なんとか食い止めたような感じでした。

放水しても火が止まらないときは、二の手、三の手を考えます。場所を変えてとか、角度を変えてとか、放水を噴霧《ふんむ》注水にして広範囲にするとか。燃えてくる先を狙って放水するとか。

この地区全体が高台密集危険地区になっていますので、いったん広がってしまったら、かなり広範囲に火が回るのは想像ができます。それを絶対に防ぐという気持ちで防御活動にあたっていました。

午前零時半、日和山南西部一帯の住民に避難指示が出された。西風にあおられた猛火が住宅に迫っていた。

消防隊は、六つの筒口を駆使して坂の上から延焼を防ごうとしたが、火は坂から鈴木さんの家の下にあったがれきに次々と移っていった。時間の経過につれて、炎が鈴木さんの家に迫ってきた。空には、木の葉ほどの大きさの、大量の飛び火が上がっていた。

［証言／佐藤和仁］

押し流された家などが燃えた火の粉が、上昇気流に乗って飛んでいました。飛び火も怖いので、ほかの隊員に、飛び火が移っていないか飛んだ方向に何度も確認に行かせました。

消防士は、11時間にわたって決死の消火活動を行った。

［証言／佐藤和仁］

水も人も足りないわけですから、推定論だったら、もう全部火が回ってしまって、何千人も死んじゃうっていう話が出てくると思うんですけど、そういうのは、まるっきり自分らは思っていませんでした。踏ん張りどころだなって、とにかく延焼を食い止めようという気持ちで、みんなやっていました。

助けられなかった命

迫りくる炎を自宅の庭から見続けた鈴木さん。今でも忘れられない記憶がある。

［証言／鈴木啓之］

だんだん火が近づいてくるのと同時に、住宅のがれきの中から女性の声で「助けて、助けて、早く来て」っていう声が聞こえたんです。最初は聞こえなかったんです。火が強くなって「助けて」という声が聞こえはじめたんです。想定ですが、その女性は、やっぱり熱さがだんだん伝わってきたと思うんですよね。なんとかして早く自分を助けだしてほしい、でも住宅のがれきに挟まれて身動きがとれない、と。

だんだん暗くなってきて、姿が見えれば助けられますけど、見えないんですよ。声は聞こえるんですが、本人の姿も見えませんし、だんだん火の手も強くなってきているので、助けに行きたくとも助けに行けなかったというのが正直なところです。男性の声で、「ああ、ああ」っていう声も聞こえてきました。女性の声も「助けて、いやあ、助けて」っていうのが、だんだん「いやあああっ……」という悲鳴というか、断末魔でした。「いやあ、いやあ」の連続でした、後半は。

しかし、プロの、消防の方もそういった声を聞きながら、どうすることもできない状況だったので、私もただ手を合わせるしかできませんでした。

鈴木さんはその場から立ち去ることはせず、その声にひたすら耳を傾けたという。

［証言／鈴木啓之］

看取るっていったら変ですが、そういった感覚も少しはあったのかと思っています。やはり最期、そういった声で亡くなっていく方がいた場合、この場で声を聞きたくないからといって立ち去ってしまうのは、逆に無責任かなっていう思いがありました。

亡くなっていく人に対する最期のお別れは、ここでその声を聞いている私の最後の責任かなという思いもあったので、手を合わせて「ごめんなさい」「申し訳ございません、許してください」

と、そういう気持ちでずっと祈っていました。

あのときの声は、頭の中に残って忘れることはできません。多分、一生背負っていかなければいけないと思います。


このときの体験は、今も鈴木さんの心の中に大きな傷となって残っている。

日和山に延焼の危機をもたらした西風は、データによると、午前3時には再び北寄りの風に変わり、それが朝まで続いた。最後は風にも助けられ、消防士たちは、絶対的な危機をしのぎ切った。夜が明けた12日の朝、日和山周辺のところどころにはまだ炎が残っていたが、勢いは収まっていた。北寄りの風は白煙を南にたなびかせ、延焼の危機が去ったことを物語っていた。日和山にいた9000人の命は救われた。

鈴木さんの庭で一晩中消火活動を行っていた佐藤さんは、白煙に煙る早朝の町を見つめていた。夜明けとともに、危機を脱したことを実感した。

[証言/佐藤和仁]
明るくなって、火勢が明らかに弱くなっているのを確認できたので、食い止めたぞという気持ちになりました。鎮火までには至っていませんでしたが、これ以上、延焼拡大になる危機はなくなったのかなっていうのは実感しました。
満足感というよりは、ここで火事を、延焼を阻止したから、次はもう下においりていって、救助活動だったりとか、そういったことをしないと、早くそっちに向かわなければという気持ちに切り替わりましたね。

火は5万6000平方メートルを焼きつくし、南浜・門脇地区は、あたかも戦争の焼け跡のような惨状となった。

のちに焼け跡からは55人の火に焼かれた遺体が発見された。

津波とともに発生し、消火態勢が整わないなかで拡大していった津波火災。

日和山は、その悲惨さを、人々の心に深く刻み込んでいる。

（2014年4月　取材）

気仙沼市

——杉ノ下高台の戒め

気仙沼市階上地区

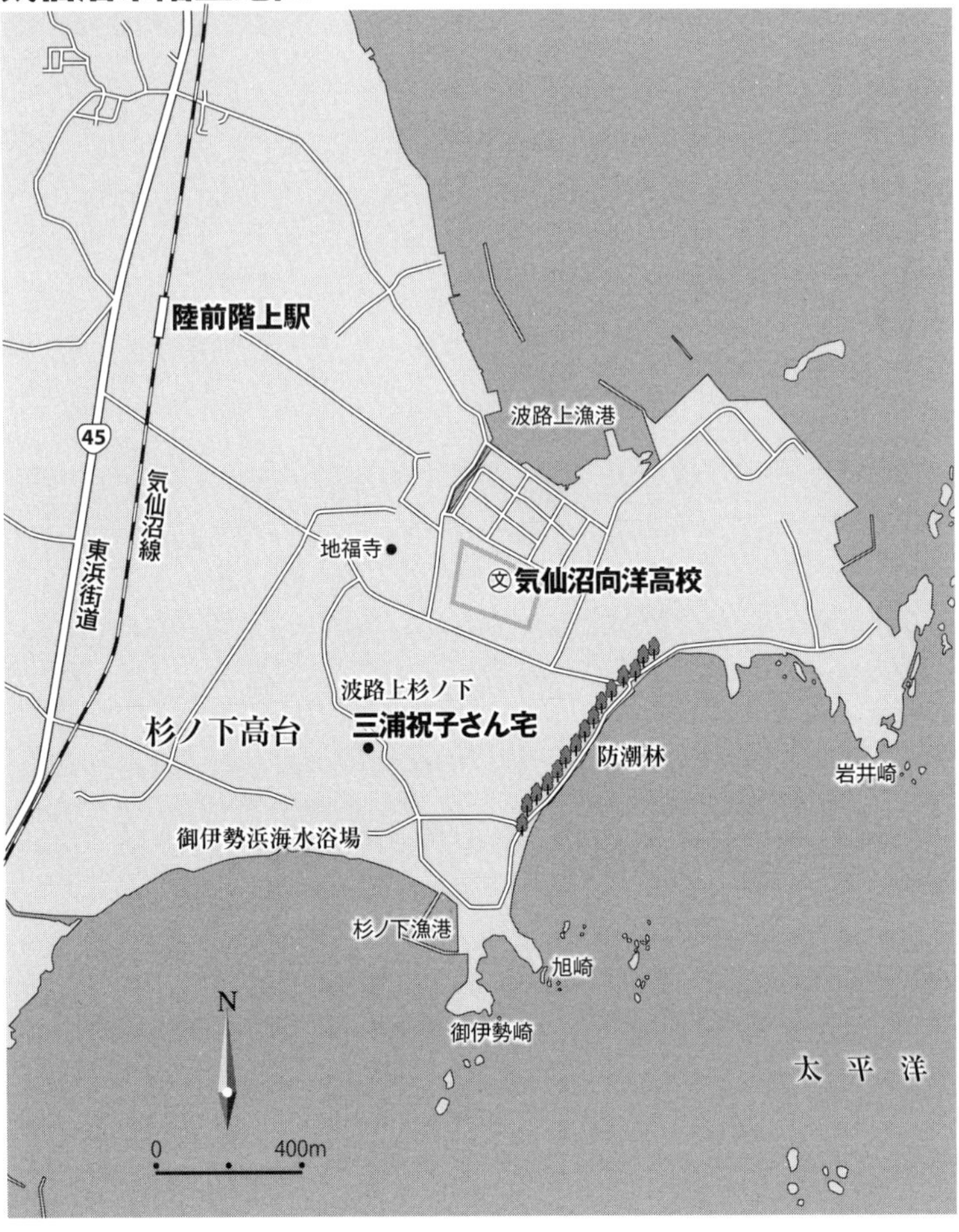
陸前階上駅
45
気仙沼線
東浜街道
波路上漁港
地福寺
気仙沼向洋高校
波路上杉ノ下
杉ノ下高台
三浦祝子さん宅
防潮林
岩井崎
御伊勢浜海水浴場
杉ノ下漁港
旭崎
御伊勢崎
N
太平洋
0
400m

宮城県気仙沼市、気仙沼湾の入口に位置する階上《はしかみ》地区。沿岸部は三方を海に囲まれる。

階上地区では、1896年（明治29年）の明治三陸津波で、集落が全滅するほどの被害を受けた。住民はこれまで、大津波の恐ろしさを語り継ぎ、高台への避難訓練を繰り返し行ってきた。行政もまた、特に避難場所の整備に力を注いできた。

しかし、2011年3月11日、津波は避難場所に指定されていた杉ノ下高台に襲いかかる。避難していたおよそ60人が犠牲になった。

行政は慎重に検討を重ねた上で、杉ノ下高台を津波避難場所に指定していた。行政と住民が連携して高い意識で取り組んできたはずの津波対策。そこに一体どんな盲点があったのか。住民と防災担当者、そして研究者の証言である。

防災意識の高かった階上地区

2011年の震災で、階上《はしかみ》地区のなかでも特に大きな津波被害を受けたのが、波路上《はじかみ》杉ノ下地区だ。震災前には312人が暮らし、イチゴの栽培が盛んに行われていた。

杉ノ下地区の海沿いには、杉ノ下高台と呼ばれる標高13メートルの小さな丘がある。ここは震災前、津波避難場所に指定されていた。

三浦祝子《しゅくこ》さん（69歳）は、この高台で、43年連れ添った夫とイチゴのハウス栽培をしていた。

［証言／三浦祝子］

ハウスが四つ建っていたんです。それと農業倉庫と蔵と、むかし人を泊めていた場所と、離れがありました。離れには息子とお嫁さんと子ども2人が住んで、私は自宅でお父さん（夫）と暮らしていました。私はここに嫁いできたんです。この辺は結構古い家が多いみたいで、550年か560年前から住んでいると聞かされていました。とってもいいところでね。朝から潮風浴びながら作業して、本当に楽しかったんだけど。

杉ノ下の集落は、海に突き出た低地にあり、最も標高が高い場所は、祝子さんの家がある杉ノ下高台だった。かつてこの地を襲った大津波のことを伝え聞いていた祝子さんは、自宅を津波の避

難所として提供できるように、常に炊き出しの準備を整えていた。

[証言／三浦祝子]

おばあさんたちから、明治の津波で400人ぐらい亡くなったという話を聞いていました。あとは、遺体をこの家に上げてお世話をしたという話や、「何百年暮らしているけど、ここまで津波が来たことはないよ」っていう話。

うちはいつも薪や大きな鍋、茶碗などいろいろなものをたくさん置いてました。米も10俵入りを三つは常に用意してあったし。

1896年、階上地区を襲った明治三陸津波で沿岸部が壊滅。人口の7割が犠牲になった集落もあったという。

住民はこれまで津波の恐ろしさを語り継ぎ、毎年の避難訓練を徹底してきた。避難訓練の集合場所は、明治の津波でも水が来なかったこの杉ノ下高台だった。

[証言／三浦祝子]

誰もがここまで波は上がらないと思っていたんだね。いつも避難訓練はうちのあたりに集まるんです。みんなで石垣に腰掛けて「ああ、来たね」なんて話してね。ここから下のほうまでいっぱい家があったから、集まって点呼して。ここに来るのに何分かかったかとかね。やはりお年寄りは歩くと結構かかるとか話してました。海に近いところに住んでいる人は、高台にいる人より

危機意識が強かったんじゃないかと思います。結構集まってきていましたからね。

杉ノ下の自治会長だった祝子さんの夫、正三《しょうぞう》さんは、避難訓練ではまとめ役を務め、実際に、津波警報が発表されたときはいつも避難を呼びかけて回っていた。

[証言／三浦祝子]

2010年にチリ地震があって、津波が来るっていうときも、やっぱり説得して歩いていました。お年寄りのなかには「大丈夫だから、行かないから」って言った方もいたようですけど、お父さんが「頼むから動いてね」って、連れて来ていました。

だから、「本当に大きな津波が来たら、お父さんどうするの」って言うと、「そのときはそのとき。まず一生懸命やる」って、いつもそう言っていました。とにかく、人のことをやってやろうという気持ちが強かったのかなと思います。そんな人なの。

杉ノ下高台に迫る大津波

2011年3月11日、三浦祝子さんはいつものようにイチゴの収穫を済ませた。午後2時46分。気仙沼市では、震度6弱の揺れが観測された。

[証言／三浦祝子]

イチゴのパック詰めは昼ごろには終わりました。ハウスは温度を保つために、3時ごろには閉めるんです。そのときに地震があって、3時には何人かの人が避難してきました。

杉ノ下の住民は日頃の避難訓練のとおり、揺れが収まるのを待ってから杉ノ下高台に集まった。自力での避難が難しいお年寄りは、夫の正三さんが車で迎えに行き、祝子さんは、正三さんが連れてきた人たちをイチゴの農業用ハウスに迎え入れた。

[証言／三浦祝子]

それこそ寝たきりの、医療器具付けたままの人がね、ご夫婦でトラックに乗って息子さんと来ていたし、あとは、おばあちゃんと娘さんとお孫さんと3人、お父さんが乗せて来たのね。ご夫婦は真っ青で「寒い、寒い」って言っているから、私が走って布団を取りに行って二人には布団を掛けてあげて。家は無事でしたが、また地震が来て、家がひっくり返ったりすると悪いから、ハウスならいいなと思って入れたんです。ハウスの中に入れて、「ああ、温かくなってよかったな」と思いました。

あとは、てんでに車で逃げてきて、この辺に車を置く人もいて。もっと来るかもしれないから奥へ入ってなんて言ってね。ここに避難して来た人たちは安心していました。

午後3時、杉ノ下高台には、およそ60人の住民が集まったとみられている。それからおよそ20分後、東の沖から津波が向かって来た。

その様子を、杉ノ下高台から400メートルほど離れた場所から見ていた人がいる。気仙沼向洋高校教諭の畠山茂樹《しげき》さん（49歳）だ。

畠山さんは、震災時、職員室に隣接した印刷室にいた。

［証言／畠山茂樹］

校舎が潰れるのではないかと思うほど激しい揺れでした。あれだけ大きな揺れであれば、津波は必ず来るだろうなと思いました。ただ、そのときは来たとしても1階が水浸しになるぐらいかな、という程度にしか思っていませんでした。

部活で残っていた生徒の避難は、部活の顧問が担当し、私は事務室や校長室の書類を上の階にあげるなどの作業をしました。

作業を終えた畠山さんは、自分の荷物を持って屋上へ避難する。屋上に上がってからおよそ5分後、海に変化が見えた。

［証言／畠山茂樹］

屋上からは、家やビルや防潮林の松林があって直接海は見えないのですが、海の方角を見ていたら、何か灰色っぽいものが松林のあたりでワサワサ動くのが見えたんです。最初は、「避難している人たちかな、急げばいいのに」なんて思いながら見ていたのですが、そうしているうちに、それは、松林にあった枯れ葉などが、水で流されてきたものだとわかったんです。

そうして松林のほうから水が来て、野球のバックネットの裏から入ってくると、あっという間にグラウンドまで来て、そこにあった仮設校舎が30秒も経たずに流されました。自分の車が流されるのも見えました。家などがあれよあれよという間に流されていって、あっという間でしたね。一気に水かさが上がっていったんです。

午後3時23分。向洋高校を襲った津波は、杉ノ下高台にも迫っていた。

[証言/三浦祝子]

「大きな津波が来るよ」と言って、車に乗ったり小走りで避難してくる人がいっぱいいたの。でも、津波が来たとしても、ここは大丈夫という気持ちがあったんです。

そうしているうちに、向こうのほうからシルバーのような、何色と言ったらいいかわからない帯状のものが、音も立てずにバーッと来たんです。そうしたら家がゴロゴロひっくり返って、バリバリバリバリ音を立てながら水が来て。それを高台から「あららら」って見ていたんです。ここにいた人たちは、「ああ、ばあちゃん、家が流されてる」「家のことはしょうがないな」なんて話していました。もう一人、ここにいたおばあさんは「明治の津波は、こんなんだったんだべかなあ」と言いながら、家が流れていくのを見ていた。誰もがここまでは来ないと思って見ていたの。

そのあと、祝子さんがたまたまとった行動が、祝子さんの命を救うことになった。

［証言／三浦祝子］

そうしているうちに、なぜだか私、家の中に入って何か取ってこようと思ったんです。自分でもそのとき、なんでそんなことしたのか不思議でわからないんですけど。それで、家の中に入ってちょっとしたものを持って外に出ようと、奥の部屋から玄関のほうを見たら、もう波がザバザバと上がってきたので、裸足のまま裏から逃げたんです。

そうしたら、今度はあっちだの、こっちだのから波がいっぱい来て「何だべ、何だべ」と思っているうちに、水の勢いに巻かれて木などのがれきの下敷きになったんだね。そして「ああ、死ぬんじゃないかな」って、「これで息ができなくなったら死ぬかもしれない」と思って、もがきながらなんとか出てきたんです。

そうしたら、椿の木の枝に女の人が2人すがって泣いているのが見えたんです。「お父さんもお母さんも妹も流された」って言って。少ししたら1人木から下りてきたので、二人で手をつないであたりを見たら、みんな流されてしまって何もないんだもの。ここにいた人も、ここにあった小屋も蔵も何もない。あんなにあったのに、どこに流されたのかって驚いて見ていたら、向こうのほうの家の2階から手を振って、「早く来い、早く来い」って言っているの。それで、道をつたってそこの家まで逃げたから助かったんです。

杉ノ下を襲った津波の高さは、13メートル以上。高台が完全に水没したのは、午後3時28分のことだった。

このとき、高台に避難していた祝子さんをはじめとする住民らは、東から向かってくる津波だけに注意していた。ところが、高台を最初に襲ったのは、南西から回り込んだ波だった。

［証言／三浦祝子］

この辺は高いから、東のほう、岩井崎とかも見えたんですけど。西側はハウスや家があって見えないんです。こっちだけ見ていたものだからね、波が見えなかったの。だから後ろ側から波が来るとか、誰も思っていなかったと思うんです。

二つの方向から来た津波は杉ノ下高台のあたりで合流し、さらに大きく盛り上がった。高台に避難した人の多くは、この大きな波に飲み込まれ、引き波で沖合に流されたのだ。

椿の木で助かった命

引き波に流されながらも、奇跡的に助かった人がいる。気仙沼市の中心部に住んでいた、漁業を営む三浦哲二さん（76歳）だ。

哲二さんは地震発生後、海の近くに住む親戚の避難を助けるため、杉ノ下に向かっていた。津波を見たのは、ちょうど杉ノ下高台にさしかかったときで、すぐさま高台の最高地点まで、車で避難したという。

[証言／三浦哲二]

地震後20分くらいには車に乗っていたんだけど、伊勢浜に入る手前あたりで海の見え方がおかしいなと思って走っていたの。そしたら、どす黒い波が盛り上がったようなものが見えて。とにかく上にあがったら、ビニールハウスがあって。私は気仙沼の街が住まいだったから、そこが避難所になってるとは知らなかった。

高台に上がって車から降り、ドアを閉めようとしたとき水が腰くらいまで一気に来たの。それで手を離したら、フワッと車が浮いて前のほうに行ったものだから、後ろのバンパーをつかまえたんだね。車が流れないようにと思ったんだけど、だめだと思ってすぐ手を離して、体をなんとかしようと思ったときには、もう自分も流されて、そのあとはわからないわけ。

水中深くに引き込まれた哲二さんは、水を飲まないよう、息を止めてこらえていた。

[証言／三浦哲二]

泥水の中にいたときは、目は開けたよね。相当な深さだったと思うんだけど、それで上を見たらやっぱり明るく見えるわけ。「ああ、水の中なんだな」と思って這い上がっていって、うまい具合にゴミの間から顔が出たんで、息を吸って、また流される。そうして繰り返しているうちに、流されてたどり着いたのがこの椿の木のところだったんですよ。

そこには、津波に流されなかった椿の木があった。哲二さんは波が完全に引くまで、椿の枝につかまっていた。

［証言／三浦哲二］

ひざくらいの水なんだけど、引き波が強いから体を持っていかれるんだよね。持っていかれたくないから枝にがっちりすがっていた。その間も、波がどんどん流れているわけ。この木に助けられたんだよ。命の恩人の椿の木だ。まだ、この木にお礼していないんだよ。

津波が引いたあと、杉ノ下高台に残ったのは、携帯電話の電波塔と何本かの椿の木だけだった。ここでおよそ60人が津波に飲まれた。ちなみに集落の犠牲者数は93人。人口のおよそ3割にのぼった。

三浦祝子さんの夫、正三さんの遺体は、震災から1週間後に浜辺で見つかった。正三さんは、最後まで避難誘導を続けていたという。

［証言／三浦祝子］

お父さんは、高台なら大丈夫だと思って皆を連れてきたのね。それは私、一番よく知ってます。本当に、誰もがここまで津波が来るなんて思っていなかったから。

今になってみれば、なんでそう思っていたのか不思議なんですけれど、それもこれも、「明治の津波でも大丈夫だった」というのが一番悪かったのかなと。そうでなければ、みんな逃げたのかもしれません。20分から30分ぐらい、時間はあったんですよね。逃げようと思えば逃げられたはずなんです。でも、私も逃げようと思わなかったし……。

津波が来たときは、おっかないも怖いもないの。何が起きたのか、夢見ていたんだろうかって。しばらくは夢じゃないかとばかり思って暮らしていました。自分に夢だって言い聞かせて。そうじゃないと暮らせないんだもの。でも夢じゃないんだね。

何もかも流されたときは、つらくて死んだほうがよかったかと思ったり。涙、涙で本当にね。みんな家があったんだもの。最高にいいところだった。

高かった杉ノ下の防災意識

多くの人が杉ノ下高台にとどまったのは、行政が指定した避難場所だったからでもあった。

震災前、気仙沼市が住民に配布していた津波の防災マップには、津波に襲われる危険があるエリアと、避難先の高台が地区ごとに示されている。階上地区では、杉ノ下高台も一時避難場所に指定されていた。気仙沼市は、内陸の避難場所に行く余裕がない場合、まずこの高台に避難するように呼びかけていたのだ。

当時、気仙沼市の危機管理課長だった佐藤健一さん（60歳）。震災の翌年まで、34年にわたって気仙沼市の防災を担当し、防災マップの作成を指揮した。詳細な防災マップを作ったのは、大津波の襲来が迫っているという危機感からだった。２００３年には「30年以内に99パーセントの確率で、宮城県沖で巨大地震が発生する」との予測がなされていた。

[証言／佐藤健一]

宮城県沖地震は非常に近い時期に迫っている。まして、連動して起きる大津波も近いのだと。今すぐにでも起こるという思いで私たちは、防災のなかでもとにかく初動段階の「避難する」「逃げる」「命を守る」というところに9割方力を入れてきました。

もともと国や自治体の津波対策は、防潮堤などの施設整備に重点がおかれていた。しかし佐藤さんは、施設の整備だけでは大津波を防ぎきることはできないと考えていた。

[証言／佐藤健一]

護岸の整備など、施設の整備をするなかで、ハード面だけでは限界があると、ソフトも併せて考えなければいけないという意識に変わっていきました。

「何のための整備か」といったときに、それは本来、人の命を救うための整備なはずなんですが、整備するほうとしてはどうしても、「施設を整備すること」がすべてというかたちになり、住民の意識というものが抜けてしまっていたんです。防潮堤などハードの整備とともに、住民に逃げてもらうというソフトの面を併せてやっていかなければ、防災対策としては不完全だろうと。やはり住民の方といっしょに、「防災とは何だろう」というところから、もう一度考え直さなければならないのではないかと思いました。

そこで佐藤さんは、2003年から沿岸にあるすべての自治会で防災の勉強会を開催。住民と行政がいっしょに避難計画を作ることで、互いの意識を高めようとした。
なかでも、最も回数を重ねたのが杉ノ下の自治会だった。気仙沼市で最も早く津波が到達する杉ノ下地区では大きな被害が予想されており、住民の危機感も特に高かったのだ。

[証言/佐藤健一]
津波に対する正しい知識と、そのときに役所ができることと、できないこと。そういうことをお話ししながら、皆さんで助け合わなきゃならないとか、命を自分で守らなきゃならないということ、逃げるときはどこへ逃げますか、避難路は安全でしょうか、などを話し合いながらマップを作っていきました。

杉ノ下地区に住むイチゴ栽培農家の佐藤信行さん(63歳)は、勉強会で、日頃の避難訓練で感じていた課題について、さまざまな提案をした。

[証言/佐藤信行]
老人や体の不自由な方で、海の近くにいる方はなおさら、近くの人が声がけをしていっしょに避難できたらいいのではないか、ということは話しました。何回か訓練したときも、老人や体の不自由な人は、とにかくリヤカーに乗せて運ぼうということで。

限られた時間のなかでお年寄りを連れて逃げるためには、杉ノ下高台が避難場所として最適だと思われた。勉強会では、杉ノ下高台に避難する前提で、素早く安全に避難できる方法を話し合った。

［証言／佐藤信行］
説明会のときにも、確かこういうマップを渡されましたね。私たちの地区は高台がここしかないもので。ほかにも高台になってる場所はあるんですが、結構遠いんですよね。

同時に、過去のデータによる安全性の検証も行われていた。記録が残っている限り、この地域の最大規模の津波は1896年の明治三陸津波である。そして、これと同じ規模の津波が再び階上地区を襲った場合のシミュレーションでも、杉ノ下のほぼ全域が水没するものの、杉ノ下高台までは到達しないという結果となった。

このシミュレーション結果は、勉強会でも伝えられた。佐藤健一さんは、当時を振り返る。

［証言／佐藤健一］
その結果を、「今、明治三陸の津波が起きた場合」ということで、地元の方にはお見せしました。「この高台はやっぱり残りますよ」「高台として機能しますよ」ということでお見せしたわけですね。

佐藤健一さんは、研究者にもアドバイスを求めていた。最先端の津波工学研究で知られる、東北大学災害科学国際研究所の今村文彦さん（53歳）だ。

今村さんは、1992年ごろから気仙沼の防災に関わってきた。そして気仙沼で津波が観測されるたびに調査を行い、避難場所の安全性を高めるための助言を行ってきた。

［証言／今村文彦］

気仙沼市の方は全体的に、過去、1896年の明治三陸津波、1933年の昭和三陸津波、また1960年のチリ地震による津波の被害経験を受けて、津波に対して非常に関心を持ち、さまざまな取り組みをされていました。われわれも、当時、津波工学研究室というものもできて、何か大学として地域に貢献したいということで、いろいろな協力をさせていただいていたのです。

階上地区は、気仙沼市の湾口に位置しており、非常に津波の到達が早い地域です。過去に被害を受けており、住民の意識も高い。学校ぐるみで津波の防災活動を熱心にされており、われわれもさまざまな協力をしました。

今村さんは、最新の知見による試算から、近い将来に予想される大津波のシミュレーションを作成した。

シミュレーションでは、複数の地震が連動した場合、過去の記録を上回る津波が発生することがわかった。それでも、杉ノ下高台まで到達する可能性は低いと考えられた。

［証言／今村文彦］

われわれは、過去の明治、昭和、チリの地震津波だけではなく、今後、想定される宮城県沖地—

震について、連動タイプも含めて、さまざまな検討をさせていただいていたのですが、あの高台を越えるような津波規模というのはなかったんですね。当時の知見としては安全な場所であるということでした。
あの高台に行く道のりには、民宿や家がたくさんありました。標高10メートル以上だったと思うのですが、結構きつい坂を上がっていくんです。周辺から見てもかなり高い場所であるし、平地からのアクセスもよく、避難場所としては重要な場所であると思っていました。

2004年、のべ200回以上の勉強会の成果として、気仙沼市防災マップが完成する。さらにその後も検討が重ねられた。
この防災マップでは、杉ノ下地区に到達する津波の高さは8メートルとされ、標高13メートルの杉ノ下高台には到達しない、という予測になっていた。

［証言／佐藤健一］
勉強会では、住民の方々から「まず最初に、どこに逃げようか」という話が出たと思います。本来の避難所というのは、非常に遠いんですね。あそこの高台は、明治三陸津波においても被害がなく、シミュレーションでも、もちろん安全な高台になっていました。
最終的には、市の私たちが「一時避難高台」というかたちで指定し、「過去においても安全だ」ということを検証していったのです。

あの日、杉ノ下を襲った津波の情報は、市役所には入ってこなかった。地震発生後、通信回線が切れたためだ。

［証言／佐藤健一］

地震当時は、市役所本庁舎の会議室におりました。危機管理課に戻らなきゃいけないのに、揺れが大きすぎて部屋から動けませんでした。1分ほどして部屋から出ましたが、建物が崩れるのではないかという思いがありました。なんとか部屋に戻って、そのときは宮城県沖地震だと思っていましたので、津波の被害を考えて、自衛隊に連絡をとったりしていました。

地震とともにほとんどの電源が落ちたので、情報が入ってきませんでした。津波計の情報も、バッテリーを含め電源がダウンしたため、入ってきませんでした。

午後3時36分、津波は市街地の奥にある市役所まで達し、佐藤健一さんは事態に気付いた。

［証言／佐藤健一］

3分くらい揺れましたが、宮城県沖地震にしては、揺れがあまりにも長いなと思っていました。市役所の私たちの部署があった2階から、市役所の前の通りにがれきといっしょに真っ黒い津波がやってきた様子を見て、「これは宮城県沖地震津波ではない」と初めて気付くわけです。宮城県沖の連動型地震の場合でも、ここまで津波が来るわけがないということが私たちにはわかりますから。

そこで、「杉ノ下の人たちは逃げてくれたかな」という思いを持ちました。あそこは、津波高8メートルという想定でしたが、しかしながら市役所まで来るということは、津波高はそれではすまないわけですね。そうすると、あそこに設定した避難高台は大丈夫かということが、まず頭をよぎりました。「なんとかあそこは低い津波が来ていてくれないだろうか、間に合って逃げていてくれないだろうか」という思いでしたね。

生かされなかった津波対策

震災後、佐藤さんは危機管理の対応に追われ、市役所から離れることはできなかった。そして、およそ10日後、杉ノ下地区の死者と行方不明者が90人以上にのぼることが伝えられた。

[証言/佐藤健一]

あの地域全体としては、3分の1に近い人たちが、地区人口として亡くなっているわけです。市内は3パーセントから5パーセントですから、30パーセントというのは非常に高い数字です。地区別で見ていくと、おそらく、あの地域が一番被災率が高い。

防災意識が一番高かったあそこの被害が一番大きかったというのは、われわれが示していた数字が、逆に作用してしまったかもしれない、という思いでした。例えば津波の高さ8メートルという数字が、「それ以上の津波は来ないのだ」という思いにつながってしまったのではないだろうか。逆に安心情報になってしまった可能性がありますよね。それをつくってしまったという思いがあります。

震災から1年後。犠牲者の遺族は杉ノ下遺族会を結成し、避難場所だった高台に慰霊碑を建てた。建立を呼びかけたのは、震災前の防災勉強会に参加した佐藤信行さんだ。遺族会の代表でもある。あの日、佐藤さんは町に出かけていたため助かったが、家に残していた母と妻が杉ノ下高台に避難し、亡くなった。

[証言／佐藤信行]

今回、あまりにも犠牲になった方の数が多いしね。妻にも、「高台に上がれば大丈夫だ」という話はしていたんです。本当に、津波が来るまで結構時間があったのに、ここで津波を待ってしまったというか……。そういった悔しさを、無念を、少しでも供養できたらいいかなと思って。

慰霊碑の裏側には、亡くなった方の名前とともにあるメッセージが刻まれている。

[証言／佐藤信行]

文章の最後の部分なんですけど、「この悲劇を繰り返すな、大地が揺れたらすぐ逃げろ、より遠くへ……より高台へ……」。やはり強く訴える言葉が必要だと思ったんです。で、みんなと相談して考えました。将来に向けて、教訓としてこういう言葉を残せたのではないかな、とは思うんです。これから生まれてくる子どもたち、孫たちにも、こういったことがあったということを、ずっとずっと言い伝えて、忘れてほしくないと思います。

東日本大震災では、指定避難場所が津波に襲われた例はほかの自治体にもあり、遺族による訴訟が起きている。そうしたなかでも、杉ノ下の遺族たちは、気仙沼市の責任を問うことは考えていないという。

[証言／佐藤信行]

市のほうもやっぱり、一生懸命防災マップを作ってくれたと思うし。防災マップを作ったころは、みんな気持ちを一つにしてここを避難場所に選んだんだと思うんです。この近くに高台というのはないし、過去のことも知らない。まあ、それがこういった大きな犠牲者を出す結果となったんですけれど。みんなが信じていたということを考えれば、今さら市を訴えるとか、そういうことは私はしたくないなと思います。

やはり、これからの防災では、亡くなった方の魂を無駄にしてほしくない。新しい防災マップを作る場合は、本当に昔のことや海抜なんかをきちんと調べてもらって、93名の命を無駄にしてほしくないなと思っています。

[証言／三浦祝子]

自然が相手のことですからね。考えられないような波だったんだもの。私だってここなら大丈夫と思って、逃げて来た人たちのお世話をしましたから。ただこれからね、地震が起きたときに、避難する場所や、ともかく逃げるということを、みんなに言い伝えていくことが、私たちの務めかなと思います。

震災後、気仙沼市は杉ノ下の一帯を災害危険区域に指定した。今後、防潮堤を整備しても、津波被害を防ぎきれないとして、住宅の建設を原則禁止したのだ。

災害を今後の戒めとして

震災から三年半が経ち、杉ノ下高台では三浦祝子さんが育てていたイチゴが、津波に耐えて残っていた。祝子さんは、イチゴのハウスが建っていた場所を畑にして、毎日通っている。

[証言／三浦祝子]

笑われるかもしれないけど、ここに来ると、亡くなった人たちもここに来たよっていう気がしてね。ハウスはみんなやられたんですけど、5株ぐらい残っていたのね。そのうちの1株をここに植えたらランナー（つる）が出て、こんなに増えた。イチゴ農家だったものだから、捨てがたくて。思い出かな。お父さんとね、イチゴをやっていた思い出。

あとはネギ、ダイコンにタマネギもある。畑に来るのが楽しみです。何でもいいからとにかく体を動かしてないとね。今まで自分のやってきた仕事だからね。何でもいいからとにかくやっていないと、気持ちがね。動いていることによって、何か自分の気持ちも変えられるし、いろんな人と出会えますから。

祝子さんは、息子夫婦や孫と内陸の高台に移り住んだ。震災のときに2歳だった孫は、6歳になった。

[証言／三浦祝子]

ここで暮らしていた孫と、今またいっしょに暮らしているんですけど、「覚えてる？」と聞くと、覚えているよって。嘘でも本当でも「覚えているよ」と言うから、私も「忘れないでね」って言うんです。ここに、あんたの家があったんだよっていうことを忘れないように、たまに連れて来ます。

私は、忘れたいと思わない。忘れると亡くなった人に申し訳ないような気がして。お父さんだけじゃなくてみんなを忘れない。生きてる者の務めだよね、一日一日を大事に一生懸命生きようと思ってるの。

気仙沼市では、住民と行政が避難計画を話し合う勉強会が再び始まった。東日本大震災で、気仙沼市の指定避難場所では3000人以上が助かったが、杉ノ下高台の教訓をふまえ、抜本的に見直すことにしたのだ。勉強会には、研究者の今村文彦さんも参加している。これまでの津波防災に何が欠けていたのか、被災者といっしょに考え続けている。

[証言/今村文彦]

住民の方は、杉ノ下高台が本当に安全だということで、非常に安心して迅速に移動していただいたのですが、そのあと、想定を上回る津波が来ました。あそこは高台であるがゆえに、大きな津波が来るときに、移動しようとしてもなかなか二次避難が難しいところなんですね。それを改めて痛感して、われわれの責任の重大さというのを非常に感じました。

震災直後は、大変申し訳ない、という反省の念ばかりで、自分として何ができるのかなと思っておりました。しかし、住民の方何人かから、「当時のことは無駄ではなかった。ただ、足りなかったんだ」というようなお言葉をいただいたんです。それを聞いて、足りないところで、われわれがまたできることはたくさんあるだろうと。「それをぜひやりたい」というのが今の気持ちです。

一方、佐藤健一さんは震災の翌年、定年を待たずに気仙沼市を退職。その後、高知県黒潮町《くろしおちょう》から防災アドバイザーとして招かれ、南海トラフ地震の巨大津波に備えるべく、杉ノ下の反省を伝えている。

[証言/佐藤健一]

地元の方とのコミュニケーションという意味では、杉ノ下地区は十分なされていたと思います。ただ、連絡に必要な電源の確保であったり、地元の方々への情報の伝達の仕方であったり、おそらく、細かい部分まで突き詰めて考えていなかった。ある人が大丈夫だと言っても、だめな場合を考えておく。最悪最悪で考えておくことが必要なんだと思います。
住民も私たちもお互いにいろいろなことは進めたし、行ったと思います。住民の方も一生懸命やりました。私たちも一生懸命やったつもりです。ただ、それが正しい結果としては表れていないわけですね。現実的に、多くの人が亡くなってしまったという結果がありますから。じゃあそれはなぜなのか。やっぱり、これからの防災という意味合いでは、きちんと知る必要があるのかなと思います。
私はずっと、防災には科学的なものが必要だと思っていました。しかしながら、よく考えれば、たかだか100年ぐらいのデータをもって、人間が少しわかったつもりになっていたっていうこと自体が、ちょっと違うんだろうと思います。もう少し謙虚になって、自然というものはよくわからないと。わからないなかでも、わかっている範囲はここなんだというところから、じゃあどうしたらいいのかを、もう一度考え直す。そうした姿勢が必要なんだと思いますね。そこで行政の限界も示し、住民の皆さんの協力を得なくてはならないというところで、地域防災計画を作り上げていかなくてはならないのだと思います。

力を合わせて津波に備えたにもかかわらず、悲劇を防ぎきれなかった防災担当者と研究者、そして住民たち。それぞれの思いを胸に、杉ノ下高台の戒めを語り続けている。

（2014年7月　取材）

仙台空港

——津波まで70分　空の男たちの闘い

仙台空港周辺図

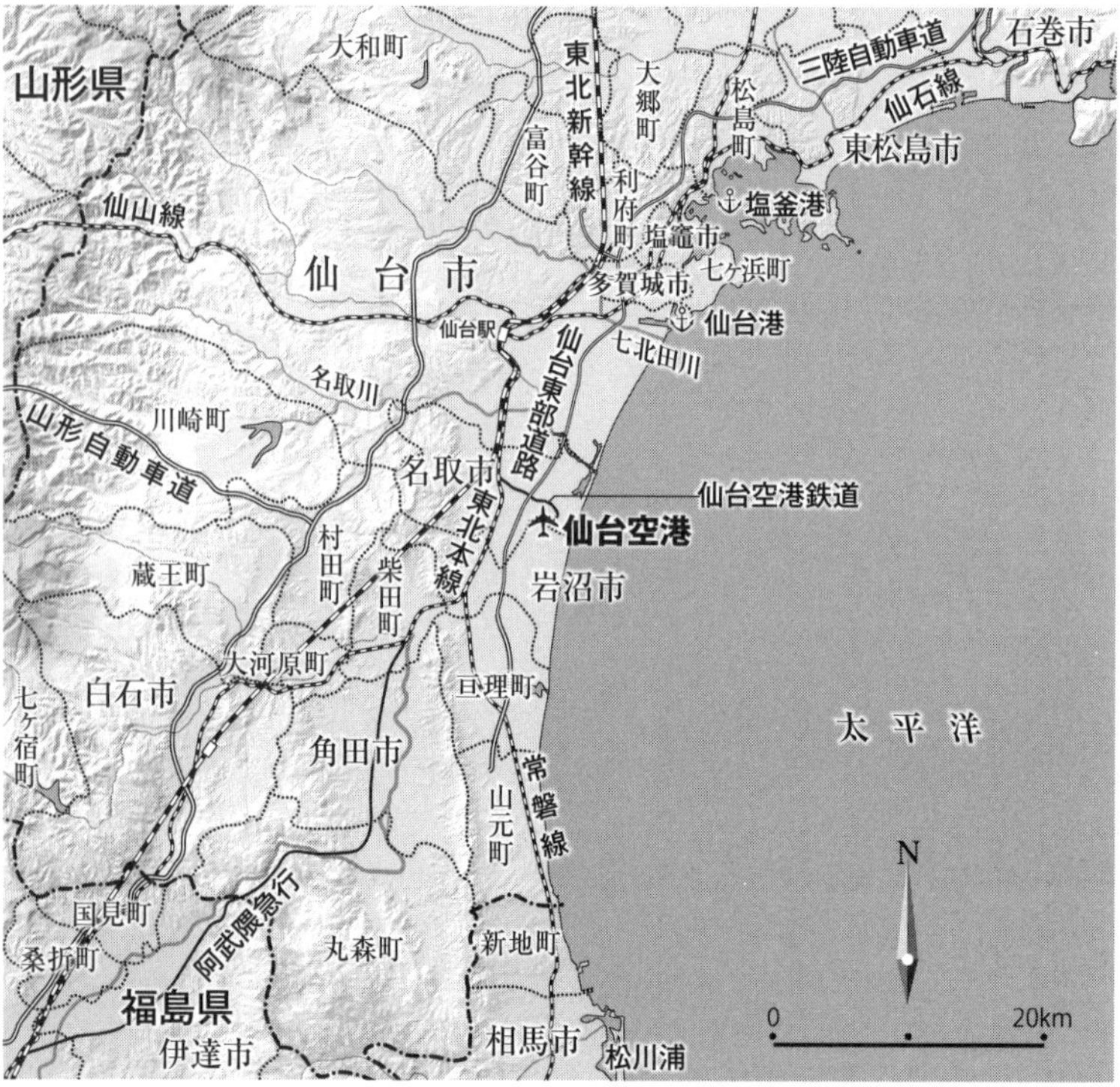

仙台空港

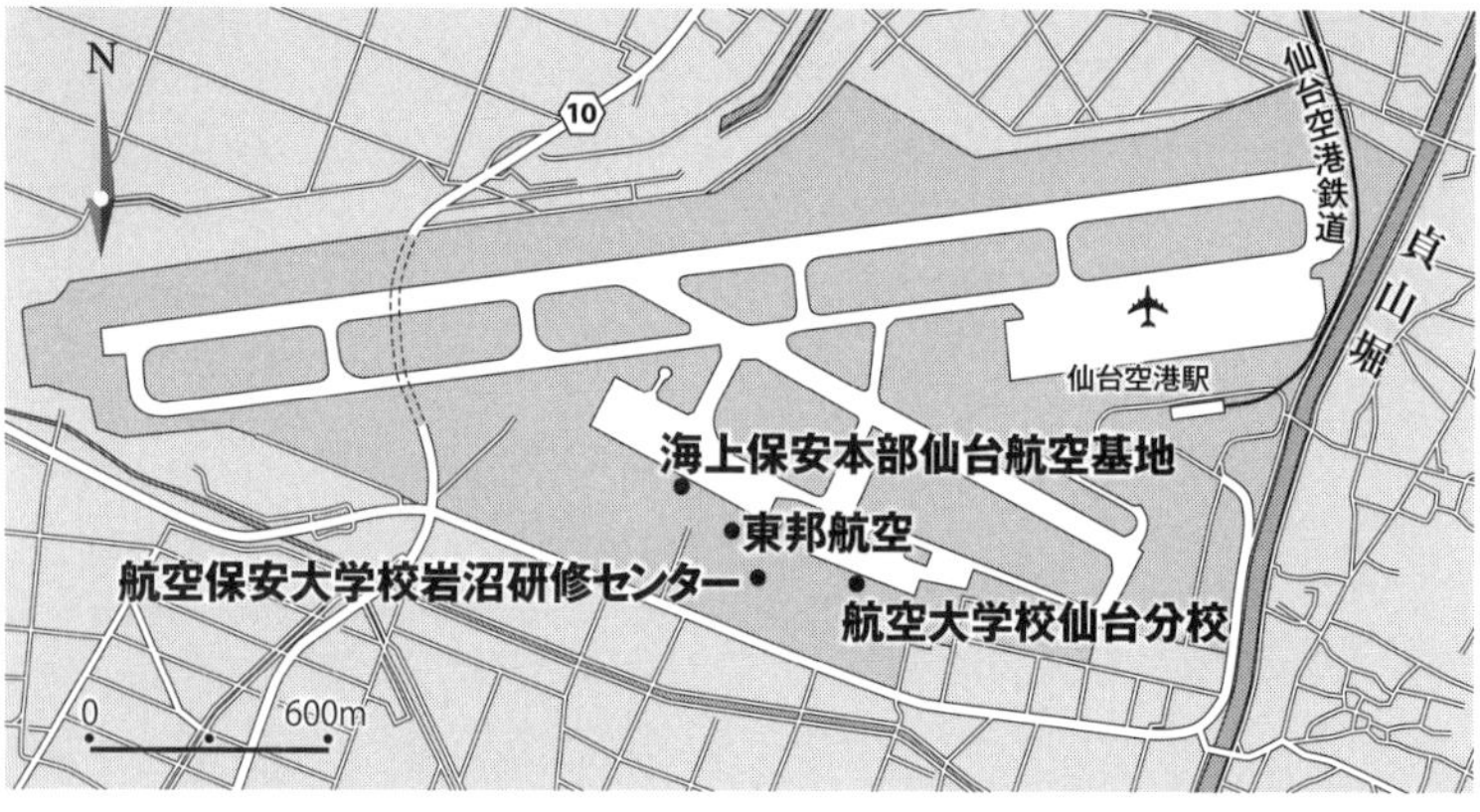

宮城県岩沼市と名取市の境にある仙台空港。
東日本大震災のとき、地震発生から70分後、
空港は大津波に飲み込まれた。

地震発生から津波が来るまでの間、空港では、自分たちの任務を果たそうと必死に闘った男たちがいた。

災害時に被害調査や救助をするために緊急出動する〝空の男〟たちだ。

格納庫に閉じ込められてしまった防災ヘリコプターを、整備士たちは命がけの作業で引き出した。

海上保安庁のパイロットたちは、閉鎖され、滑走路の安全確認をする者がいなくなった空港で飛行機を飛ばすために、自ら滑走路の安全を確認しに向かった。しかし、その間にも津波は空港に迫っていた。

午後3時56分、空港は大津波に襲われた。多くの航空機が流され、空港としての機能も失われた。

津波が空港を飲み込むまでの70分間を闘った、空の男たちの証言である。

着陸できなくなった訓練機

海岸線からわずか1キロの場所に立地する仙台空港。国内航空輸送網の拠点となる国管理空港である。滑走路のかたわらには、海上保安庁の仙台航空基地（正式名称は第2管区海上保安本部仙台航空基地）など、多くの航空関連の施設が建ち並んでいる。

そのなかに、飛行機のパイロットを養成する航空大学校仙台分校がある。

震災当日、上空にいた航空大学校の訓練機は「タッチ・アンド・ゴー」という連続離着陸の訓練を行っていた。

訓練機に搭乗し、3人の学生を指導していた同学校の教官、須田忍さん（47歳）は、管制塔に着陸の連絡を入れたとき、違和感を覚えたという。

[証言／須田忍]

タッチ・アンド・ゴー訓練のときは、トラフィックパターンといって、空港周辺を、四角を描くように飛びます。管制塔とは常に交信しながら飛んでいて、最終着陸体勢に入る前に、オン・ベースという位置通報をするんですね。今ベースに入りましたと。

ちょうど高度を下げはじめ、車輪を下ろし、フラップを下ろし、いよいよ着陸体勢に入ったというタイミングのときに、「オン・ベース」と報告しました。通常でしたら、間髪入れずに管制のほうから、「進入を継続してよし」などの指示がくるのですが、そのときはすぐに返事がこなくて、「あれ?」と思いました。多分、2秒とか3秒ぐらいの間でしたが、それでも長く感じました。

管制塔からの返事がない間に、訓練機の高度はみるみる150メートルまで下がり、地面はすぐ目の前まで迫ってきた。

［証言／須田忍］

無線の通じが悪いのかと思い、もう一度「オン・ベース」を言ってみようと学生と話していたら、その直後に「メイク・ゴー・アラウンド（着陸をやり直しなさい）」という指示がきました。そこで指示に従って、着陸操作を取りやめて上昇に転じました。何かこもったような、もごもごした聞きづらい音声でしたね。その直後に、はっきりとは聞きとれなかったのですが、「メイク・ゴー・アラウンド・デュー・トゥ・アースクエイク」と聞こえたような気がして、アースクエイク（地震）という言葉から、「あれ地震かな?」と思いました。

このとき、仙台空港は震度6弱の激しい揺れに襲われていた。訓練機がそのまま着陸していれば、大きな事故に巻き込まれていた可能性もあった。

［証言／須田忍］

今回ゴー・アラウンドの指示を受けたのが、接地まで1分くらいのタイミングでした。もし無線が壊れたり、管制塔が指示を出せない状況になってしまったりしていたら、揺れている最中に着陸した可能性はあると思うんですね。大きな揺れのなかで、時速200キロ程度のスピードで滑走路に接地すると、当然、揺れのために（機体が）ぶれるというか、ハンドルをとられるというか、方向維持が困難になって、滑走路を逸脱する可能性はあったと思います。倒立して大破するようなことはなかったと思いますが、グラスエリアと呼ばれる芝生にそのまま突っ込み、草地ですので、場合によっては、ぬかるみがあって、タイヤが地面にめり込んで動けなくなっていたかもしれません。そうしたらもう自走はできませんので、エンジンを止めてそこから乗組員が出るしかありません。その間に津波が襲ってきたとしたら、自分たちにとって最悪の事態になっていたかもしれないと思いますね。

着陸の寸前で上昇し、危機を免れた訓練機。しかし地上の様子がわからないまま、管制塔から空中待機を命じられる。そしてその後、新たな指示が入った。

［証言／須田忍］

空中待機に入って、10分か15分後くらいに、仙台管制塔のほうから、着陸の見込みがなくなったと。それとともに「仙台空港はクローズします。無線のほうも閉局します。あとは各機の判断で、ほかの空港へダイバート（目的地変更）してください」と指示が入りました。

ということは、下りられる見込みがないほど仙台空港はダメージを受けているということです。それならばと、候補地として福島空港が頭に浮かびました。福島は距離的にも近いですし、高い山越えとか厳しい経路上の条件とかがあまりないんですね。訓練でも行き慣れているので、まず真っ先に浮かびました。

仙台空港に戻ることができなくなった訓練機は、そのまま福島空港に向かうことになった。

動かなくなったシャッター

震度6弱の揺れに襲われた仙台空港。幸いにも、そのとき地上に空港を出発する旅客機はなく、空港に向かってくる旅客機もなかった。

地震発生の3分後の午後2時49分、宮城県に6メートルの大津波警報が発令された。そして午後3時6分、仙台空港の管制塔からも撤退が始まった。

しかしこのとき、航空機を空に飛ばそうと悪戦苦闘を始めた男たちがいた。民間の航空会社東邦《とうほう》航空だ。

東邦航空は、災害発生時に緊急出動するヘリコプターの管理、運用を担当していた。格納庫には、民間放送局の報道ヘリコプターや、道路や河川などの被害を調査する、国土交通省東北地方整備局の防災ヘリコプター「みちのく号」などがあった。

東邦航空の整備士、保科正尚《まさひさ》さん（59歳）は、みちのく号の点検作業をしているときに、揺れを感じた。

［証言／保科正尚］

当日は、朝から小雪まじりの寒い日でした。午前中から作業をしていましたが、やはり寒かったものですから、シャッターは出し入れのため一部を開けて、あとは閉めていました。そのときは機体の中で作業していました。ほかの整備士たちもヘリコプターの点検を行っていました。最初は少し揺れているなという感じの弱い地震だったので、地震だな、くらいに思っていましたけれど、そのうち揺れが強くなり、動けない状態になりました。

当時10人ほどいた整備士たちは、格納庫の外に避難した。保科さんも皆に続いて外へ飛び出した。保科さんたちは、建物の外から、格納庫の中で揺れる機体を見ているしかなかった。

［証言／保科正尚］

とにかく今までに経験がないような大きな地震だったので、普通に立っていられず、足を広げて構える感じでした。みちのく号はそうでもありませんでしたが、ほかのヘリはかなり揺れていて、中で建物にぶつかっていました。

大きめのヘリが、結構な揺れで機体が横転してしまいそうな感じで、ヘリコプターの後方のテールブームが建物にぶつかっていたり、シャッターが外れて風にあおられ、近くにあった報道

機のブレード（羽根）に当たったりしていました。
そのあとは、建物自体がどうなってしまうんだろうって思いました。目の前で建物が潰れてヘリが壊れるという場面を今から見てしまうんだという、そのくらいの覚悟はしましたね。しかし、みちのく号は運よく何かにぶつかることもなく、揺れに対してしっかりと耐えていました。機体自体も重かったので、それもよかったのかなと思います。

みちのく号は防災ヘリであり、ほかのヘリは報道機であった。経験のない大地震のなかで、保科さんたちはこれらの機体を飛ばす必要性を感じていた。

［証言／保科正尚］
とにかくシャッターを開けて機体を出さなきゃいけないということで、余震は続いていましたが、地震から5分くらいしてから、全員で格納庫のシャッターを開けて中に入りました。私はとにかく、みちのく号を最優先で飛ばさなければいけないと思っていました。

保科さんたちはヘリコプターを飛ばす準備を始めた。ところが、みちのく号の前にあった格納庫のシャッターに大きな問題が発生していた。
シャッターは両側の柱に、開閉のためのローラーで取り付けられている。柱の下部には地面に固定するためのロックがつけられていた。しかし揺れでロックが外れ、柱が動いてしまっていた。そのためシャッターを開けることができなくなっていた。

［証言／保科正尚］

ロックが完全に外れてしまいました。シャッターと柱の間にローラーがついているのですが、これが取れてしまったんですね。それで外れたシャッターが風にあおられてばたついていたんです。いったんシャッターを上に巻き上げてみたんですが、途中までは上がりましたが、やはり最後までは上がりませんでした。

宙吊りになったシャッターは重さが５００キロもあった。シャッターが開かなければ、みちのく号を飛び立たせることは不可能だ。しかし保科さんには、みちのく号を飛ばさなければいけないという強い思いがあった。

［証言／保科正尚］

こういう経験のないような地震のときに（防災ヘリである）これが飛ばなかったら、何のためにふだん訓練をしているのか、このヘリコプターを置いている理由がわからなくなってしまう。やはり今飛ばなかったら、という考えが強かったですね。

命がけで切ったワイヤー

みちのく号の前で開くことができず、宙吊りになってしまったシャッター。シャッターを吊っていたのは、小指ほどの太さのワイヤーだった。

[証言／保科正尚]

このままだと機体を出すことができないので、とにかくワイヤーを切ってしまおうと。ワイヤーがシャッターの両側を吊っているので、そのワイヤーを切ってしまえば、シャッターを撤去できると考えました。整備の仲間に「とにかくワイヤーを切るぞ」と言って、緊急用具のカッターを持ってきてもらいました。

ワイヤーを切ることを決断した保科さん。だが不安があった。

[証言／保科正尚]

ワイヤーを切るとなると、当然、シャッターがそのまま自分のほうに倒れてくることもあり得ると。なので、シャッターを格納庫の外側に引っ張っていけば、自分のほうには倒れてこないと考え、シャッターを車で引っ張ってもらうようにしました。

ヘリコプターの整備用のロープが用意され、保科さんはヘルメットをかぶると脚立に上がった。そして500キロのシャッターにロープを巻き付けると、ヘリコプターをけん引するタグ車2台で外に引っ張ってもらうようにした。

車を運転したのは、当時、東邦航空の整備士長だった後藤一浩さん（53歳）。大きな危険があるのではないかと心配していた。

［証言／後藤一浩］
保科さんがワイヤーにはじかれてしまうんじゃないかと思いましたね。ワイヤーが切れたときの反動で暴れて、それに当たってけがをしなければいいがと、内心ヒヤヒヤしていました。

［証言／保科正尚］
シャッターが体に当たってけがをするだろうと。もしくはもっとひどいことになるかなと、そういうことは思いましたね。だから、切るぞという瞬間に、一瞬、自分の家族のことを思って動きが止まりました。もし自分に何かあったら、子どもや女房に申し訳ないと。でも、あまりそれを悩んでいられなかったし、悩む時間もなかった。早く機体を出さなければいけない、ただそう思いました。

一刻も早くみちのく号を飛ばさなければと、保科さんは意を決し、ワイヤーを切った。シャッターは大きな音を立てて落下した。幸い、ワイヤーが暴れることはなく、保科さんも無事だった。

［証言／保科正尚］
意外とワイヤーは抵抗なく切れまして、シャッターは地面にそのまま落ちました。自分に対しては何の衝撃もなく、その何秒か前に悩んで、ものすごいけがもするなと思っていましたが、まったくなかったですね。うまい具合に切断ができて、悩んだことがすべて消え、整備の仲間の

行動も、その瞬間から、皆速くなりました。

［証言／後藤一浩］

ヘリをけん引する車にロープをつないで、2台平行にゆっくりと引っ張っていきました。移動距離は30メートルくらいですね。ヘリにシャッターがかぶさらないように、とにかくシャッターを車で外に引っ張っていきました。斜め30度から40度くらいの、パンパンにロープが張った状態で、ワイヤーが切断されました。切れたと同時にバーッと外に引っ張って。おかげでヘリコプターの上に落ちることもなく、無事に引っ張り出せました。

シャッターが撤去されたあと、みちのく号と、4機あった民間放送局の報道ヘリコプターは次々に格納庫から外に引き出され、整備士たちの点検作業が始まった。

地震直後から報道ヘリコプターは出動を求められていたが、整備士長の後藤一浩さんは、丁寧に点検しないと飛ばすことはできないと判断していた。

［証言／後藤一浩］

私の担当している機体というのはシャッターがかぶさってしまった機体で、羽根に傷が入ったのは間違いなかったんです。実際に確認したら、やはり傷が入っていて、ちょっと飛ばすのは難しいと思いました。それ以外にも、何かほかの部分がぶつかったとか、建物の部材が落下して損傷を受けているとか、1か所でもそういうものが見つかると、すぐに飛ばすという保証はできないんです。

急いで飛ばして、何らかの事故、例えば羽根が折れてしまったとか、そんなことが起きたら元も子もありません。点検をしながら、いろいろと悩みました。とにかく時間をかけて点検してからでないと、すぐには対応できないと思っていました。

一方、みちのく号は地震の揺れに耐え、建物やほかのヘリコプターに接触することもなかった。点検は機体の表面を確認する程度で済んだ。

間もなく機長と副機長がみちのく号に乗り込み、離陸の準備が始まった。

午後3時14分、宮城県の大津波警報が6メートルから10メートル以上に変更された。

みちのく号の整備士で撮影の担当でもある榊原利二《とし じ》さん（57歳）は、事務所内でテープや機材の準備に追われるなか、大津波の情報を耳にした。

［証言／榊原利二］

ラジオの大津波警報で、釜石で10メートルを超えるとか、そういう大津波が来るという情報を大声で発していたので、それを皆、聞いていました。ここにどのくらいの津波が来るという情報ではありませんでしたが、とにかく10メートルを超える、何メートルを超えるというのは、今までに聞いたことがなかったので、大惨事になるということは想像がつきました。

それでも保科さんたちは、そのとき、津波に大きな危機感は持っていなかったという。

［証言／保科正尚］

大津波警報が出たということは耳にしましたが、その段階ではまだ津波が来るとは思っていませんでした。3月9日にも大きな地震があり、津波もありましたが、津波は実際には1メートルくらいでした。そういうことを3月9日に見ていたものですから、まさかあれほどの津波が来るとは私個人としても思っていませんでした。

午後3時10分、みちのく号のエンジンがかかった。津波到達のおよそ45分前だった。

救難の拠点、航空基地の奮闘

そのころ、東邦航空から西へ200メートルの場所で、ヘリコプターだけでなく飛行機も飛ばそうとしていた男たちがいた。海上保安庁仙台航空基地の海上保安官たちだ。

仙台航空基地の航空機は、災害時の被害調査や被害者の救助などを行っている。

当時、基地長を務めていた田辺哲朗さん（59歳）は、地震のとき、庁舎2階にある基地長室にいた。地震が収まるとすぐ同じ2階にある運用司令室に駆け込んだ。災害発生時、仙台航空基地は被害調査のため、航空機を素早く発進させることが決まりになっていた。

[証言／田辺哲朗]

震度5弱以上の地震が起きた場合、調査のために回転翼（ヘリコプター）や固定翼（飛行機）を飛ばすことになっています。基本は本部からの指示で動きますが、連絡がとれなかった場合は、自主的、自発的に動くということが取り決めのなかにあります。

回転翼は、仙台、塩釜の海岸線を調べ、固定翼は管内の東北で、大きな地震で被災しているところの海岸線を見てまわる。またそれ以外の調査もするということになっていました。

当時、仙台航空基地には2機の飛行機と、6機のヘリコプターがあった。

地震の前から訓練飛行をしていたヘリコプター「おおるり1号」には、塩釜港方面の調査が指示された。

指示を出したのは、当時、航空機の運用を管理する基地専門官を務めていた朝田学さん（57歳）だ。

[証言／朝田学]

地震のとき私は司令室にいましたが、足の下で波打っているようで、立っていられないほどの揺れでした。止まらないんですね、揺れが。すごく長く感じましたね。未曽有の揺れだったので、沿岸とかいろいろなところに被害が出ていると思いました。沿岸には大きな港湾施設やコンビナート、原子力関連の施設もありましたので、そういうものの被害状況の調査をしなければいけないというのがまず頭にありました。そのためにはヘリも固定翼も飛ばさなきゃいけないと思いました。

とにかく一番近くて、一番調査をしなければならないところ、できるところからやっていこうと、まず塩釜港、仙台港に飛んでもらいました。あそこはコンビナートもありますし、施設としては大きく、船舶の数も多いので、まずそちらの状況を確認するようにしました。

仙台港方面の状況を調査する中型のヘリコプター「いぬわし1号」には〝ヘリテレ〟と呼ばれる映像送信装置を取り付け、撮影を指示した。さらに別の小型ヘリコプター「おおるり2号」にも離陸準備の命令を出した。

これらのヘリコプターは、翌日以降、被災者の捜索や救出に活躍することになる。

[証言/朝田学]

まずヘリコプターを上げて被害状況の調査をするぞと。津波の警報が出ているから、その状況も撮るぞと。あと港内の被害状況も撮るようにといった指示を出し、皆、動きだしました。

3機のヘリコプターに指示を出した朝田さんは、次に飛行機を出発させることにした。行先は三陸海岸だった。

[証言/朝田学]

準備をしている最中に、津波警報が大津波警報に変わったのかな。大津波ってどのくらいなんだろうってピンとこないんですが、とにかく調査のために早く機体を上げたかった。まずヘリコプターを上げて仙台港など近場のほうを飛んでもらいましたが、津波は三陸のほうまで行く。そうすると足の速いもので調査に行かなければならない。遠くに行くのにはやはり固定翼（飛行機）を上げたほうがいいと思いました。

しかし飛行機をすぐに離陸させることはできなかった。地震の揺れで滑走路が壊れている可能性があったからだ。

［証言／朝田学］

揺れているとき、航空基地のエプロン（駐機場）で、液状化みたいな感じで、ちょっと水を噴いたようなところが何か所かあったので、滑走路はまずい状態なんじゃないかなと思いました。

朝田さんは滑走路の詳しい情報を得ようと、管制塔に問い合わせの連絡を入れる。しかし管制塔からは思わぬ返事が戻ってきた。

［証言／朝田学］

固定翼を上げるためにはどうしても滑走路が必要なので、管制に連絡をとりました。ところが、「こちらのほうでは空港の施設として、もうコントロールしない」と。「避難します」という返事がきたんですね。さらに「海保さんが自分でランウェイチェック（滑走路点検）をして、上がってもらうぶんには全然よろしいですから」と。それではということで、安全確保ということもありますし、ランウェイチェックを独自にやったわけです。

管制塔はすでに滑走路の状況を把握することができない状態だった。安全確認は、朝田さんたちが独自に行わなければならなかった。

大津波警報が発令されているなか、滑走路の安全確認に向かうことになったのは、仙台航空基地パイロットの大林耕二さん（45歳）と福田智幸さん（37歳）の2人だった。

[証言／大林耕二]

固定翼も上げる準備が整いつつありましたので、その前に滑走路の安全を確認する必要がありました。機体の準備をしているときに見た感じでは、その時点で津波がすぐに来るという体感的なものは、ありませんでした。ですので滑走路を点検して戻ってくることは可能かなと思っていました。

大林さんと福田さんは車で滑走路に行き、点検作業を開始した。

[証言／大林耕二]

二人で車に乗って滑走路に向かい、滑走路に出来ている亀裂、そのほか障害物が転がっていないかなど、スピードを落としつつ見ていきました。石などがあれば車を降りて目で確認しました。

二人が滑走路の点検に入ったのは午後3時25分、津波到達のおよそ30分前だった。

想像と違った被害状況

10メートルの大津波警報が流れるなか、東邦航空でも避難の呼びかけが始まっていた。みちのく号の撮影担当だった榊原さんは、事務所で機材の準備を終え駐機場に向かっていた。そのとき、避難する整備士たちからすれ違いざまに声をかけられた。

[証言／榊原利二]

「大きな津波が来るから避難しろ、避難しろ」ということで、皆、格納庫から外に出ていきました。避難場所は近くの航空保安大学校のビルで、そこに皆、流れるように避難していきました。私は逆行して格納庫のほうに行かなければならなかったので、行くか、避難するかで悩んだところはありました。

避難か仕事か、そんな選択を迫られた榊原さんの背中を押したのは、みちのく号のエンジン音だった。みちのく号にはすでにパイロット2人が乗り込んでいた。

[証言／榊原利二]

みちのく号の機体はもう東邦航空の駐機場に出してあって、エンジン音が聞こえていました。──

やはり自分は、みちのく号の担当でしたので、安全を確認しながら機体のほうへ行けるんじゃないかと思いました。怖かったですけれども、格納庫を出てゆっくり外の状況を見ながら、みちのく号の状況と海側の状況を見て、「行ける」と判断して、機体のほうに駆けて行きました。

榊原さんがみちのく号に駆け込み、機体の外にいた整備士の保科さんと、合わせて4人の搭乗が完了した。地震発生からおよそ40分、みちのく号は離陸した。

みちのく号は、国土交通省の東北地方整備局に映像を送りながら、国道沿いを北へ飛んだ。向かったのは仙台市の街の上空だった。

しかし、みちのく号から見えた仙台市の被害の様子は、乗組員が予想していたものとは違っていた。

副操縦士の芦内《あしうち》修さん（67歳）は、阪神淡路大震災のとき、大阪府警航空隊に所属しており、震災の被害の様子をヘリコプターで調査した経験があった。

［証言／芦内修］

地震の揺れは、阪神淡路よりこっちのほうが非常に大きくて長かったですね。ですから、仙台市内に行く途中でも、橋が壊れていたり、道路の亀裂があったり、建物が倒れていたり、そういう阪神淡路の震災のような状況があるものとばかり思って行ったら、意外とそれはなくて、地震による被害というのは、上から見ていても、そんなに見て取れませんでしたね。

その後、みちのく号は、仙台市内の高層マンションの中層階部分で火災が発生したとの連絡を受け、現場へと向かう。

［証言／芦内修］

現場に行くと、燃えて煙も出ていました。ただもう消防車も来ていて、消火活動をやっているということで、それ以上の被害が出るというふうには見えませんでした。

そうこうしているうちにもう一軒、もう少し北のほうでもやはり同じようにマンションの火災が出ているということで、そちらに向かいました。しかしそこも同じように、消防車が消火活動をやっていて、そこだけの火災でした。

30分間にわたる仙台市の調査で、みちのく号が撮影した被害は、2件のマンション火災と緊急停車した新幹線の車両の様子のみだった。

このあと、みちのく号は海岸方面へ向かうように指示を受ける。

空港を飲み込む大津波

そのころ、海上保安庁の仙台航空基地の運用司令室に、「巡視船まつしま」（現・巡視船おしか）の無線が飛び込んできた。

あの日、巡視船まつしまは、福島県の相馬港で停泊中に地震にあった。津波の被害から逃れようと、水深の深い沖合に向かって船を走らせていたが、午後3時49分、10メートル以上の大津波と遭遇する。

巡視船まつしまの無線から、船のいる位置を聞いた朝田さんは、さっそく航空基地と津波の距離を、海図を使って割り出した。

[証言／朝田学]

海図で見たら、津波と仙台航空基地の距離は6マイル半ぐらいしかありませんでした。ということは10キロメートルくらいのところにすでに津波が来ている。もう驚きましたね、近くて。まつしまの津波の遭遇場所と、それとほぼ北のほうにある仙台空港の場所の兼ね合いを見て、もうほとんど時間はない状態だとわかりました。

これは大変だということで、突然慌ただしくなりました。ランウェイチェック（滑走路点検）に出た車もありましたし。司令室から双眼鏡で海側を見たら、海岸のほうにはもう津波が到達しているわけです。砂煙が上がって、防潮林の松がバタバタと倒れていくのが見える。すぐにランウェイチェックに行っている二人を無線で、「早く帰れ、引き揚げろ、急げ」と言って、呼び戻しました。

一方、滑走路の点検に出ていたパイロットの大林さんと福田さんが、海の異変に気が付いたのは、作業を終えて車をUターンさせたときだった。

［証言／大林耕二］

そのときには滑走路をすべてチェックすることができたので、基地へ戻るために東へ、海のほうへ向きました。防潮林があったんですが、その間からまず白波っていうんでしょうか、白い波がサワサワと上がってくるのが見えまして、で、あとは、林の上に砂煙のカーテンのようなかたちで上がっているのが見えました。あ、これは津波だと確実に認識しました。われわれがいたのは一番西の端でしたから、まだ距離もあるので早く戻ろうということで。急いではいましたが、パニックになることもなく冷静に戻ってこられたかなと思います。

［証言／福田智幸］

東を向いたときに砂煙が見えたんですが、それが果たして津波なのかというのは正直わかりませんでした。津波自体も初めての経験ですし、いったいどんな状況になるのかわからないというのが正直なところでした。ちょうど基地のほうから無線で、「津波が来るから早く帰ってこい」と連絡が入りましたので、二人で急いで基地のほうに帰りました。車を止めたときも、周囲の安全を確認して庁舎に避難するというふうに、落ち着いて行動していました。

同じころ、大津波警報を知りながらも、報道ヘリコプターの点検作業を続けていた東邦航空の後藤さんも、迫り来る津波に気が付いた。

［証言／後藤一浩］

ラジオで警報も出ていて、津波が押し寄せているという情報を聞きつつ、ヘリの準備をしていました。今まで空港まで津波がきたことはないし、飛べるならなんとか飛ばしたいという義務感もありました。そうしたらもう間もなくここに来るという連絡があって、みんなまとまって避難したんですよ。私は最終責任者なので、最後まで駐機場に残っていたんです。

あと2分後、3分後（に行けるかな）って時計を見ながら、そうこうしているうちに、海のほうを見たら水しぶきっていうんですかね、かなり真っ白い霧のようなかたちで見えてきたんですよ。で、海岸線は松林になっていますよね。そこでもうかなり水しぶきが上がっていました。ちょっと周りを見ると誰もいないんですね。避難したあとでしたから。

生命の危険を感じた後藤さんは、同僚たちが避難している海上保安大学校のビルの屋上に駆け上がった。

［証言／後藤一浩］

屋上まで上がって海のほうを見たら、ちょうど第1波、第2波と、何か壁のような大きな波が押し寄せていたんですね。で、みるみる松林が飲み込まれ、家屋が飲み込まれるという感じでした。あまりに現実離れしていて、夢を見ているようでしたね。

毎日整備していた機体が流されて、残念で悔しいところがあります。飛べなかったのが一番悔しいと、そういう思いでした。

仙台空港の1キロ先にある海岸を襲った津波は、午後3時56分、仙台空港に到達した。津波は地上を覆い尽くしながら、滑走路の奥へとじわじわと広がっていった。

基地専門官の朝田学さんが仙台航空基地から撮影したビデオには、最初、水位が低かった津波が、徐々に水かさを増しながら、航空機や車を巻き込んでいく様子が映し出されている。

「仙台基地が今、津波に襲われております。空港はもう使えません。869(飛行機)はもう津波に飲まれます。空港の駐車場も車両が全部流れています。今2階にいますけどどうなるかわかりません。はい、ええっと、いやいや、だめだわ、全部だめ。空港全部だめです!」

朝田さんの緊迫した叫び声が、津波に飲み込まれた空港の映像とともに記録されている。

さらに津波は、朝田さんたちがいた庁舎の2階にも迫って来た。隊員たちは屋上に避難する。

[証言/朝田学]

庁舎の2階から見ていたら、もう1階と2階の間くらいまで津波とがれきが来た。スタンバイしていた固定翼が一気にダーッと流されていきました。一番目に焼き付いているのは、水が見えない状態で、木と屋根と車がゴロゴロと流れて来るんですよ。なんなんだろうと思った。がれきが流れていったあとに、真っ黒い水がどんどんかさを増やしていく。だんだん足元まで上がってくるんですよ。これはもうまずいなと。

東邦航空の4機の報道ヘリコプターを含め、仙台空港にあった67機の小型飛行機やヘリコプターは津波によって流されてしまった。

仙台航空基地は、先に飛び立った3機のヘリコプター以外の航空機をすべて失った。

［証言／朝田学］

海上保安庁の仕事として救難業務というのがあるわけです。救助を仕事としてやらなければならない、そのための機材がいっぺんになくなってしまった。業務を行う上で手が出ない状態で、悔しいというよりも、どうにもならない状態。人を助けるために航空機を置いた拠点となる基地が被災してしまった。航空機がなくなってしまったとき、自分たちの業務はゼロだった。基地が生き残り機体が生き残っていたら、あと何人助けることができたんだろうと思いましたね、やっぱり……。

上空から見た津波の脅威

仙台空港が津波に襲われた2分後、みちのく号は14キロ北にある七北田川《ななきたがわ》上空を飛行していた。そこで乗組員たちは津波の襲来を目撃する。

［証言／榊原利二］

七北田川という、仙台港に（仙台市）泉区のほうから流れている川があるんですが、それをカメラで捉えたときに、大きな塊が、川を遡上するような感じで動いていったんです。空中から塊が見えるって相当大きいということなんです。とにかくちょっとした波の動きや川の動きではなく、本当に立ち上がった塊が動いている感じでした。

河川も監視対象で、仙台港からずっと河川の流れを確認していたので、画面の中で大きな塊が動いているのがモニター上でもわかりました。それでカメラではなく、実際の目で地上を見たところ、大きな災害が起きているのがわかりました。

今まで災害が起きるというのは火事とか限定的だったんですが、それが大きな津波で、家とか町がいっぺんになくなるっていうのは、驚いたっていうか、信じられないというほうが大きかったですね。

[証言／保科正尚]

七北田川を仙台港に向けて飛行していたときに、川が逆流しているのが見えたんで、まあ驚きました。実際に海のほうを見ていると、今までの景色と違うんですね。海面全体が上がってまして、松林が海の中にあるんですね。そのとき初めて津波だと思いましたね。恐ろしいというよりも、これって現実なの？　この先どうなってしまうんだろうと思いました。

みちのく号は、七北田川に沿うように、市街から海へ向かって飛行を続け、撮影を行った。沿岸では沖合から次々と大きな津波が押し寄せ、津波で流された家屋からは火災が発生していた。

[証言／芦内修]

地上から、津波が押し寄せてきたのでその状況を撮ってほしいと、海のほうに向かえということで、市内を離れて海岸線方向に針路を変えたんですね。そうしたら田んぼの上を家が燃えながら流れてくる様子が見えました。エッと思いましたね。水の上のものが燃えてるっていうのは。信じられない光景でした。

［証言／榊原利二］

松林や家屋をなぎ倒し、車を流しながら内地に津波が押し寄せ、2波、3波が同じような勢いで、次から次へと後ろから押し寄せているような感じでした。それがもう止まらないんですよね。その様子を上空から撮影して東北地方整備局に送り、さらに南へと向かいました。

［証言／保科正尚］

今でも鮮明に覚えているのは、車の渋滞が結構上から確認できたんです。あとは学校があったり。われわれは上空から海を見ているので、津波がもう目の前に来ているんだということがわかるのですが、皆さんはわからなかったと思うんですね。車の渋滞にしろ、学校にしろ、やがて津波が押し寄せるわけですよね。そういう方たちに何らかの方法で伝えてあげたいと、機長もそうでしたし、私もそういう思いでいました。

でも、手段もありませんし、伝えられないじゃないですか。それがやはりちょっと何とも言えないですね。上でヘリコプターは旋回しているしかないんですよね。本当にほかのクルーも同じ気持ちだったと思います。伝えてあげられないという悔しさは。

その後みちのく号は仙台空港へ向かい、午後4時17分、空港の上空に到着した。しかし、みちのく号が飛び立った東邦航空をはじめ、仙台空港にあった航空関連施設は、すべて水に浸かってしまっていた。

［証言／榊原利二］

東北地方整備局から仙台空港に下りられるか確認してほしいという無線が入りまして、そちらに向かいました。仙台空港の上空に来たときには、もう完全冠水状態で使用不可というのが、上から見てもわかりました。もう一面が海水で、下りる場所はありませんでした。会社はどうなったのか、従業員は皆どうなったのか、空港の人たちはどうなったのか、と思いました。会社には無線機がありましたけれど、皆、避難していて通信はできなかったですね。

その後、東北地方整備局の災害対策室からの指示で、北に向かって情報収集してくれないかと無線が入りましたが、パイロットの目で確認したところ、雪や雨、雲が低く、北に行くのはちょっと難しい状態でした。燃料のことも考えて、見通しのいい南のほうに行くことになりました。

教訓を生かした基地づくり

みちのく号は、被災地の映像を送り続けながら、その後、福島空港まで南下していった。

2014年10月、震災から3年半以上が過ぎ、仙台空港は以前と変わらない姿を取り戻しつつあった。東邦航空の保科さんは、今も、みちのく号の整備を担当している。大震災の被害を撮影し続けることで、みちのく号はその任務を果たした。しかし保科さんにはあのときの思いが整理しきれないまま、今でも残っているという。

[証言/保科正尚]

みちのく号に関しては、震災があったら飛ばなきゃいけないという絶対条件があったので、連絡や指示があってから動くのではなくて、同時並行というか、自分の判断で機体を飛ばすのだというふうに、自分の意思を持って事にあたるということも大事だと思いました。

今回は上空から見ているだけのことでしたけれども、みちのく号がたまたま飛べたということで、その残った映像が何かの役に立てばいいのかなと思っています。われわれとしては、そのとき起こっていることを伝えるほかに何もできないというのが現実ですから。

庁舎1階と格納庫が浸水した海上保安庁の仙台航空基地では、震災後、2メートルかさ上げされた格納庫が新設された。

[証言/朝田学]

こんなに大きな津波が来て、こんなに早く基地の機能を失うとは思っていませんでした。今回の津波で被災したことが教訓ですよね。自分たちの拠点がやられ、機能がゼロになった。なぜそうなったかというと、自然が相手ですが、そういうものも想定しなければならない。それなりの機能を持ちなさいというのが、大事かなと。

今後このような災害が起こっても、機能が維持できるというようような考えで新基地を造りました。何十年に1回しかないような災害かもしれませんが、できる限りそれに備えたいと思う。それができる基地、拠点づくり、そのための教訓だったと思っています。

大災害のとき、いち早く救助活動にあたることが任務である空の男たち。
今回の巨大津波で、できたこともあれば、できなかったこともあった。
その経験や思いを胸に抱きながら、男たちは今日も仕事を続けている。

（2014年10月　取材）

あの日　わたしは

宮城県
気仙沼市―南三陸町―石巻市―東松島市
多賀城市―仙台市―名取市―岩沼市

自宅の外階段に救われた命

気仙沼市　取材日／2014年4月23日

阿部桊兒さん（80）会社経営

　津波の恐ろしさは、小さいときから聞いていたんですけど。地震になったら津波の用心と。

――気仙沼市でホテルや水産加工場などのグループ会社を率いる阿部桊兒《たいじ》さんは１９３３年、昭和三陸地震の津波があった年に生まれた。さらに、27歳でチリ地震による津波に襲われた。このとき魚の移動販売をしていた阿部さんは、すべての財産を流される。

　津波の怖さが骨身にしみた阿部さんは、自宅を鉄筋コンクリート3階建てにした。外階段があり、屋上に直接上れるようになっている。

　10年ぐらい前から、津波がいつ来てもおかしくないような話があって、津波が来たら避難場所がなければならないから、自宅が適当な施設になるかなと。

――あの日、阿部さんは市内の事務所で打ち合わせをしているときに大きな揺れに襲われた。車で阿部さんが経営する高台のホテルに急ぐが、道路が渋滞していて進むことができない。間に合わないと判断し、海から５００メートルのところにある自宅に向かった。自宅に到着したのは、地震発生から約20分後。

　急いで階段を上がるが、2階まで来たときには足元まで津波が迫っていた。屋上には、従業員のほか、外階段を使って近所の人14人が避難していた。すでにあたりは一面海のようで、至るところで火災も発生していた。火と水に囲まれ、阿部さんたちは屋上に作ってあった小部屋で過ごすことになった。

　火はすぐそこまで来ていました。プロパンはすごい音で爆発していました。部屋で20人が寄り添って、毛布や布団をかぶって時間を過ごしました。

――自衛隊のヘリコプターに救助されたのは、震災発生から3日目の夕方だった。

　阿部さんは、津波に襲われて住めなくなった自宅を後世のために残したいと考えている。

　この家は残してね。いつか、あの屋上で助かったんだって話されることがあると思うんです。

気仙沼市　宮城県沿岸北部に位置する。震災では津波の直接的な被害に加え、流されてきた漁船や燃料タンクに引火するなどして「津波火災」が各所で発生した。
死者／１２１１人　行方不明者／２２６人

気仙沼市　取材日／2013年11月3日

言えなかった「やめろ」の一言

後藤正登さん（67）　自主防災隊隊員

あの人の指示で何十年と防災活動をしてきましたので。止められなかったことが本当に悔やまれます。

――気仙沼市沿岸部にある鹿折《ししおり》地区で自主防災隊の隊員を務めている後藤正登《まさと》さん。ともに活動していた隊長を津波で失った。

ふすま職人の後藤さんは、あの日、作業場で今まで経験したことのない激しい揺れに襲われた。

材料が散乱しているし、外に出られる状況ではなくて。言葉にならないくらいの恐怖感がありました。

――揺れが収まると、近くに住む自主防災隊隊長の梶原孝男さんと、周囲の住宅を回って大声で避難するよう呼びかけた。

「逃げろ、逃げろ」って言いながら走ったんです。

――この地区では足が悪いお年寄りを高台に移動させるためのリヤカーを用意して津波に備えていた。後藤さんはいっしょに暮らす83歳の母親と近所のおばあさんをリヤカーに乗せ、梶原さんと高台へ運んだ。母親たちを降ろすと再び住宅地へ戻り、梶原さんと二人で何度も往復した。20分ほどで約20人を避難させた。一段落したとき、梶原さんが「まだ少し大丈夫だろうから畳を上げてくる」と、港に近い自宅に戻ると言いだした。後藤さんは止めるべきか迷ったが、梶原さんには災害ボランティアとして全国で活動した経験があるので、心配ないと考えた。

すごく信頼が厚かった人です。梶原さんのやることだから大丈夫、ということも頭の隅にあった。

――この地区に高さ5メートルを超える津波が押し寄せたのはそれから間もなくのことだった。津波は多くの住民の家を押し流し、高台のすぐ手前まで迫った。それでも後藤さんは、梶原さんが無事避難していると思っていた。しかし数日後、梶原さんは自宅から約300メートル離れた場所で遺体で見つかった。

なんで俺が一言、「梶原さん、やめろや」と言えなかったのか。止められなかったことを後悔しています。

南三陸町　取材日／2014年1月8日

避難所となったホテル女将の奮闘

阿部憲子さん　ホテル女将

――南三陸町で、ホテルの女将を務める阿部憲子さん。海沿いに建つホテルは10階建てで、客室数は244あった。あの日、阿部さんは、商談のため5階のロビーで窓際の席にいたとき揺れに襲われた。

ゴーッというような音が聞こえる揺れでした。

――阿部さんは、すぐさま従業員に客の避難誘導を指示。そのとき頭をよぎったのは津波のことだった。

私どもの運営する託児所が、より高台で、海からちょっと離れるということもありましたので、皆さまをそこへご案内しました。

――ホテルの向かいにある建物は1階が託児所、2階が女子寮になっている。客を避難させてホテルに戻ると、阿部さんは窓から見える海の異変に気が付いた。

美しい海が墨色に変化して、グングン水位が上がっていきました。町中を土煙が覆って、そのあとに被害の大きかった中心部を津波が襲っていくのが見えました。

南三陸町　宮城県沿岸北部に位置する。リアス海岸特有の地形で海岸線が入り組んでいる。津波は町の中心部を襲い、町役場は全壊。住宅も約7割が全壊した。
死者／620人　行方不明者／215人

――津波は志津川地区と戸倉地区を飲み込み、二つの地区の間にあったホテルは孤立。阿部さんは、二つの地区の住民が大勢避難してくると予想した。

泣き崩れるスタッフもいましたが、「まずはお客さま、住民の方が最優先。スタッフのみんなには我慢してもらうかもしれないけれど、慌てないで」と。

――まず託児所に布団を搬入。ろうそくをかき集め、水を確保した。調理場には500人分の献立を1週間分考えさせた。避難者の食事は量を小出しにした。

救助がいつ来るかわからず、どんどん量が減っていくと、皆さんも苦しくなるかと思いましたので。

――こうした工夫で1週間持ちこたえることができた。ホテルに大きな被害はなかったが、志津川地区にあった系列の結婚式場は津波に飲まれた。阿部さんはこの建物を保存することに決めた。

この結婚式場の屋上で327名の命が守られたんです。だからこの施設を後世に伝えたいと考えました。

南三陸町　取材日／2013年12月7日

絶望から再起した町の医師

鎌田眞人さん（55）　医師

――南三陸町歌津地区の医師、鎌田眞人さん。あの日、海岸近くに建つ病院で診察をしていたとき、大きな揺れを感じた。津波が来ると思った鎌田さんは、患者を誘導して避難所となっていた町立歌津中学校に逃げ込んだ。そのあと発生した津波は、町を飲み込み中学校のそばまで迫った。

歌津大橋がなくなったように見えて、目の前の小学校の庭にドーンと水が入ってきて。そのときは、ちょっとパニックになりました。

――10メートルを超える津波が町を破壊していく。鎌田医院も流された。翌朝、体育館から出た鎌田さんは被害の状況を目の当たりにした。

がれきだらけで。もうここで医者はできない、新しく働ける病院を探すしかないと漠然と思いました。

――かつて勤めていた大阪の病院を頼ろうと決心して、体育館に戻った。そのとき思わぬ声がかかった。

「先生、診てくれないか」と患者さんが何人も来られて。だから僕は一避難者ではなく医者として過ごそうと。「やるんだ」っていう気になりましたね。

――薬はなく、持っていたのは往診カバンに入っていた聴診器と血圧計だけ。それでもみんなから見える演壇の下に陣取り、鎌田さんは診療を始めた。

薬もなかったのですが、手を握って「大丈夫」と励ましたり、言葉を交わすだけで十分なのかなと。医者がいるだけで住民の方は安心されると思うんです。

――3日後、高台にある施設を借り診療所を開いた。昼は診療所、夜は体育館で被災者たちの命を守った。

鎌田さんは現在も同じ施設で勤務している。とくに訪問診療には震災前より多くの時間をあてている。医者が顔を見せることの大切さを感じているからだ。

歌津地区の医療を守りたいという気持ちは以前より強くなっていると思います。それは被災を経験して、患者さんが笑顔で、喜んでくれる姿を見たことが大きいのかもしれません。

新1年生に新しい制服を届ける

南三陸町　取材日／2013年5月4日

菅原勝則さん（59）　衣料品店経営

――南三陸町の志津川地区で大正時代から続く衣料品店を営む菅原勝則さん。あの日、揺れが収まると、10メートルの高台にある叔母の家に家族と避難した。しかし、津波はその家にまで及んだ。

水があごぐらいの高さまでありましたね。もう終わりかなって思ったんですけど、その瞬間にすーっと水が引いていきまして。

――間一髪で助かった菅原さんは、翌日、家族とともに町の避難所に向かう。しかし、大切な店を流され仕事を再開する気力を失っていた。そんなある日、家族で避難していた遠藤峻輔くんに声をかけられる。中学校への入学を目前に控えていた遠藤くんは、菅原さんの店で制服を受け取った直後、地震に襲われていた。

「うちから制服買ったよね」っていう話をしたら、「うん。全部流されたんです。おじちゃん、今度中学校に入るときどうなるのかな」と。子どもなりにいろいろ不安があったようですね。

――自分がやるしかない。遠藤くんの言葉が菅原さんの背中を押した。

新1年生に新しい制服を着せたいと。そして、やるべきことが見つかったと。

――しかし、過去の発注記録や連絡先はすべて津波で流された。手がかりは制服メーカー。避難所の衛星電話を使い、知り合いの卸売り業者などに注文することができた。菅原さんが扱ったことのない女子の制服は、被災地を支援したいというメーカーが学校に寄付してくれた。そして5月12日、町立志津川中学校で、宮城県内では最も遅い入学式が行われた。

あれから2年。遠藤くんは3年生になった。「町は流されてしまったけど、新しい気持ちで中学校に入れるなと思いました」と当時を振り返る。

やっぱり子どもたちは一番の宝ですからね。そしてこの町が好きで、ここにいたいからこういう仕事もしてね。ぜひ、ここで頑張っていきたいと思います。

石巻市 取材日／2013年4月8日

新社屋は石巻初の津波避難ビル

大塚敏夫さん（62）　水産加工会社経営

——あの日、石巻漁港を大津波が襲った。漁港近くの水産加工団地は大きな被害を受けた。

地震対策はやっていたけど、津波対策は一つもやっていませんでした。

——水産加工会社を経営する大塚敏夫さんは、長く大きな揺れが収まると、61人の従業員を集め、すぐに避難するよう指示を出した。しかし、避難場所を決めていなかったため、多くの従業員はマイカーに乗りバラバラに避難を始める。

総務部長だった田代富士雄さんは道路に出てすぐ大渋滞につかまり、津波に車ごと飲まれた。死を覚悟するが、車ががれきに引っかかって止まる。田代さんは車の窓から脱出、近くの住宅の屋根に飛び移り助かった。

一方大塚さんは、従業員全員が会社を出るのを見届けて、自らも避難。翌日、がれきをかき分けて会社に戻ると、工場や事務所は激しく壊れていた。

みんな、果たしてどのくらいの生存率だったのかな、ということばかりが気になっていましたね。

——津波から9日後。61人全員が何とか避難し、無事だったことがわかった。

本当に嬉しかったです。みんなと抱き合って泣きました。「必ず再興するぞ」とみんなの前で宣言しました。

——震災から1年7か月後。大塚さんは新たな社屋と工場を完成させた。重量鉄骨造りで、屋上までの高さは、震災前より5メートル高い20メートル。屋上につながる外階段は24時間開放し、誰でも上れるようにした。

防御壁もつくって、あらゆる物がぶつかってきても耐えられるようにできています。

——この新社屋は、石巻市として初めての津波避難ビルに認定された。

前提は「津波は来るんだ。地震も必ず起きるんだ」ということです。津波が来たらどうするか、それを常に考えて行動しています。

石巻市　水産業は全国屈指の規模を誇る。震災では、最大で震度6強の揺れを観測し、津波は市内を流れる北上川を逆流。市町村別の死者・行方不明者の合計が全国で最も多かった。
死者／3537人　行方不明者／431人

石巻市 取材日／2013年12月15日

家族で決めた避難のルール

大森敏枝さん（63） 家電販売店経営

——市内で家電販売店を営んでいた大森敏枝さん。

あの日、大森さんは海から600メートルの場所にある自宅兼店舗にいた。大きな揺れに襲われ、津波が来ると直感、すぐに自宅近くのホームセンターに避難した。ここは、「大きな地震のあとには、家に戻らずホームセンターに避難する」と家族で決めていた場所だった。しかし、ホームセンターの屋上から、店が津波に飲み込まれたのを見て、配達に出た夫と息子のことが心配になった。

不安ですよ、みんなの安否が。「私が死んでもいいから家族を助けて」と本当に思ったね。

——一方、内陸部にいた夫の幸悦《こうえつ》さんと息子の竹秀さんは、大森さんを心配して自宅を目指していた。しかし、あと500メートルのところで渋滞にあい、動けなくなってしまう。竹秀さんは、父親を残して歩いて自宅に向かった。このとき、「家には戻らない」という家族のルールは頭から消えていたという。

自宅にたどり着いた竹秀さんは、懐中電灯やラジオなどを車に積んで避難しようとする。津波が襲ってきたのはそのときだった。津波を目にした竹秀さんは急いでホームセンターに駆け込み、そこで大森さんと再会することができた。しかし夫の幸悦さんとは連絡がとれず、不安で一睡もできない夜を過ごした。

幸悦さんは、一晩を車の中で過ごし、翌朝、水に浸かったがれきをかき分け、ホームセンターにたどり着いた。

２０１３年10月、大森さんたちは、内陸部に自宅を再建。今、家族は避難のルールを見直している。

心配して家に向かおうとしてくれたことは嬉しいんですが、家族の犠牲を少なくするためには、戻ってほしくなかった。命は自分で守るように。高い場所や津波の来ない内陸に逃げること。それをきちんと家族でマニュアル化していきたいと思います。

石巻市　取材日／2013年12月6日

津波に襲われた精神科病院

木村　勤さん（64）　精神科病院院長

――木村勤さんが院長を務めていた精神科専門の恵愛病院は、海岸から約1キロの場所にあった。あの日、患者は115人、重篤な統合失調症や認知症の患者も数多く入院していた。

あまりにも大きな地震だったので、まず2階の危険物を除去して、患者を2階に上げました。

――2階に避難した木村さんは、中庭で津波に巻き込まれる患者や職員の姿を見る。

若い職員に「シーツをつないで」と言い、屋根からシーツを垂らして何人か助け上げてもらいました。

――津波は1階をすべて飲み込み、巻き込まれた人たちは水と天井のわずかな隙間に頭を出して懸命に耐えた。だが24人の患者と3人の職員が命を落とした。

その日は悲しみでいっぱいでしたが、生き残った人たちを、あとはもう一人も亡くしたりしないように、守らなきゃいけないと思いました。

――食料もほとんどないなか、木村さんたちは不眠不休の看護態勢で不安がる患者たちに付き添った。

認知症の方などは何が起こったかわからないけど、寒いし食料もないので、漠然とした不安や恐怖を抱えていました。職員は一睡もできなかったと思います。

――患者の転院を急がなければ職員が倒れる危険性があった。しかし電話が通じず、外に助けを求めることができなかった。窮地を救ったのは、恵愛病院壊滅の噂を聞いて仙台から駆けつけた宮城県精神科病院協会の事務局長、沼田周一さんだった。

できるだけ早く患者さんを転院させないと、もう大変な状況だと訴えました。

――沼田さんの尽力の結果、3月中に患者全員の転院は完了した。現在、木村さんは石巻市西部に立つ精神科病院の院長として勤務している。

被災したところは自分から発信できません。外の人が先に気付いて助けの手を差し伸べないといけない。次は自分がそういう役割を果たしたいと思います。

助け合って生活した自宅避難

石巻市 取材日／２０１４年４月21日

髙須賀昌昭さん（69） 燃料販売店経営

——あの日、仕事の出先で地震にあった髙須賀昌昭さんは、会社に戻ろうとしたところで津波に襲われた。車ごと流されたが、木にぶつかって止まり、九死に一生を得る。翌朝、髙須賀さんはがれきをかき分け８時間かけて自宅へ戻った。

自宅の１階は頭の高さまで浸水したが、家族は２階に避難して無事だった。母親が高齢だったため、避難所での生活に耐えられないと判断し、避難所へは向かわなかった。しかし、自宅避難には大きな問題があった。食料は避難所ごとに届けられるため、自宅避難者までは回ってこなかったのだ。

４人家族で、５００ミリリットルのペットボトルが１本、あめ玉が３個しかなかった。４人で３個。でも「自宅で避難している人にはないです」と。

——そこで髙須賀さんは、同じように自宅避難している人々に声をかけ、食料を持ち寄り、分け合うことを提案した。限られた食料で生き抜く工夫もした。冷えて固くなったおにぎりは、ご飯とのりに分けた。ご飯は蒸して温め、のりはしょうゆで煮て佃煮にした。

髙須賀さんの家には、情報を求めて人が集まり、自然と助け合うようになっていった。

笑い声が聞こえる避難所はめずらしかったと思うんです。ほかの人には「大変だね」って言われるけど、私らは逆に明るくやっていましたから。

——震災後、髙須賀さんは、経験を役立てたいと、観光客や子どもたちに向けて語り部活動をしている。話を聞いた子どもたちから送られてくる感想文が、髙須賀さんの宝物だ。

人と人とのつながりが、震災を乗り越える大きな力になったことを伝えたい。今回の震災は、本当にみんなで支え合わないと毎日の生活ができませんでしたから。震災当時から状況は変わっても、やっぱり一人では生きていけないというところでしょうかね。

石巻市　取材日／2014年7月29日

子どもたちの命を守る

藤坂雄一さん（41）小学校教諭

――石巻市の雄勝《おかつ》小学校で教師をしていた藤坂雄一さん。大きな揺れのあと、机の下で固まって震える12人の児童に「先生は君たちの命を守るから、先生の言うことをしっかり聞きなさい」と声をかけた。

子どもたちは大きな声で「はい」と。その声を聞いて、子どもたちは生きたいという強い思いを持っている、私が子どもたちを守らなきゃいけないという思いが湧き上がってきました。

――先生たちは大津波警報が出されるなか、児童たちを裏山に避難させる。津波は町を破壊し、山に迫ってきた。藤坂さんたちは必死に山を越えていく。

子どもたちが津波を見ると怖くなって動けなくなるんじゃないかと思って、先生方は前へ前へというふうに声をかけておられたようです。

――1時間半かけて避難した場所は山の中にある清掃工場。食料も水もない。藤坂さんたちは、部屋に段ボールを敷き、子どもたちを休ませた。

余震におびえながら、懐中電灯のわずかな明かりを頼りに夜を過ごしました。

――翌日、山を下りると家はほとんど流されていた。周囲を山で囲まれた地区は、電話も通じず町は孤立。校長と相談し、救助要請のため、藤坂さんたちは石巻市役所を目指した。険しい山を越え、北上川沿いの県道に出ると予想もしなかった光景が広がっていた。川が決壊し、道路が冠水していたのだ。しかし、藤坂さんたちは意を決して水の中に足を踏み入れた。

命を守るといった限りは、食料や水などを届けるところまで、やりとげたいという思いがありました。

――何とか渡りきった藤坂さんたちは、消防の車に乗せてもらい、石巻市役所の支所にたどり着く。そこで状況を説明、救援物資の手配を頼んだ。翌13日、雄勝に戻り、救援物資が行き渡っていることを知った。

子どもたちを救うための仕事ができたかなと思いました。

石巻市 取材日／2014年2月21日

二度と〝沖出し〟はしない

渡辺 悟さん（51） 漁師

――渡辺悟さんは、牡鹿《おしか》半島の石巻市荻浜で30年以上漁師を続けている。あの日、渡辺さんは、港からおよそ2キロ離れたところで、小さな船に乗ってナマコ漁をしていた。そのとき、突然大きな衝撃を感じた。

波もないのにドンと突き上げられるような。これは完全に津波が来ると思った。

――すぐに港に戻ると、そこに妻と息子が待っていた。渡辺さんは、二人に急いで高台に避難するように伝えると、自分は、港に泊めていた漁船に乗り込んだ。漁船が津波で壊されないように水深の深い海域に出す〝沖出し〟をするためだった。

しかし、沖に向かって数分後、津波の前兆である引き波が始まった。潮の流れが速く、養殖いかだのロープがスクリューに絡まった。渡辺さんの船は動けなくなり絶体絶命の危機に陥る。

絡まった時点で終わりかなと思った。やばいなと。海って恵みを与えてくれるんだけど、こういう自然の災害があったときは逆だもんね。そのときは、不安で漁師を辞めたくなった。

――渡辺さんは、漁船を捨てることを決断。備え付けていた小船でさらに沖へ向かう。すると、偶然弟の船を見つけ、乗り移ることができた。津波のうねりのなか、狭いエンジンルームで不安な一夜を過ごした。

ふっと家族のことを思ったりして。自分だけ生き残っても、人なんか一人で生きられないからね。

――夜が明けると、渡辺さんは港に戻り、急いで家族が避難しているはずの高台へと向かった。妻は、渡辺さんの姿を見て無事だったことにほっとしながらも「漁師を辞めてほしい。家族のことを一番に考えてほしい」と、心細いときにいてもらえなかったつらい気持ちをぶつけた。渡辺さんは考えをあらためる決心をした。

俺は、沖出しはしない。しないと言った以上は、しないよ。みんな生き延びないとだめなんだ。

東松島市　取材日／2013年10月18日

明日の防災につながった記録

宮崎敏明さん(48)　小学校教諭

ノートを見るといろいろなことが思い出せるんです。津波が学校の下を川のように流れている、車や家の屋根が流されている、と。

――東松島市宮戸島にある宮戸小学校教諭の宮崎敏明さんは、震災発生からおよそ1か月間、記録を取り続けた。地震に襲われたのは職員室にいたときだった。

信じられないくらい長い揺れが続いて。教頭に子どもたちの安全を報告したとき、「あなたはとにかく記録を取り続けなさい」と指示を受けました。

――コピー機から紙を抜き出すと、宮崎さんは、このときから1日も休まず記録し続けた。

津波によって大きな被害を受けた宮戸島。島民のほとんどは無事だったが、島につながる唯一の橋が崩れ、孤立状態が続いた。当時の指定避難所は高台の宮戸小学校だけで、多くの島民が逃げてきた。

本当にたくさんの方が続々と来て、結果的には900人以上いる島民のほぼ全員が来ました。

東松島市　宮城県中部の太平洋岸に位置する。市の南部は特別名勝「松島」の一角を占め、風光明媚な景観を楽しみに多くの観光客が訪れる。震災では、市街地の約65%が浸水するなど大きな被害を受けた。
死者／1129人　行方不明者／24人

――あるときの記録では、「防災電話がうまく作動せず、支援物資を求めることも情報も得られず、不安だった」。避難5日目の記録には、「かぜ流行、皮フ炎流行」と記されている。水や消毒薬も十分ではなく、島民は疲労を蓄積させていった。

ストレスという言葉では軽すぎる、重い状況でした。

――一方で困難を乗り越えるために、学校と島民が連携したことも記録されている。避難所の入口には島民の発案で仕事の分担表が貼り出され、支援物資が届きはじめると、大量の食事の用意や避難所の掃除を島の4つの地区の島民が順番に担当するようになった。

宮崎さんが残した記録は、宮戸小学校だけでなく、東松島市教育委員会の新しい防災マニュアルづくりにも生かされた。

こういう状況だったからこういう判断をしたと、客観的に振り返ることができました。つらい記録ですが、本当に大事な記録だと思います。

多賀城市　取材日／2013年5月20日

避難した場所で感じた人の優しさ

髙橋淳子さん

――あの日、髙橋淳子さんはタクシーで松島町の自宅に帰る途中、多賀城市で激しい揺れに襲われた。

そんなに不安は感じませんでしたが、赤信号なのに人がいっぱいバーッと来て、あれっと思いました。

――人々が逃げてきた方向から真っ黒な津波が押し寄せ、多くの車とともに髙橋さんが乗っていたタクシーも流された。タクシーは国道を外れ、アパートのフェンスまで流されて止まった。運転していた髙橋 東《あずま》さんは窓から脱出できたが、淳子さんは自力で抜け出すことができなかった。車内には水が流れ込み、水位は胸近くまで達した。この様子を見ていたのが、アパートの2階に避難していた佐藤輝和《てるかず》さんだ。「怖いよりも、目の前で助けてという声が聞こえたので、夢中で何も考えずに下りた感じです」。佐藤さんはすぐにアパートのベランダから飛び下りて、物干しざおで車の窓を突き破り、淳子さんを救助した。

アパートの2階の部屋には10畳ほどの場所に20人以上が避難していた。雪が降って気温が下がり、水にぬれた人たちは凍えていた。そんなとき温めてくれたのが、飼い主とともに逃げてきた6匹の犬だった。

暖房の暖かさとは違う。犬がいたからよかったんだと思います。

――翌朝、水が引くと、運転手の髙橋さんは仙台まで歩いて戻っていった。淳子さんの自宅までは20キロ。がれきをかきわけて歩く自信はなかった。

だが4時間後、運転手の髙橋さんが「最後まで送っていかなければいけないと思うし、困っているときに少しでも助けになれば」と、自分の車で淳子さんを迎えに来てくれた。

震災から2年。今もあのアパートに避難していた人たちとの交流が続いている。

いい人とめぐり合って助かったんだと思います。津波とか地震とかいろいろな災難があると、その人の良さとか優しさ、思いやりが出てくるのかな。

多賀城市　仙台市の北東に接する。仙台港に近いエリアは大規模工場が並び、工業団地の一端を担う。震災の津波による浸水域は市の面積の約3分の1に達した。
死者／218人

多賀城市　取材日／2013年8月1日

自前の井戸での給水活動

寺嶋和広さん（55）　ボーリング会社経営

――多賀城市で井戸などを掘るボーリング会社を経営する寺嶋和広さん。あの日は北海道むかわ町で、井戸の掘削工事にあたっていた。テレビなどで宮城県の状況を知った寺嶋さんは、すぐに多賀城市を目指す。

　仙台港行きのフェリーが欠航して帰れませんでした。2日後に、函館から船に乗ることができて。青森から12時間かかって、やっとたどり着きました。

――フェリーに乗る前に食料や日用品、軽油を調達し、3月13日、会社に戻った。

　実は寺嶋さんは震災の1年前、宮城県沖地震に備えて自前で井戸を用意していた。幸い会社に大きな被害はなく、井戸もいつでも動かせる状態だった。翌14日、「水有ります」と貼り紙をして家族で生活用水の提供を始めた。

　すると多くの人が寺嶋さんの井戸に集まり、長い列ができるようになった。それを見た近所に住む佐藤吉彦さんから「入れる容器によって蛇口を変えたほうが並ぶ人も少なくなる」とアドバイスを受けた。佐藤さんは元自衛官で災害現場に精通していた。

　寺嶋さんは容器の口の大きさに合わせて、サイズの違う給水口を三つ取り付けた。

　ペットボトルには一般家庭にあるような細いホースを。あともう少し大きい口用のもの、それからもっと大きな口用のものと3種類のホースを用意しました。

――短い待ち時間で水をくめる寺嶋さんの井戸は口コミで評判が広がり、多い日にはおよそ３０００人もの人がやって来た。高齢者や女性を手助けしたり、交通整理を引き受けてくれたりする人もあらわれた。手の空いた寺嶋さんは、近隣だけでなく沿岸部の人々のもとへトラックで水を届ける活動も始めた。寺嶋さんたちはこの井戸で、およそ1か月間給水を続けた。

　とにかくできるだけ多くの人に水を配ろうという気でいました。水もたくさん出てくれましたので、役に立ててよかったです。

仙台市　取材日／２０１３年７月31日

避難所の運営を担った校長先生

大谷義昭さん（61）　小学校校長

――仙台市立荒巻小学校で校長を務めていた大谷義昭さん。あの日、揺れが収まると近所の住民が小学校に避難してきた。しかし、避難所となっていた体育館は天井の一部が崩落して使えない。市役所とも連絡がとれず、応援もないまま、大谷さんは避難所の運営の責任を担う覚悟を決めた。

まず、１階の教室から順に住民の受け入れを開始したが、教師たちは住民のさまざまな要望に戸惑った。

ペットを連れて来られた方がいらっしゃいました。「申しわけないけど、ペットは入口のところに置いてください」と言うと、「校長先生は、犬が嫌いなんですか」と言われました。たばこにしてもお酒にしても、守ってくださらない方もいらっしゃいました。いくつもの課題が同時に押し寄せてくる。問題解決しなきゃいけないことが頭の中で渦巻いていて、頭の中もだんだんパニックになってくるわけです。そのなかでもやっぱり優先順位をつけなくてはいけなくて。

仙台市　宮城県の県庁所在地。自然が豊かで「杜の都」とも呼ばれている。震災では、震度6強の激しい揺れと、７メートルを超える津波に襲われ、多くの被害を出した。
死者／９１５人　行方不明者／30人

――また、避難していない住民が「備蓄している食料を大量に分けてほしい」とやって来た。食料の配給がいつあるかわからないなかで、避難している人たちへの責任を考え、断る決断もした。２日目を過ぎると教師たちにも疲れが見えはじめた。家や家族の状況がわからないまま、不眠不休で働いていたのだ。

小学校は17日間、避難所として使われたが、当初から運営に参加してくれた住民は２人だけだった。

「避難所の運営は学校である」という認識を変えるため、２０１２年12月、荒巻地区では地域全体で防災協議会をつくり、避難所運営を担うこととした。今では、地域と学校が一体となって、避難訓練や夏祭りなどを実施し、日頃から連携を深めている。

学校だけじゃなくて、地域をあげてつくっていくのが重要ではないかと思います。やっぱりコミュニティがあれば、何かあったときに、ぱっと動ける下地ができるんじゃないでしょうか。

仙台市　取材日／2013年11月22日

1800人の透析

佐藤壽伸《としのぶ》さん(56)　腎疾患臨床研究センター長

——仙台市青葉区にあるJCHO《ジェイコー》仙台病院。長年、地域の腎臓病医療の拠点となってきた。透析は1回4時間ほど、ほぼ1日おきに受けなければならない。あの日、激しい揺れに襲われ、透析はすぐに中断した。

医師の佐藤壽伸さんはスタッフに、設備の整備などを行い、確実に透析が再開できるように指示する。

透析には電気と水が欠かせない。自家発電機は、24時間フル稼働しても、5日間透析できる燃料があった。水は1人1回120リットルを使う。足りなくなった場合に備え、市から給水車を回してもらった。

透析が再開されたのは翌朝9時だった。

緊急時の透析は、極端な話ですが、少なくとも次の透析の機会が得られるまで生きていられる最低限のことをしましょうというのが目標なんです。

——できるだけ多くの人が透析できるように、1人3時間に短縮、1分間に使う水の量も500ミリリットルから350ミリリットルに減らした。しかし、透析室の前は、ほかの病院で透析が受けられない人たちであふれていた。

これはもう休みなく、24時間やるしかないと。

——現場の医師は、透析時間を2時間半に短くして対応した。さらに問題となったのが、いつもはほかの病院に通っている患者の診療の情報が得にくいことだった。佐藤さんは、ベッドを病院ごとに分け、そのスタッフに常駐してもらうようにした。

例えば、ここから三つは公済病院宮城野分院のもの、ここから四つは近くの透析クリニックのもの、と分けるようにしました。

——病院は、震災翌日から1週間で、通常の3倍にのぼる1800人の透析を行った。

患者さん、かかりつけの医療機関、そのスタッフと医師、これが一つの単位としてうまく動いたと思います。そのことによって、非常に限られた時間ではあったけれど、効率のいい透析療法が行えました。

守り抜いた血液製剤

仙台市 取材日／2014年2月20日

高嶋和弘さん（57） 宮城県赤十字血液センター 供給課課長

――仙台市にある宮城県赤十字血液センターには、東北6県で献血されたすべての血液が集まる。血液は、血液製剤となってさまざまな医療機関に供給される。

あの日、供給課の課長をしていた高嶋和弘さんは、大きな揺れが収まったあと、すぐに血液製剤が保管されている部屋へ向かった。

電気が来て、血液が保冷されているかを確認するために向かったわけです。

――血液製剤は成分ごとに保存する温度が違う。赤血球は2度から6度の冷蔵。血漿は、マイナス20度以下の冷凍で保存しなければならない。

しかし高嶋さんが駆けつけてみると、電気が来ていなかった。災害時に真っ先に冷却設備に電気が供給されるはずの自家発電機は、あまりの大きな揺れで排煙口のふたが開いたため、排煙装置に使われていた。

冷蔵庫にある赤血球製剤は、停電からおよそ26分で保冷温度の6度を超えてしまう。そこで至急、製剤をクーラーボックスに移し、氷で冷やすことにした。

職員には、この血液を必ず守らなくてはならないと、氷を入れる作業の準備を指示しました。

――ほとんどの職員が協力し、およそ930パックの赤血球製剤すべてを約15分で移し終えた。しかし、断水によって新しい氷をつくる目途が立たない。高嶋さんは、岩手県と山形県の血液センターへ依頼、氷を運んでもらえることになった。幸い停電から70分後には自家発電機からの電気が復旧、血液は守られた。ところが、今度は病院と連絡がとれないという問題が発生。

血液はとにかく必要になると。病院とどうやって連絡をとるのか、どうやって供給するのか考えました。

――通常は、注文を受けてから医療機関へ製剤を運ぶが、注文がなくても直接出向き、製剤を届けようと考えた。センターとしても初めての対応だった。

どんなときでも、どんな状況においても、血液を医療機関に届けなければならないと感じていました。

仙台市　取材日／２０１４年１月20日

自閉症の長男と在宅避難

高橋みかわさん(50)

――仙台市青葉区のマンションに住む高橋みかわさん。夫が10年ほど前から単身赴任を続けるなか、自閉症で知的障害がある長男の樹弥史《きみひと》さんと、次男の幹弘さんの3人で暮らしている。あの日、高橋さんの住む地域は震度6弱の揺れに襲われた。

マンションがギシギシいって、潰れるのでは、と。

――室内は物が散乱し、電気や水道などもすべて止まった。近所の多くの人は近くの中学校に避難した。しかし高橋さんは、樹弥史さんが環境の変化によってパニックを起こすことを心配した。

避難所では人も多いし、みんな不安になっています。パニックになって、もし人を叩いたとしても、「障害があるからすみません」ではすまされません。在宅避難という道しかありませんでした。

――このとき、長男の樹弥史さんは、仙台市内にあるバラやガーベラの花を育てる作業所にいた。作業所に迎えに行く前に、高橋さんは樹弥史さんが安心できる環境づくりに取りかかる。

室内にはほうきで掃ききれなかったガラスの破片などが散らばっていた。樹弥史さんがいつもと同じように室内を歩けるように、段ボールとストレッチ用のマットを床に敷いた。次に、樹弥史さんがお気に入りだった猫の爪とぎと漫画の本を用意した。

なるべくいつもと変わらない、どちらかというと、いつもよりも安心していられる場所を心がけました。

――こうした工夫によって、樹弥史さんは自宅にいる間、一度もパニックになることはなかった。

高橋さんは、障害がある子どもと暮らしている母親たちと励まし合っていこうと、震災の翌日からインターネットで連絡を取り合った。母親たちの多くが在宅で、物資や情報の不足に悩んでいた。

情報がなく支援がないと追い詰められます。公的支援も必要だけれど、自分である程度システムをつくっておくのも一つの手段かなと思います。

とにかく新聞を配達する

仙台市 取材日／2014年2月4日

鴇田眞一さん（53）新聞販売店 店主

何をしていいかわからなかったですけど、とにかく私は新聞販売店の店主ですので、新聞を読者に届ける。それが使命だろうなと。

――仙台市太白区の新聞販売店の店主、鴇田《ときた》眞一さんは、20人の配達員と協力し、震災発生後も休まず約4000世帯に新聞の配達を続けた。

大きな揺れに襲われたあと、外出先から1時間かけて販売店に戻った鴇田さん。配達エリアの状況を確認しようと、バイクで地域を回った。エリアの最も東側に近づいたとき、信じられない光景を目の当たりにした。隣町の名取市閖上《ゆりあげ》地区の方向だった。

「うわっ、何ですか、この状況」という思いでした。もうもうと上がっている煙が見えました。遠くのほうで悲鳴にも似たような声が聞こえて。今思い出すだけでもつらいです。

――明日の朝刊を配達できるのか、頭が混乱したまま店に戻った。翌朝の午前3時、朝刊を載せたトラックが到着。朝刊は、津波の被害や危機的な状況になっている東京電力福島第一原発の様子を伝えていた。

完全配達しよう、という強い思いはありました。

――停電のため、ろうそくと車のヘッドライトをつけ、家族で広告を挟む作業を始めた。午前3時過ぎ、連絡がとれなかった配達員たちが出勤してきた。集合時間の午前4時までに20人全員がそろった。なかには自宅が被災し、避難所からやってきた人もいた。

とにかく一人も欠勤することなく来ていただいて、本当に感謝という気持ちでしたね。

――配達員たちは、懐中電灯で表札を確認しながら新聞を届けた。なかには、父親と連絡がとれないまま配達に向かった人もいた。父親は1週間後に遺体で見つかったが、それでも休むことなく配達を続けた。

とにかく配るという、その一心で頑張ってくれたと思います。これからも情報を届ける仕事を地道に頑張ってやっていきたいと思います。

仙台市　取材日／2014年7月30日

救助のために津波に入った少女

西村　舞さん（21）

——あの日、17歳だった西村舞さんは海から1キロほど離れた仙台市宮城野区の自宅で地震に襲われた。そして津波で町が飲み込まれるのを目撃する。

正直、もうだめかなと思いました。

——夕方になって、西村さんは家の裏手から聞こえてくる声に気付いた。

叫んでるっていうか、悲鳴みたいな感じで聞こえました。

——窓を開けてのぞくと、津波の中でお年寄りが自動車にしがみついていた。外は雪が降り、凍てつく寒さだった。津波の勢いは衰えず、助けに行ける状況ではない。しかし、弱っていくお年寄りの姿を見て西村さんは決意した。

ここでどうしようと考えていても、結局自分も助かるかどうかわからない。目の前に助けてって言っている人がいるんだから、助けたほうがいいなって。

——西村さんは、冷たい水に飛び込み、がれきをかきわけ懸命に泳いだ。

水が冷たかったのは覚えています。雪が降ってきて。どこに何があるかもわからない状況でした。

——車から離れようとしないお年寄りをむりやり背負い、傷だらけになりながら家の2階に運び上げた。そしてずぶぬれのまま、救助を呼ぶためにベランダに出て、ヘリコプターに向かって一晩中懐中電灯を振り続けた。救助の声が聞こえてきたのは翌朝だった。

これでやっとみんなに会えるんだなって思いました。

——その後の避難生活の間、西村さんは仲間とともに避難所を回り、救援物資を運ぶボランティアをした。そして、震災から3年たった今、西村さんは結婚して一児の母となった。

ふだんの生活がどれだけ大事かということがわかれば、もっと人のことも大切にできるだろうし、思いやる気持ちも出てくると思う。そういうことが大事だなと、あらためて思わせられた出来事でした。

一刻も早く緊急車両を通したい

仙台市 取材日／2014年3月11日

吉原　豊さん（41）　NEXCO東日本　東北支社

――高速道路の管理や整備などを行うNEXCO東日本に勤める吉原豊さん。震災当時、整備を請け負うグループ会社に出向し、工務課長を務めていた。

地震直後、吉原さんは、管轄する宮城県内の高速道路6路線の情報が集まる防災対策室に向かった。高速道路は、すべてのインターチェンジで震度5以上を計測、全線通行止めになった。すぐに現場に出ていた20人の部下と連絡をとり、道路の被害を報告するように指示した。すると段差や亀裂、陥没などの被害箇所は、管轄する118キロの区間で1800か所を超えていた。協力会社にも応援を求め、40人の復旧チームを組織。道路にできた段差には土嚢を積み、その上に鉄板をかぶせるなどの応急処置をほどこした。

休む暇はありません。土嚢をつくり続けました。この現場が終われば次の現場に行って対応して、またその先に行ってという作業を一晩中繰り返しました。

――地震発生から20時間後、東北自動車道は全線通行可能となり、緊急車両が走りはじめた。その後の20日間に、全国から100万台を超える緊急車両が被災地へ入った。

吉原さんたちが次に向かったのは、沿岸部の高速道路だった。最も深刻だったのは、海から4キロのところにある仙台若林ジャンクション。東北道と仙台東部道路を結ぶ救援ルートの心臓部である。

びっくりするほどがれきでいっぱいの状況でした。

――重機が揃わないなか、復旧チームの半分の人員をつぎ込み、手作業でがれきの撤去を続けた。重機が確保できても、がれきの中には多くの遺体があり、慎重な作業が求められた。ジャンクションが開通したのは、地震発生から9日後のことだった。

一刻も早く緊急車両を通したい、通さなきゃいけない、被災した場所に物資を運ばなきゃいけない。そのためにも一刻も早く道を開けようという使命感で、みんな現場の作業にあたりました。

名取市 取材日／2013年9月12日

障害者全員が無事に避難

菊地 浩さん（35） 障害者支援施設主任

揺れが尋常ではなかったので恐怖はありました。でも私たちが怖がっていては利用者さんも怖がってしまうので、つとめて平静に「大丈夫だよ」って。

――海から1キロの障害者支援施設で働く菊地浩さん。あの日、障害者41人と職員25人が活動していた。

大きな揺れで車いすはブレーキをかけても動いてしまうくらい。車いすを押さえる職員もいましたし、毛布やクッションで上から何か落ちてきても大丈夫なように、利用者さんに覆いかぶさるようにして身をかばっていたという感じでしたよね。

――その直後、「大津波警報」が出ていることを知る。予想される津波は6メートル。利用者の送迎が午後3時だったため、このとき、施設の車7台はすでに玄関前にスタンバイしていた。

点呼の手間もなく、車にすぐに乗り込めて避難活動ができたのは幸運でしたね。

――避難したのは仙台空港鉄道の美田園駅前のあき地。そこで津波の高さが10メートルに変わったことを知る。そのとき、向かいのビルにいる人たちから声がかかった。

「下だと危ないから上がって来い」と声をかけていただいたんですけど、車いすの方も多かったですし、エレベーターも停まっている状態でしたので、上にあがるのは難しいだろうと。そこから3、4キロ内陸の市役所を目指すことになりました。

――美田園駅を出発したのは午後3時55分。その直後、駅周辺は津波に襲われた。

利用者は全員無事だったが、施設は津波によって大きな被害を受けた。地震から20日後、海から離れた場所に施設を移し、再び利用者の支援を行っている。

本当にいろいろな幸運が重なってたまたま逃げられたという意識が強くて。私たちが利用者を助けたんですと、胸を張って言う気にはなれていないのが、正直なところです。

名取市 仙台平野の南部に位置し、北部を仙台市と接する。東部は海抜の低いエリアが多く、とくに名取川河口にある閖上地区は津波による壊滅的な被害を受けた。
死者／952人 行方不明者／39人

名取市　取材日／2014年7月28日

潜水士としての悔い

吉田浩文さん（47）建設会社社長

――名取市で潜水建設会社を営む吉田浩文さんは、地震のあと、妻と息子とともに海からおよそ2キロの場所に建つ小学校に避難していた。しかし、津波はその小学校をも襲った。

「助けてー」って手を振りながら流れていくのが見えるんですよ。それを見て何とかして助けなくちゃと。

――吉田さんは、2階の窓から、津波にもまれて木にしがみついているお年寄りを見つける。その切迫した様子に、ロープの代わりに消火ホースを体に巻き、端を若者に持たせて窓から救助に向かった。そのとき妻が、吉田さんを止める叫び声を上げる。

「何であなたが行かなきゃいけないの」って。大丈夫、俺ならできる、みたいな感じで返事したと思う。

――吉田さんは、海中で防波堤の基礎などを造る潜水士。消防隊員に潜水技術を指導するほど海に精通していて、海難救助には自信を持っていた。流木などが流れてくるなかを流れに逆らって進んでいき、なんとか木にたどり着いた。吉田さんは、近くに浮いていた大きな発砲スチロールの箱にお年寄りを乗せ、体に巻いていたホースをはずして手渡した。

「ホースを絶対離さないでくださいね」ってお年寄りに渡して、校舎にいた若者に「引っ張ってくださいね」って言って。

――吉田さんは無事、お年寄りなど4人を救助した。しかし悔いが残るという。

4人助けたというよりも、4人しか助けられなかったというのが強かったです。潜水道具が一式あれば、自分の体力がもつ限り何人でも助けられたのにって。

――現在、吉田さんは会社の敷地にコンテナを備え、その中に潜水道具一式を揃えている。震災が起きた場合には、すぐにコンテナをトラックに積み、出動しようと考えている。

今回のことをいい教訓にして、地元でも隣接県でも、すぐに救助に向かいたいなと思います。

岩沼市 取材日／2013年9月25日

新生児たちを救った日頃の備え

多田秀子さん(57) 新生児室看護師長

――産婦人科と小児科の専門病院で新生児室の看護師長を務める多田秀子さん。あの日、病院には21人の新生児がいた。多田さんは、激しい揺れのあとすぐ新生児室へ向かった。棚などは倒れていたが、赤ちゃんが入った保育器は無事だった。

揺れが収まると、母親に避難用具を着用するように指示した。避難用具は開くと防災頭巾がついた「抱っこひも」になり、出産後の母親には、必ず使い方の研修を受けさせていた。両手を自由に使えるので危険物が散乱する病院内も安全に避難できた。停電で暖房器具が使えないなか、母親と赤ちゃんが密着することは体温の維持にもつながった。

本当に寒い時期でしたので、いっしょにいることで寒さに耐えられたんじゃないかな、と思います。

――想定外だったのは、自家発電機が故障したこと。ライフラインが途絶えた4日間、医師はヘッドライトの明かりで6人の赤ちゃんを取り上げた。停電に備えて準備していた手動の吸引器も赤ちゃんの気道を確保するために活躍した。

点滴などの治療のために母親が抱っこして温められない新生児は、医療用のゴム手袋に、ポットに残っていたお湯を入れ、即席の湯たんぽにして温めた。これも日頃から訓練していたことだった。

ゴム手袋はバスタオルにくるんで赤ちゃんの足元に置いてもらいました。

――保育器の一部を食用のラップで包み、中の新生児を観察しながら風やほこりを防げるようにもした。

風があるところだと熱を奪われるので。新生児は低体温が一番怖いので注意していました。

――病院では阪神・淡路大震災の体験談などを参考に、日頃から災害に備えていた。

「いつかはわからないけど、災害は必ず来るよ」といつも言っていました。だから準備していたんです。

岩沼市 宮城県の南東部にあり、太平洋に面する都市。仙台空港があり、東北地方の交通の要衝である。津波で市の半分近くが浸水被害を受け、生活、産業に大きな打撃を与えた。
死者／186人 行方不明者／1人

第Ⅲ部

福島県

いわき市―双葉町―南相馬市―新地町

第Ⅲ部
福島県

いわき市

——そしてフラガールは帰ってきた

いわき市周辺図

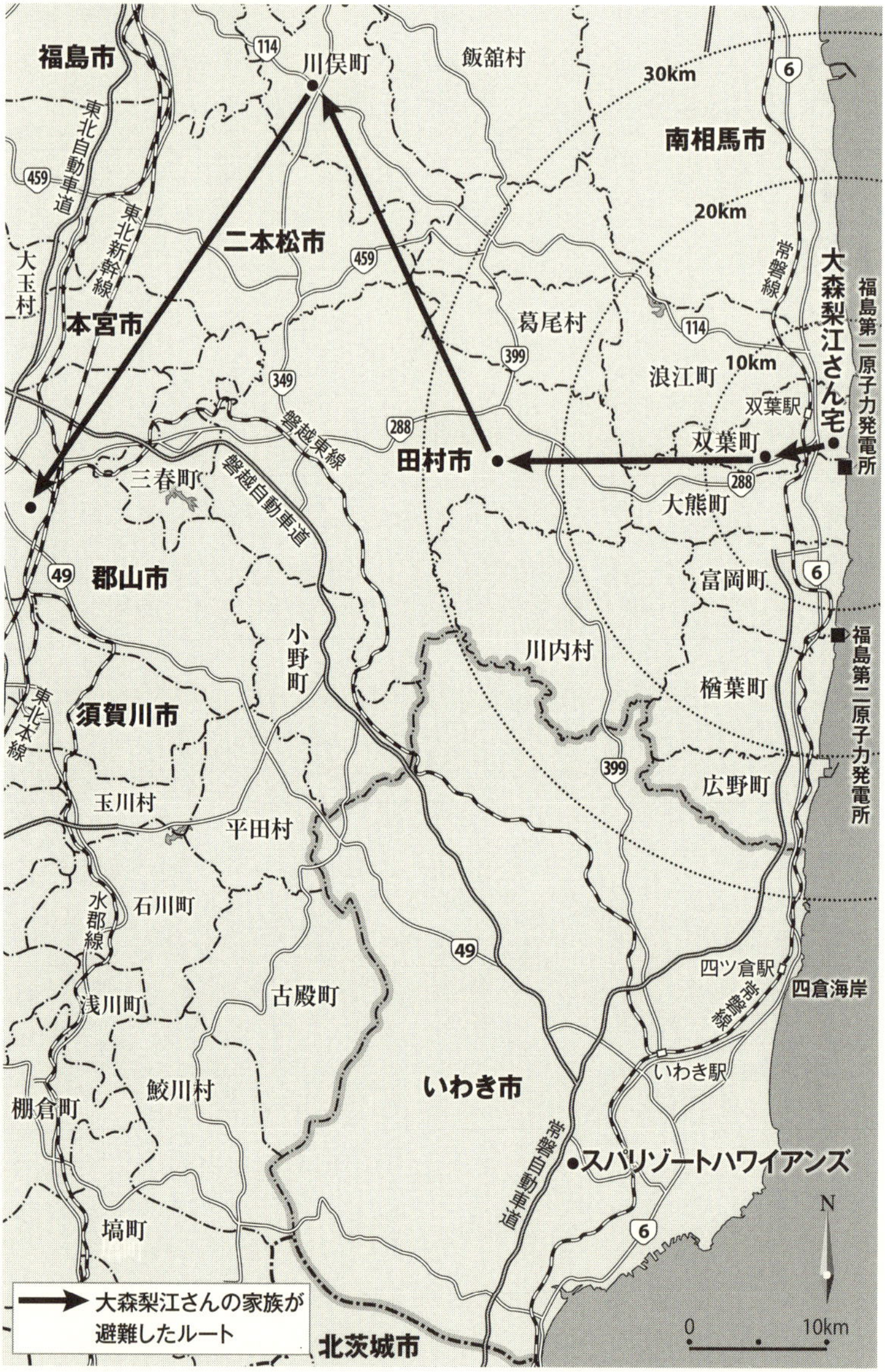

福島市
川俣町
飯舘村
30km
南相馬市
東北自動車道
東北新幹線
二本松市
20km
常磐線
大森梨江さん宅
福島第一原子力発電所
大玉村
本宮市
葛尾村
浪江町
10km
双葉駅
双葉町
田村市
磐越東線
三春町
磐越自動車道
大熊町
郡山市
富岡町
福島第二原子力発電所
小野町
川内村
楢葉町
東北本線
須賀川市
広野町
玉川村
平田村
石川町
水郡線
四ツ倉駅
四倉海岸
常磐線
古殿町
浅川町
いわき駅
鮫川村
いわき市
棚倉町
常磐自動車道
スパリゾートハワイアンズ
N
塙町
大森梨江さんの家族が避難したルート
0
10km
北茨城市

福島県いわき市の中央部にある温泉の町、湯本。湯本には南国気分を味わえるリゾート施設があり、「フラガール」たちが人々に笑顔を届けてきた。

福島県いわき市湯本にあるリゾート施設「スパリゾートハワイアンズ」は、温泉テーマパークを中心に、ホテルなどがある大型レジャー施設である。そこには、本格的なフラダンスショーを見せ、地域を盛り立ててきた「フラガール」と呼ばれる女性たちがいる。

この施設も、東日本大震災により、大きな被害を受けた。施設は休業となり、29人いたフラガールは自宅待機となった。メンバーのなかには、津波で家を失った人、東京電力福島第一原子力発電所の事故のため自宅に帰れなくなった人、そして放射能への恐怖心から福島を離れた人もいた。

しかし、震災から1か月あまり、29人全員が集まり、再び踊ることを決意する。自らも被災しながら福島で踊り続けることを選んだフラガールたち。彼女たちはそのとき何を思い、なぜ帰る決心をしたのか。彼女たちの心の軌跡を追う。

多くの人たちに愛される温泉テーマパーク

いわき市の中心部から山あいに入った場所にある湯本。ここにはかつて、本州最大の炭坑があった。しかし石炭は石油に取って代わられ、採算は悪化していく。そこで考えられたのが、豊富な温泉の湯量を利用してレジャー施設をつくることだった。

１９６６年、日本人のあこがれのリゾート地だったハワイをイメージした温泉テーマパーク「常磐ハワイアンセンター」が生まれた。その目玉として結成されたのがダンスチーム。オープンの前年、「常磐音楽舞踊学院」が設立され、ダンサーの育成を行った。踊り手となったのは、炭坑マンの妻や娘たちだった。

１９９０年、施設は名称を「スパリゾートハワイアンズ」と変更。今もダンスチームのメンバーのほとんどは地元出身の20代の女性たちだ。高い競争率を経て常磐音楽舞踊学院に入学、稽古を重ねて晴れてフラガールとなり、観光客を楽しませてきた。

東日本大震災の起こったあの日、震度６弱の地震がいわき市を襲う。この日も、フラガールたちは舞台に立ち、多くの観客を楽しませていた。

当時サブリーダーを務めていた大森梨江さん（30歳）が地震に見舞われたのは、お昼のショーが終わり、楽屋に戻って間もなくのことだった。

［証言／大森梨江］

楽屋に戻り、お昼ご飯の準備をしていたところに揺れが来ました。そのあと、各楽屋から携帯の警報が一斉に鳴り響いて、みんなのワーッていう悲鳴が聞こえました。先輩といっしょに窓を開けて外を見たら、駐車場の地面が揺らいでいたり、木や車がすごく揺れていたり、今まで見たことがない光景を目にしました。避難しなくてはと思いながら、とりあえず揺れが収まるのを待つしかないっていう状況でしたね。今までにない揺れだったので、何が起きているのか理解できないまま、ひたすら揺れが収まるのを待っていたという感じです。

この日出勤していたのは、22人か23人で、リーダーがいない日でした。私ともう一人サブリーダーがいました。メンバーは、楽屋で食事の準備をしている人と、従業員食堂に行っている人、あとショーのあとの掃除をしている人もいましたが、全員けがもなく、いったん楽屋に集合できたので、それは一安心でしたね。

その時間、施設にはおよそ１５００人の観光客がいた。館内に分散していた人たちを従業員が手分けして外に避難させ、全員の無事が確認された。大森さんは仲間と声をかけ合い、外に避難する。そのとき珍しく雪が降ってきた。

［証言／大森梨江］

ほかの従業員は、お客様誘導などをしていたと思うんです。私たちは会社の指示があるまでは、とりあえず外に避難するようにとは言われていたので、そのとき着ていたショーの衣装に、簡単なものを羽織ったり、スパッツをはいたりして外に出ました。外では、固まって座っている子も、立っている子もいましたけど、多分疲れて座り込んでいる子もいて。空が暗くなって雪が降ってきて、地面も冷たいですし、「体が冷えちゃうからお尻をつけないほうがいいよ」というような話をしました。寒くてみんなで丸く円陣になって待っていましたね。

30分から40分くらいは待機していたと思います。みんな携帯から家族に連絡をとろうとしていましたけど、なかなかつながらないような状態でした。この日のショーはもう行わないということで、自宅待機になったので、それぞれ帰る準備をして帰れる人から帰る、ということになりました。

その日の夕方、運営会社からは、無期限の自宅待機が言い渡された。市内や近隣の町、そして会社の寮から通って来ていたフラガールたちは、それぞれ帰宅し、ばらばらで不安な時を過ごすことになる。

流された家と無事だった家族

地震当時、舞台裏で掃除をしていた賀澤教子《かざわみちこ》さん（24歳）。外へ避難したあと、仲間2人とともに寮に戻った。雪が勢いを増してきており、3人で毛布を頭から被って帰寮した。

賀澤さんの実家はいわき市の四倉海岸にあり、目の前が海だった。実家には祖母と両親、兄と弟が暮らしていたが、なかなか連絡がとれず、心配でたまらなかった。
ようやく弟と連絡がついたのは、夕方の5時ごろだった。

[証言／賀澤教子]

弟は、家が流されたと言っていました。「今親戚の家に向かっていて、今走っているところは川みたいな状態だ」と。父はおそらく避難所に行っていて、弟と母とでとりあえず親戚の家に向かっている、ということでした。私は「じゃあ生きていたんだね、よかった」と言って、また電話をすると約束をして切りました。父は最初に避難した先から転々として、4日目くらいに母たちと合流できたのだそうです。

私は同期の子たち3人と寮の同じ部屋で待機していました。夜中もずっとテレビのニュースをつけっぱなしにして、余震が起きるたびにストーブを消してドアから出て、というようなことの繰り返しでしたので、あまり眠れませんでした。

その後祖母の消息もわかり、家族で連絡がつかないのは兄だけになった。家族は親戚の家に避難していたため、一番近くにいた賀澤さんが、遺体安置所へ探しに出かけた。そこで目にした光景は今でも脳裏に焼きついている。

[証言／賀澤教子]

あり得なくもないなと思って。そこにいなければどこかにいるんだろうなって。安置所では身内を捜している家族がたくさん集まって身元確認をしていました。どういう人でどういう服を着てとか、そういうのをやっていました。

遺体安置所に行かせてもらったから、命のありがたみがわかったのだと思います。だから家が流されてもどうとも思わない。もちろん家にはいろいろな思い出がありますけど、でも家を流されたから別に何が変わるわけでもないですし。亡くなってしまったら何も伝えられないし、その人たちの無念さを考えると、自分は幸せかなと。こういうのは、行った人にしかわからないのかもしれません。行くだけで悲しい気持ちになるんです。この震災でいろいろ考えさせられました。やはり命のありがたさを伝えていきたいし、自分の中にしっかりととどめておきたいと思います。


その後、兄はいわき市内で無事だったことがわかる。

賀澤さんは、高校からの友人である同期の女性とその家族とともに、会津に避難することになった。

避難所で実感した「原発」近くに住むということ

サブリーダーの大森梨江さんは、いわき市の北にある双葉町の実家から通っていた。実家は東京電力福島第一原発から2キロほどの位置にあった。いっしょに暮らしていた家族は両親、祖母、姉の4人。当時、母は郡山市の病院に入院していた。夜になって父と連絡がとれたころには、福島第一原発は津波によって電源を喪失し、危機的な状態に陥っていた。

［証言／大森梨江］

一度会社にいたとき父と連絡がとれて、家族みんなの無事が確認できました。でも家には帰れない状況で、どうしようと思っていたら、知り合いに泊めてもらうことができて。原発については、揺れが大きかったのでやはり不安はありました。でも、まさか爆発はないだろう、安全、安全っていわれていたので大丈夫だろう、と。家族もとりあえずは家にいましたし。

でもその次に電話をかけたとき、夜でしたが、そのときにはもう避難しなきゃいけないって言っていて。そこでやっぱりだめかもしれないって正直思ったんです。でも、それも口に出したらいけないと思ったので。父もとりあえず今から指示された避難所に行かなきゃいけないからということだったので、「またあとで連絡するね」と言って電話を切りました。

夜中にもう一度電話をかけたときは、今度は別な場所に行かなくてはと言っていたので、どんどん避難先も変わっていったという感じですね。あとは、おばあちゃんが体が不自由だったので、それも気になってしょうがなかったです。丸3日ぐらいは寝られずに、ずっと携帯を抱えながら、いつでも連絡がとれるようにしていました。

国から自宅周辺に避難勧告が出たことを知った大森さんは、家に帰ることも家族と合流することもできず、友人の家に身を寄せた。

翌12日、福島第一原発1号機が水素爆発を起こす。政府は避難指示を10キロ圏内から20キロ圏内へと拡大。大森さんの家族は、双葉町の公民館、田村市、川俣町、郡山市など避難先を転々とすることを余儀なくされる。大森さんが家族と再会したのは3月14日、母が移動した先の郡山の病院でのことだった。双葉町から隣町へ嫁いでいたもう一人の姉も子どもを連れて駆けつけ、ようやく家族全員が揃った。

［証言／大森梨江］

実家にいる父と電話したときは、着の身着のままでとりあえず避難するしかないということでした。そのあと電話するたびにいる場所が違うっていう状況で、5か所くらいは転々としたんじゃないでしょうか。どこに行ってもすごい人で、車の中で寝たり、食料も足りないようでした。

14日に母が移動した病院で会おうということになって、やっと家族全員と会えました。病院に着いた第一声は、「あああああ」っていう声だったという記憶があります。みんな無事でよかったっていう感じで、言葉にならないような状態でした。おばあちゃんも涙を流していて。みんな疲れ切った顔をしていましたね。地震の日の朝見たのと同じ服を着ていて、着の身着のままで来たというのが、見た瞬間にわかりました。本当にお財布一つ持って出てきたんだねって。ご飯もそんなに食べていないというので、私が持ってきたおにぎりを渡して。

家族の顔も見られたし、気になっていたので、いわきに戻ろうかなとも思ったんです。でも暗くなっていたし、道路の状態もいい状態ではなかったので、その日は郡山の旅館に家族で泊まりました。

その後、家族は母がいる病院の近くの避難所に移りたいと考えたが、簡単にはいかなかった。

［証言／大森梨江］

車の中に泊まったりしたんですが、姉の子どもが小さかったので、どこか避難所に入りたいという話をしていたんです。そのとき私は車にいたんですけど、姉が泣きながら車に戻ってきて、相双地区（相馬・双葉地区）から来た方は受け入れられないということを、はっきり言われてしまったって。もうショックでしたよね、同じ福島県内で。しょうがないよって、現実を受け止めるしかないという感じでした。でも、1歳にもならない子どもがいたので、どうしてもゆっくり落ち着ける場所が必要で。だからもう一回お願いしに行ったときに、たまたまさっきとは別の女性の方がいて、その方が受け入れますと言ってくれたんです。

女性の尽力でなんとか避難所に受け入れてもらえたものの、ほかの避難者とは違う待遇を受けた。

［証言／大森梨江］

女性の方が言うには、上のほうから「スクリーニングを受けないと、受け入れられない」と言われたとのことで、雨が降るなか、外で2時間か3時間、子どももいっしょにずっと並んでいました。スクリーニングを受けて、紙に印鑑をもらって、見せて。そうしてやっと中に入ることができました。

あてがわれた部屋は、ほかの被災者の方とは別の部屋でした。トイレも別というかたちだった。そこでまたショックというか、すごく現実を目の当たりにした感じがしました。おそらく、そこの人たちもそういう判断をせざるを得なかったんでしょうけど。

雨の中で寒さをこらえて並んでるときは、本当に切なかったですね。何で?という思いと、悲しい思いと。もちろん怒りもありました。人というのは、こんな短時間にいろいろな気持ちになるんだ、と思いました。一日の間で、その一瞬一瞬、気持ちが変わっていく。さっきまでは落ち着いていたのに、急に感情がこみ上げてきたり、不安になってみたり。すごく波があったのは覚えています。

震災の2、3日前、たまたま友だちと話をしているときに、もし原発が爆発したら、この辺もう住めないよねって、普通のたわいのない話のなかで、なぜかそういう会話をしたんです。その話が現実になるとも思わず、普通の会話でそういう話をしていた自分が、そういえばいたなって思って。こうなってみて改めて、ああ、やっぱり怖いものだったんだなって。

大森さんと家族は、1週間ほどその避難所に滞在した。しかし被災者であふれる避難所に長くはいられず、数日後に親戚がいる千葉に避難した。

遠く離れた場所へ避難して生まれた葛藤

渡辺舞さん(24歳)と渡辺愛さんは双子の姉妹だ。ショーを見てあこがれ、二人でフラガールになった。
地震が起こったときは、従業員食堂にいた。

［証言／渡辺舞］
雪も降っていて寒かったんですけど、Tシャツにビーチサンダルという格好で、パニックになったお客さんの対応なんかもしてました。もう施設の中がぐちゃぐちゃで、どうなっちゃうんだろうって。

渡辺さん姉妹の実家は田村市東部にあり、両親と弟、妹の6人で暮らしていた。3月12日、その地域一帯に市から避難指示が出た。その3日後には、国から屋内退避指示が出される。相次ぐ避難指示に、家族は横浜の親戚のもとに行くことを決めた。しかし養鶏場に勤めていた父親は、ニワトリの世話を続けるため、一人家に残ることになった。

［証言／渡辺舞］
会社の寮に1週間ほどいたんですが、施設が休業して、寮も閉めてしまうというので。一人ひとりいなくなるのを見送って最後までいました。そのあと、避難所にいる母と連絡をとり、郡山で合流してみんなと横浜に行くことになりました。

渡辺さん姉妹は、横浜での避難生活を送るなか、原発事故などで物流が途絶えている福島との違いに戸惑いを覚えた。

［証言／渡辺舞］

横浜に着いてすぐ、スーパーに行ったんです。そこは、震災があったとは思えない雰囲気で。いわきでスーパーに行ったときは、もうほとんどものがなくて、買えたとしてもおかずなどはなく、ちょっとしたお菓子とかが買えればいいほうだったんです。横浜は、食べ物も全部そろっているし、普通にみんなが買い物をしていて、本当に震災があったのかなっていう雰囲気でした。今すぐ、ここにあるものを、あっちにいる人に送ってあげたいという気持ちがこみ上げてきて、涙がとまらなくなっちゃって、スーパーで愛と泣いていました。

スーパーだけじゃなくて、道を歩いていても全然違う場所に来ちゃったというか……。いわきでは、道も通れないところもあったりして、大きな震災があったという実感があったんですけど、横浜ではみんな普通に生活をしていて。ガソリンも普通に入れられるし。これは何だろうって、それが逆に不安になってきてしまって。だから、同期の子と無性に連絡をとりたい衝動に駆られて、何してるの、どこにいるの、とみんなとこまめに連絡をとり合っていました。

家族は一人家に残った父を心配し、毎日のように電話やメールで、横浜に避難してきてほしいと頼んだ。しかし、応じてくれなかった。

［証言／渡辺舞］

お父さんが一人で残っていたので、みんなとにかく心配して。早くこっちに避難してきなって、毎日のように誰かがメールする感じでした。お母さんもこまめに電話したりしていて、みんなで早く避難しなって口々に言っていたんです。毎日安心して眠れませんでしたから。

安全なところに私たちがいて、毎日お父さんのことを気にかけて不安がって心配しているよりは、ちょっと危険だとは思うけど、側にいて安心できるほうがいいなと、私と愛で話し合って。下の妹もすごく心配していて、行くとは言ってたんです。でもみんなで行っても逆に危険というか、妹や弟には安全なところにいてほしかったし。

[証言／渡辺愛]

お父さんが休みをとって横浜に来たんです。でもやっぱり仕事があって帰らなきゃならない。そのときに舞と話し合って、お父さんといっしょに戻ろうと。お父さんが一人だとすごく心配だったというのと、横浜よりは私たちの仕事場に近いので、いつでも戻れるようにしておけるし。そういう気持ちもあって、二人で戻ろうって決めました。

横浜に避難してから12日後。舞さんと愛さんは、父がいる田村市の家に戻ることにした。当初は反対した母も、二人の意思を尊重してくれた。

田村市の避難指示はまだ継続中だったため、見えない放射線に不安を感じながら、カーテンを閉め、洗濯物は中に干し、家の中で過ごした。

［証言／渡辺愛］

自主避難ではあったんですけど、全体的に避難してくださいっていう時期だったので、しょっちゅう自衛隊の人も来ていて。警察の人も常にいて、買い出しに行っても、どこに行くのか聞かれたりしました。放射線は目に見えないし、重大さがわからないんですよね。でも、お父さんには、エアコンは使うなとか、洗濯物は外に干すなとか、マスクをしなさいとか言われていました。

［証言／渡辺舞］

やはり目に見えないものなので、どう気をつければいいのかわからないし、マスクしたりして気をつけていても、これでいいのかなとか。でも、不安よりお父さんについて行きたい気持ちのほうが強かったので。

とにかく、本当に引きこもりの生活でしたね、愛と常に家の中にいて、カーテンも締め切って。たまに自衛隊の人が来ても、いるとわかると避難してくださいと言われてしまうので、いないふりをしていました。

渡辺舞さんと愛さんは家にこもり、父と3人でひっそりと過ごした。

恐怖と闘い避難を選んだ

いわき市に住む小林苑末《そのみ》さん（26歳）。子どものころからスパリゾートハワイアンズにはよく家族で遊びに行っていた。小学生のとき、体験コーナーでショーのステージに上がってから、漠然とフラガールを夢見ていた小林さん。高校を卒業後、念願のフラガールとなる。

震災当日は休みで、知人の家にいた。

［証言／小林苑末］

そこにいた人の携帯から一斉に警報音みたいなのが鳴って、「え、何、何？」と思っていたら、今まで感じたことのない揺れで、外を見たら道路が波打っていて、山からは多分花粉だと思うんですけど、煙のようにバーッと舞っていました。いっしょにいた友だちもパニックになってしまって、本当に怖かったですね。下校時間だったので、小学生が泣きながら歩いていて、お母さんたちもパニックになっていて。

電話はつながらなかったので、すぐ家に向かおうと思って車に乗りました。

小林さんの実家はいわき市の山側にあり、家も両親も無事だった。しかし、およそ50キロ離れた原発事故の影響が気がかりだった。毎日家にこもり、ニュースから目が離せない日々を送った。

［証言／小林苑末］

最初は、地震の影響で起きた事故の一つとして見ていました。でも、日に日に原発事故の深刻さが目立ってきて、大丈夫かなって。

どの家族でもそうだと思うんですが、若い人は避難したほうがいいという話が出ていたと思います。私も友だちとそういう話をしました。自分ではなくて自分の次の世代、自分の子どもなどに影響が出るんじゃないかという不安がすごく大きかったんです。やはり女性なので、ここで、自分の判断を誤ったら、どんどん下の世代、自分の子どもだったり、またその次にも影響が及んでしまうんじゃないのかなと、すごく考えました。

小林さんは、両親に、放射能が怖いのでいっしょに逃げてほしいと頼んだ。しかし、両親は祖母を置いていくわけにもいかず、地元を離れたくないという。

［証言／小林苑未］

震災後、家族で逃げたいという話し合いをずっとしていました。それで、私も精神的にすごく不安定になってきてしまって、イライラしていました。今まで聞いたことのない屋内退避という指示が出て、外の空気を吸っちゃいけないというような経験をしていたので。換気扇とか外から空気が入りそうなところは全部濡れ雑巾などでふさいで、その上からゴミ袋をかぶせてガムテープで密閉して。ずっと家の中にいるストレスというのは、数日だけのことなんですが、溜まっていたのだと思います。テレビの情報だけではわからないこともあり、窓の開け閉めだけでもめたり。外の空気に怯えていた状態でした。

私はみんなで逃げたかったので、夜に親に宛てて手紙を書いて置いておきました。３人で一刻も早く逃げたいのだけど真剣に考えてくださいって。朝見て、すぐＯＫを出してほしくて。

親は親で、いつ戻ってこられるかわからないのに避難はできないっていう、その一点張りで。2回目の手紙で、両親が残りたいなら私一人で逃げますと書いたんです。じゃあもう一人で行きなさい、ということになったので、行く決心をしました。

震災発生から5日後の16日。小林さんは千葉県内の知人のもとに避難するため、一人で家を出発する。

［証言／小林苑末］

あのときは、ここにいたらどうなっちゃうんだろうという不安でいっぱいだったので、できれば全員で行きたかったんです。行っていいよと言われたときも、気持ちはすごく不安定なままで、泣きながら大きなバッグにたくさんの荷物を詰めました。もし帰ってこられなかったらどうしよう、ここで見る光景すらこれが最後なのかも、と考えると悲しくなってしまって。

車まではほんの数メートルだったんですけど、濡れティッシュで、耳や鼻も全部ふさいで。髪の毛も全部まとめて、帽子をかぶって、捨ててもいい服を着て。カッパもなかったので、ゴミ袋に穴をあけて、簡易防護服みたいなものをつくって。それで、隙間もテープで塞いだり。ちょっと異常かなとも思ったのですけど、しないよりはいいかなと。

そして車まで猛ダッシュをして、トランクを開けて、ちょっと払って、パッて荷物を入れて、自分も入って、すぐ扉を閉めて。親には「すぐ家に戻って」と叫んで、バイバイも言えない感じでした。

親がすごく手を振っている光景を見ながら、「ああ、戻れなかったらどうしよう、置いてっちゃった」という後悔を感じました。一人で逃げちゃったっていう罪悪感みたいなものを、ずっと抱えながら避難したんです。

知人を頼り千葉に避難した小林さんは、徐々に落ち着きを取り戻した。それとともに、福島に残っている人たちのことを強く思うようになった。

［証言／小林苑未］

最初千葉に着いたときは、まだ外の空気におびえていました。周りが普通の生活をしているのが不思議で、「え、外にいていいの？」「人が歩いてる、自転車に乗ってる」と口に出してしまうくらいでした。なので、福島から来たと言ったら、周りの人たちから、出て行けと言われるんじゃないかというような不安もありました。でも、千葉でお世話になった方々が、みんな本当によくしてくれて、すごく親切にしてくださったので、自分の気持ちも、放射能への恐怖もだんだんほぐれていって。徐々に普通の生活ができるようになりました。

普通の生活に戻れて気持ちに余裕が出たときに、ほかのことを考えられるようになったということか。こうやって暖かいところで寝て、温かいものを食べて、お風呂に入って、自分だけこういう生活をしてしまって、すごく申し訳ないという気持ちがずっとありました。

東京本社の指示

自宅待機となったフラガールは29人。地震や原発事故によって、17人が福島県外に避難し、12人が県内で生活を続けていた。

震災発生から19日後、東京の本社から、施設再開に向けて、フラガールにPRのためのキャラバン活動をやってもらえないかという要請がきた。フラガールのとりまとめ役でもある施設の支配人、鷺隆一《さぎりゅういち》さん（53歳）は、その要請に驚いた。

［証言／鷺隆一］

私どもハワイアンズの事業部と、東京本社とは微妙な温度差がありましたね。東京本社では再建計画はこうだと、話が進んでいくわけです。でも、こっちはまだちょっと無理な状況だと。そのころ、原発事故の影響もあって、ガソリンスタンドもほとんど営業しておらず、地元のスーパーも4店舗が営業しているだけ。食事はない、水も出ない。そんな状況下でこの要請は現実的なのかという疑問は、こちらの幹部社員全員が抱いていました。

鷺さんは本社の意向をフラガールに伝えるため、勤務管理をしている菅野ひろ子さん（61歳）に、フラガールのリーダーへの連絡を頼んだ。

［証言／菅野ひろ子］

原発事故があってからは、すごく不安でした。目に見えない放射能がここまでやって来るのではと。息をするのも怖くて、みんな死んでしまうのではと思ったりしました。そういうことを考えると、とてもみんなが集まるとは思えませんでした。私も同じ年頃の子どもを持っていますし、常磐音楽舞踊学院生の親御さんの気持ちを考えると、不安で反対されるのではないかと思いました。あのころは、雨が降っても当たらないように、というような風潮でしたから。ましてキャラバンっていうことになれば、あちこちに行かなければならないし、本当に大丈夫なのかな、と。

話し合いのためにやって来たのは、フラガールのリーダーと、その同期生の2人だった。鷺さんは、本社の考えを説明した。

［証言／鷺隆二］

当時のリーダーはものすごく気持ちが強い人で、「私は肝っ玉母さんになりたかった」というぐらいの女性でした。でも、連絡を受けて間違いなく不安だったと思うんですよ。一人では決断できないと。それで同期の子を連れてきたんでしょうね。

私は二人を前に、被災地復興のためにキャラバンを、という話をしました。以前、常磐炭鉱が常磐ハワイアンセンターに生まれ変わるときにも、フラガールのキャラバンをやっているんです。今度も被災地復興のためにも、そしてハワイアンズは元気ですよ、再建してフラガールも元気ですよ、ということを全国に見せるためにも、キャラバンをやりたいんだと……。おそるおそるという感じで切り出しました。

　鷺さんの提案に、沈黙が続く。その沈黙を破ったのは菅野さんだった。

［証言／菅野ひろ子］

「絶対無理です、あり得ません」と強く言ったように覚えています。親御さんたちの気持ちがわかりますからね。女の子だし、もし何かあったらどうするんだろうって。もし自分の子どもだったら、とんでもないことをしてしまったのかも、と後悔するんじゃないかなと思いました。そういうことを考えた上で、第一番に、わたしは反対ですって強く言いました。

［証言／鷺隆二］

　菅野さんの言うことはもっともでした。私もフラガールたちに話をすることは引き受けましたが、そう簡単にことが運ぶとは思っていませんでした。そうしたらリーダーではなく、リーダーが連れてきた同期入社の子が「やってみようよ」って言ってくれたんです。その一言がきっかけで、話が前に進んだんですね。

　そのあとで、リーダーがダンサーたちの連絡先を書いたメモをくれました。それぞれが、今はこういうところに避難しているんですよ、と。ダンサー自身が被災していたケースもありましたし、津波の被害を受けている人、原発事故の影響を受けている人もいました。そういう状況なので、何人集まるかわかりませんよ、と言われました。

［証言／菅野ひろ子］

親の立場では、どうしても子どもが行きたいと言うのであれば、その気持ちを尊重しなければいけないのかなとも思いました。だからもうフラガールたちに、学院生たちに判断を委ねるしかありませんでした。ただ私としては、来てもらいたくない半分、来てもらいたい半分というところでした。

再集結したフラガールたち

震災発生から40日あまりがたった4月22日。当時、常磐音楽舞踊学院ダンシングチームに在籍していた29人のメンバー全員が、再び稽古場に集まった。

［証言／大森梨江］

せっかく自分の夢を実現させたのに、こんなことで踊れなくなって、もうここで終わりっていうのは絶対に嫌だって思った自分もいたんですね。だったら、最後にもう一回あの場所に戻って踊って終わりにしたい、避難所にいたときにそう思ったんです。

自分には戻れる場所があるっていうだけで、それは苦しい状況のなかで宝物でした。家に帰れなくて、それなりにつらい思いもしましたが、仕事を再開できるっていうことに関しては、本当に幸せなことだなと感じました。

［証言／渡辺舞］

また集まれるっていう連絡が来たときは、もう久しぶりにみんなに会えるってすごく嬉しくって。そこからは行くのが待ち遠しかった。外に出られなかったので、愛と二人で部屋の中でストレッチとか、手の動きは練習してました。不安のなかでも、なぜか絶対にまたみんなに会えるという自信があったんです。根拠はないいんですけど。横浜にいたときは、アルバイトでもしたらといわれましたが、いつ呼ばれるかもわからないし、ほかの仕事は全然考えられませんでした。だから一切迷いはありませんでした。行くのが当たり前というか。

会った瞬間のことは、よく覚えてます。みんな声をかけ合って、笑顔で。どこにいたの、とか、ちょっと太ったねとか、そんなたわいのない話がすごく嬉しくて。

［証言／小林苑未］

仕事やメンバーのことは気になっていたので、連絡が来たときは、ああ、やっと来たなって。最初は、みんな来るのかなって不安だったんですけど、みんなが来るっていうことを聞いて、やっぱり、仲間に自分よりもっと大変な思いをしている人がいるのに、自分が行かないのはおかしいなと思って。みんな強いな、すごいなと思いました。自分も、みんなにちょっと会って、パワーをもらいたいなっていう気持ちでした。

レッスンのため、第一期生から指導をしてきた名誉顧問の早川和子さんが、横浜から駆けつけた。

［証言／鷺隆一］

名誉顧問のカレーニナ早川さんに横浜から来ていただいて。電車が動いてないですから、横浜からタクシーですよね。その早川先生の言葉が、もうすごくてですね、「以前のキャラバンは会社のPRでしたが、今度のあなたたちは、会社のためだけじゃない、被災地東北全体を元気づける使命を担っているのです。震災を受けた人たちに、笑顔とか勇気とか、元気とか希望とか、それを届けるのがあなたたちの使命です」と。この先生、器が大きいなあって、びっくりしました。

さらに早川さんは、こう言葉を重ねた。

「今、生きてるっていうことのありがたみを感謝しながら、あなたがたフラガールの力で日本国中に元気と希望、努力を与えられるように踊って、一生懸命やってください」

［証言／大森梨江］

命があるから、こうやって人のために何かができるのよ、というような言葉をもらいました。それがあなたたちの使命よと言われて、胸にぐっときましたね。

避難所での複雑な思い

5月に入り、「フラガール全国きずなキャラバン」と銘打ったキャラバンがスタートした。

一行はまず、いわき市内にある避難所を回った。しかし、実際に避難所を訪れたフラガールたちの気持ちは複雑だった。

［証言／渡辺愛］

最初、狭い体育館の中で、段ボールで区切って避難されてる方を見て、ショックでした。生活用品がちょっと隅においてあったりして、ああ、こういうところで生活されてるんだと。自然と涙が出てくるような気持ちになりました。それを見て、避難されてすごく大変な思いをされている方々の前で、私たちが笑顔で踊っていいのかという、すごく不安な気持ちがありました。

でも、皆さん心待ちにして集まってくださっていて。すごい笑顔で見てくれるんですよね。おばあちゃんが、泣きながら見てくれたり。みんな握手を求めてくれて、「すごいよかった、ありがとう、頑張ってね」って言ってもらえて、逆に元気をもらえたというか、すごくあの場が温かった。最初は不安だったので、緊張もしていましたが、私たちが踊ったことによって、笑顔が戻ったということで、すごく嬉しかったです。

［証言／小林苑未］

そういう場所で笑っていいのかなって、まず悩みました。でも皆さん、ニコニコ見てくださったり、手拍子してくれたり。そして「ありがとう」と言ってもらえたことに、すごくびっくりしました。私は、何もできないという悔しさがすごくあって、何かできることはないかと考えたときに、やっぱり踊ることだと強く思ったんです。

キャラバンは、大森梨江さんの故郷である双葉町の人たちが避難していた、埼玉県の高校を訪れる。大森さんは踊っている間、疲れ果てた様子の人々と、目を合わせることができなかった。

[証言／大森梨江]

踊り終わったとき、隣の家の方が、おいでって名前を呼んでくれて。そうしたらもう、涙が流れてきちゃいましたね。糸が切れたような感じで、泣けてきました。

震災直後は、隣の家の方がうちのおばあちゃんの様子を見に来てくれたり、途中までいっしょに避難して回っていたと聞いて、いろんな思いが込み上げてきました。言葉を交わしたことによって、不安な気持ちが、一気にすっと抜けたというか。それまですごくつらくて、この場から逃げたいっていう思いだったのが、顔を見られて安心して、来てよかったたっていう気持ちに変わりました。

大森さんはこのとき、双葉町の人々にフラガールとしての思いをこう伝えた。

「これからまだまだ、先の見えないこともあると思いますが、皆さんで力を合わせて乗り越えられると思うので、私も、ダンシングチーム全員、そういう気持ちでいますので、陰ながら支えになっていきたいと思います。今日は本当にありがとうございました」

キャラバンは全国をめぐり、最終的には東北各県の被災地や首都圏の避難所、九州や中国地方の炭鉱ゆかりの地など、訪問先は全国26都府県１２５か所、２４７公演にのぼった。

震災3年後のフラガール

2012年2月。震災で壊れた施設の改修が終わり、フラガールたちが再び舞台に帰ってきた。施設を訪れる人の数も震災前に近づいている。

2014年は、フラガールが誕生して50年目。メンバーは37人に増え、大森梨江さんは、リーダーになった。この年の夏には50周年を記念した大きな舞台が行われた。

記念舞台の前、大森さんは富岡町を訪れた。ここには12年前に亡くなった祖母の家があり、幼いころ、よく遊びに来ていた。祖母は、フラガールを目指す大森さんを応援してくれていた。あの日、地震の4時間前、大森さんはこの家を訪れていた。

[証言／大森梨江]

イチゴを持っていってって言われて、朝仕事に行く前に寄って、おばあちゃんの仏壇に手を合わせたんです。親戚にお茶飲んでいきなよって言われたんですけど、もう11時になっちゃうから行かなきゃって言って。今思うと、来てよかったですね。

祖母の家があったこの一帯は、2013年10月、放射能を浴びたがれきの処理施設になることが決まった。

自宅のある双葉町は、今もほとんどが帰還困難区域となっている。

［証言／大森梨江］

自分が生まれ育った家、故郷に帰れないというのは、すごく切ないです。それは今でも変わりません。

一時帰宅をすると、気が張っているからだと思うのですが、帰って嬉しいという反面、次の日にどっと疲れてしまうんです。自分は震災前と同じ仕事ができて、家族も近くにいる。でも家に帰れないわけで、二つの現実の差が激しすぎて、苦しい時期もありました。

でも、どんなにつらいことがあっても、そのときは逃げたくなっても、頑張ろうって、進まなきゃという気持ちでいます。ただ家には帰れない。すごく大好きな場所だったので、たくさん思い出もある場所だったので、それが一番の心残りかもしれません。もう一度、あの場所に戻りたいということが。

もう一度、みんなで踊りたいと、帰ってきたフラガールたち。

震災で味わった苦しみ、ふるさとを奪われた悲しみ。それを体験した自分たちだからこそ、伝えられるものがある。そう信じて、彼女たちは踊る。

（２０１４年２月　取材）

双葉町

——放射能にさらされた病院

双葉厚生病院周辺図

津波浸水域
常磐線
256
双葉駅
双葉厚生病院
特別養護老人ホームせんだん
双葉町役場
双葉高校
288
3km
391
双葉町
6
太平洋
6号機
5号機
391
1号機
2号機
3号機
4号機
福島第一
原子力発電所
大熊町
N
0
1000m

福島県沿岸部に位置する双葉郡双葉町。東京電力福島第一原子力発電所の事故により、全町民が避難を余儀なくされた。

双葉町には福島第一原発の5号機と6号機が立地する。事故を起こした1号機から4号機は、南隣の大熊町にあり、双葉町の中心からはおよそ4キロ離れている。

町の震災前の人口はおよそ６８００。住民の多くが原発関連の仕事に就き、原発とともに暮らしてきた。しかし、２０１１年3月11日を境に、町の暮らしは一変する。

震災の日、町で唯一の総合病院は、避難者や津波のけが人の対応に追われていた。翌12日、原発は津波による電源喪失のため深刻な事態に陥り、病院にいた人々は緊急避難を迫られる。そのさなか1号機が爆発。患者と看護師、医師など病院スタッフは放射能汚染にさらされた。震災と原発事故によって翻弄された病院の記録である。

病院を襲った地震

双葉町の中心部に位置する双葉厚生病院。15の診療科目を備え、病床260を数える町で唯一の総合病院だ。救急指定病院でもあり、初期被曝医療機関ともなっていた。

震災の日、震度6強の地震が病院を襲う。建物の一部が破損し、内部は医療器具が散乱するなど混乱状態となった。病院内には職員と患者、合わせて400人ほどがいた。

地震が起こったとき、病院長の重富秀一さん（63歳）は、東京へ出張するため福島駅へ向かう車の中にいた。

[証言／重富秀一]

川俣町の山木屋あたりにいたんですが、揺れはすごかったです。車の窓から、屋根瓦が落ちたり、崖が崩れたりという光景が見えましたので、これは普通の地震ではないと。病院にも電話がつながらないし、出張はとりやめて病院に戻ることにしました。病院までは2時間ちょっとかかりました。

精神科病棟の看護師長を務めていた渡部幾世《いくよ》さん（57歳）。地震のときは、1階にある作業療法室で患者のリハビリに立ち会っていた。

［証言／渡部幾世］

1階でしたが、倒れないように足を踏ん張っていないといけないような激しい揺れでしたね。建物が古かったので、余計に揺れたのかもしれません。患者さんは6、7人いましたが、皆高齢者なので、とにかく「かがんで」とかがませて、みんなで手をつないで。

いつもの揺れとは違う感じで、患者さんも怖がっていました。中は危ないので外に出ましょうということで、病棟の患者さんたちもいっしょに建物の裏側にある駐車場のほうへ誘導しました。寝たきりの患者さんはベッドごと移動させました。その日は寒かったので、毛布やら布団やら全部出して、患者さんたちをくるんで外で待機しました。

その後、雨が降ってきたため、渡部さんたちは、外にいた患者たちをいったん建物の1階にある理学療法室へ移動させる。その直後、津波が来るという情報が入った。

［証言／渡部幾世］

津波が来たら、もしかしたら1階は危ないかもしれないということで、今度は精神科病棟の2階に患者さんたちを移動させることになりました。エレベーターはもちろん使えませんので、狭い階段だけを使って、事務のスタッフも含めて職員全員で患者さんを抱えて移動しました。車いすごとだったり、マットレスごとや布団ごと抱えたりという感じで、すごい移動でしたね。文句を言うスタッフは一人もおらず、狭い階段の移動で体中に打ち身をつくりながらの移動でした。

必死でしたね。患者さん全員を2階に上げたときには、本当にくたくたでした。

被災者と避難者であふれる病院

地震の1時間後、町の沿岸部には高さ15メートルもの津波が押し寄せる。病院は町の避難所にもなっていたため、時間とともに周辺の住民が次々と避難してきた。

病院では、副院長と看護部長が中心となって、津波の被災者が運ばれてくることを想定した緊急会議が開かれた。

当時、看護部長だった西山幸江さん（56歳）。病院で津波を想定した大がかりな訓練に参加したことはなかった。

［証言／西山幸江］

もちろん防災訓練というのはしていましたが、それが十分だったのかなという疑問は残ります。自分たちが津波に襲われるというのはあまり考えたことがありませんでした。今回の大きな津波で、けがをされた方がこれから救急にたくさん来るだろうと思いました。ですから災害医療に対する備えをすぐにしなければいけないと思いました。それに加えて入院患者さんの安全も確保しなければならないと。

話し合いでは、医師を含めたスタッフを、救急担当と入院患者担当に振り分けた。

［証言／西山幸江］

とにかく整理して間違わないように、患者さんの名前を確認して、お薬も確認してという作業を指示しました。

救急患者の受け入れのさなか、重富院長も無事に病院に到着した。

日が暮れると徐々に患者が増えはじめる。

［証言／重富秀一］

当日はものすごく寒い日でした。1階のロビーにベッドを並べて、ストーブをたいて。運ばれてきた重傷の方にそこで休んでもらったり、内科の外来診察室でさらに重篤な人を処置したり。ロビーと部屋と両方使って対処していましたね。

［証言／西山幸江］

午後7時前ごろから、どんどん患者さんが来はじめました。最初は切ったとか、打ったとか、あまり深刻じゃないけがの方が多かったんですが、時間が経てば経つほど、ずぶ濡れで津波に巻き込まれたという方が来られました。深刻なけがや、骨折、ひどい打撲などの方がどんどんやって来ました。

最初は検査もできなかったし、レントゲン写真もCTも何も撮れなかったので、通常であればすぐ処置ができる患者さんも、本当に温めてあげたり、着替えて綺麗にしてあげたりするだけしかできませんでした。点滴をするくらいは可能でしたが、本当の治療まではなかなかできない時間がものすごくもどかしかったっていうのと、すまないなっていう思いがありました。

日常の救急であればなんでもないことが、被災した状況ではできないという、医療従事者としての歯がゆさがありましたね。すぐに処置ができず、治療の優先順位を表すトリアージ・タッグを付けるということをせざるを得なかった。そういうことに悔しさみたいな、力のなさみたいなものはすごく感じました。

病院では、治療行為と並行して炊き出しの準備を始めることにした。しかし、厨房が使えなかったため、通りを1本挟んだ場所にある特別養護老人ホーム「せんだん」に応援を要請した。この施設は、ふだんから救急対応などで病院と連携し合う関係だった。2005年に建てられたホームの施設は、地震による大きな被害はなかった。

当時この施設にいたのは、入居者70人、ショートステイ10人、グループホーム9人、そして避難をしてきた在宅の高齢者を合わせ、90人以上。当日は休みだった職員の池田美智子さん(40歳)は、自宅から駆けつけた。

[証言/池田美智子]

その日はお休みで、友人の家にいたんですが、施設が心配で、家に寄って作業服に着替えて駆けつけました。幸い、建物も利用者さんも無事でした。地震で来られない社員がいるので、シフトをどうするか話し合っていると、目の前にある厚生病院の院長先生から、地震で厨房が使えないので炊き出しの協力をお願いしたいというお話がありました。
　厚生病院の事務の方がお米を運んできて、おにぎりを握りました。そのうち病院だけでなく、ほかの避難所へも持っていくということで何回もお米をといで夜通しおにぎりを握りました。だんだんとお塩がなくなってきて、最後は塩味もしない、そんなおにぎりになってしまって。

　実はこのころ、福島第一原発は津波による電源喪失のため、危機的な状況に陥っていた。午後9時23分、政府は福島第一原発から3キロ圏内の住民に対し避難指示を、3キロから10キロ圏内の住民には屋内退避指示を出す。
当時、双葉町役場の住民生活課に所属していた松枝智之さん(42歳)は、その対応に追われることとなった。

［証言／松枝智之］
　住民生活課としての避難、防災の対応は自然災害だけなんです。原子力災害については、ほかの課に連絡が入ることになっていました。ですので、その日は津波の避難誘導にあたっていました。その後役場に戻って被災者の対応にあたりました。
　すると5時ごろになって自衛隊が役場に来たんですね。通常自衛隊は県知事を通して派遣要請しなければ来ないはずなのに、これは何かあるなとは感じていました。すると夜の11時くらいに官邸の緊急災害対策本部から電話がありまして、放射能に詳しい医師を知っているかと聞かれました。それで原発が危ないというのが徐々に見えてきましたね。その後も緊急災害対策本部からの電話は私が対応することになりました。

避難指示が10キロ圏内へ拡大

日付が変わった3月12日、朝5時44分。政府は避難指示をこれまでの3キロ圏内から10キロ圏内に拡大した。福島県の災害対策本部から双葉町の町役場へも連絡が入る。

双葉町では、原発事故を想定した訓練が毎年行われてきた。しかし、その訓練は原発から3キロ圏内の住民が避難することを想定したものだった。そのため、3キロよりも離れた場所に位置する町の中心部は、原発事故の際に避難する訓練は行っていなかった。

［証言／松枝智之］

朝方5時44分に避難指示が出て、その範囲が10キロということになった。それから徐々に避難所にいる人の移動が始まりました。そして川俣町の川俣小学校に避難してくださいということを防災行政無線で流しました。それまで避難を想定した準備などは3キロ圏内でしか行っていませんでしたから、町全体が逃げるっていうのはどうなるんだろうと思いました。原発が壊れるっていう前提の訓練はなかったので、私もこういう避難は初めてですし、町民も避難の仕方はわからないのかなと思いました。

さらに政府から安定ヨウ素剤について確認の電話が入る。安定ヨウ素剤とは、甲状腺に悪影響を及ぼす放射性ヨウ素の蓄積を予防する薬だ。

［証言／松枝智之］

ヨウ素剤を飲ませるため、ヨウ素剤の在庫量を確認してくれという電話でした。確かにヨウ素剤はあったのですが、3キロ圏内の住民の分量しか用意していないので、そもそも足りなかったっていうことです。今回の場合、全町民が対象になってしまったので全員に飲ませることはできなかった。

双葉厚生病院も原発の3キロ圏の外にあるため、避難することを想定していなかった。

［証言／重富秀一］

原発のことはまったく頭にありませんでした。放射性物質が飛び散るような事故が起きるとは思っていませんでしたから。

防災訓練では、広大な原子力発電所の敷地の中でいろんなトラブルが起こるだろうということを想定していますから、外側のわれわれは対応のためのトレーニングをしていました。でも放射性物質が建屋の外に漏れるという意識はありませんでした。敷地の中で何か事故があって汚染を伴うけがなどがあり、まず除染をして患者を診るというスタンスでした。だから、そういった患者さんの治療が必要になるかもしれないということは頭をかすめましたけどね。

病院への突然の避難勧告

防災無線と警察の巡回により、町の北西およそ40キロに位置する川俣町への全町民避難が指示された。しかし、夜を徹しての被災者対応に追われていた病院には、防災無線の声は届いていなかった。

午前6時半。突然、防護服に身を包んだ警察官が病院に現れた。

［証言／重富秀一］

ちょうど外来のホールのところに職員を集めてミーティングをしていたときのことでした。警察の人がおいでになって、念のために避難していただけませんかと。最前線の病院が撤退なんてことはまず考えていませんでしたので、なんで警察の人がそんなことを言うのか、最初は不思議だったですね。避難用の車両もドクターヘリもない状態で、患者を避難させるのは無理ですよね。バスに乗ってくれと言われましたが、患者はたくさんいるし、動けない人もいる。これから来る患者さんだっていますからね。

［証言／西山幸江］

警察の人が来て、逃げてくださいって。でも、逃げるすべを持たないで逃げてくださいって言うんですよ。おかしいですよね。そのあと自衛隊の方も来たんです。手伝いますから避難してくださいって言うんです。普通は行くべきところがあって行く手段があって、それなりの段取りをもって避難しますよね。いくら災害時だとはいえ、手伝いますから逃げてくださいって、それだけなんですよ。どこへ、どうやって、そういうことは何も提供してくれない。

そもそもこんなに大勢の人を、動けない方もふくめて避難するということが想定できませんでした。いったいどうやってこれだけの人を、一度に安全な場所に避難させるのかって。想像がつきませんでした。

重篤な患者のための救急車もなく、ただただ避難をしろと言う警察官と押し問答のようなやり取りが繰り返された。そんななか、病院長の重富さんがふとテレビを見ると、政府の会見の様子が目に入った。

「安全に万全を期すため、先ほど、1号機の原子炉格納容器の圧力を降下させる処置を行いました。10キロ圏外に出ていただいているというのは、まさに万全を期すためであって、その点にご留意いただき、落ち着いて退避をしていただければと……」

12日午前9時44分、当時の枝野幸雄内閣官房長官が、内閣総理大臣の避難指示を伝える会見だった。

[証言/重富秀一]

話しぶりから、深刻そうであるというのが伝わってくるわけですね。内閣総理大臣が指示を出しているんだから、これは避難するのが僕らの義務だろうと……。それで、まずは動ける患者さんから避難をしようということになりました。120人ちょっといましたね。警察の方の誘導に従って、そういった患者さんとご家族、対応する職員もいっしょにバスでの避難が始まりました。

そのときは、まだ病院から撤退をするという意識はありませんでした。まだ職員も残っていますしね。放射性物質が飛散していても、建物の中にいて外気を遮断しておけば危険が少ないという知識はありましたから、中で事態が落ち着くのを待っていればいいだろうと。職員が半分くらいになって、治療は難しくなるなとは思いましたが。

避難用に手配された車両は観光バスだった。寝たきりの患者の乗車は難しいため、歩ける患者から移動が始まった。しかし、直後に思わぬトラブルが発生する。

[証言／渡部幾世]

最初のバスで何人か精神科の患者さんが出発したときに、そのバスにスタッフが乗れなかったんです。仕方がないので、すぐ次のバスで追いかけましょうと準備をしていた矢先に、移動できない、外に出てはいけないという時間帯ができてしまったんです。1時間か、それ以上ありましたかね。長く感じました。

患者だけを乗せたバスが出たあと、福島第一原発では、原発内の圧力を下げる作業が始まった。放射性物質が漏れる可能性があるため、それに伴い屋内退避の指示が出たのだ。

警察は、バスが出発できないことをスタッフに告げる。結局、スタッフが出発できたのは、最初のバスが出てから2時間ほどあとだった。

［証言／渡部幾世］

先発のバスが国道288号線を上がったという情報だったんです。だからスタッフもそのあとを追いかけて行くということだったんですが、途中からバスの向かっている先が、288号線じゃないなっていうのに気付いて。バスの運転士さんにも、ほかのスタッフがどこに行くんですかと聞いたらしいですけど、運転士さんも川俣町くらいしかわからない。

スタッフを乗せたバスは、避難車両で渋滞する道を5時間以上かけて川俣町に到着した。しかし、そこには先行しているはずのバスはいなかった。そのあと最初のバスに乗った患者たちとは4日間連絡がとれず、行方不明の状態となる。

病院に残された人たち

病院では寝たきりの重篤患者を搬送する移動手段が手配できず、動けない患者と病院スタッフ、合わせて100人ほどが残っていた。

［証言／重富秀一］

移動できる人たちは、警察の指示で避難は完了しました。そこで警察の方もいったん引き揚げました。だから、動けない患者さんのお世話をしながら、事態の推移を待ちましょうという状況でした。病院を離れてどこかへ避難しようという考えはなかったですね。病院内は、シーンと静まり返っていました。おにぎりでも食べて、腹でもいっぱいにしてちょっと休もうかという感じでしたね。

避難が一段落し、静寂が訪れた病院に、1本の電話が入る。

［証言／重富秀一］

午後2時くらいでしたでしょうか。福島県の災害対策本部に詰めていた、福島医大の救急科の教授をしている僕の同級生から電話が入ったんです。双葉厚生病院に重富がいるはずだし、ちゃんと避難したかどうかを確認したかったのだと思います。なかなか通じなかったようですが、かろうじて一度だけ電話がつながったんです。そしてその電話が、唯一の糸になったんです。

電話の相手は、重富さんの大学の同期生だった田勢《たせ》長一郎さん（63歳）。当時、田勢さんは福島県庁に設置されていた災害対策本部で、病院避難の支援を行っていた。

［証言／田勢長一郎］

双葉厚生病院は、原発から大体4キロのところにありました。これは非常に危険で、まずは連絡してみようと。電話の回線は非常に混んでいて、通信網もほとんど破綻している状態でしたから、なかなかつながりませんでした。対策本部にある電話や携帯電話なども使いながら、何回もかけました。やっと電話がつながって状況を聞くと、避難できる人は先に動かして、動かせない人たちは屋内退避をしている、ということでした。

重富院長は、屋内退避で大丈夫、そういう訓練もしているからということでしたが、私としては、避難することを強く説得しました。爆発する可能性もかなり強いようだという話をして、もうその場にとどまっている状況ではないと、かなり強く、はっきり言ったと思います。

［証言／重富秀一］

向こうは焦っている様子で、「なんでまだそこにいるんだ、なんで逃げないんだ」みたいな感じですけど、こっちは「なんで逃げるんだ」という感じですよね。話をするうちに、どうもここにいてはまずいということがわかってきて、じゃあ避難するしかないかなと。避難というよりは救助を受ける立場ですから、お前の指示に従うからと、福島県の災害対策本部の指示に従うからと言いました。

何人いるかと聞かれたので人数を伝えて、それに見合うだけの自衛隊のヘリコプターを派遣するようにするからということでした。着陸する場所は双葉高校のグラウンドなので、とりあえずそっちに向かって移動を開始してくれと言われました。

そのやり取りの直後、病院に残っていた100人ほどを搬送する救助ヘリが、7機手配できたという連絡が入る。それを受けて病院側では、1キロほど離れた双葉高校への緊急搬送を開始する。自衛隊の車両で高校と病院を何度も往復し、患者の搬送を行った。
しかし、移動をしているまさにそのとき、大きな爆発音が響く。

［証言／西山幸江］

地震のときのようにドンという音と揺れが来ました。私は最初、また大きな余震が来たのだと思いました。でも、1度揺れただけで揺れが続かない。地震とは違うかなと言っていたら、外にいたスタッフが、発電所から煙が上がっていると。それで、あ、これは発電所が爆発したんだと思いました。格納容器が爆発したってことは、原爆と同じなのかなとか思ったり、知識がないので怖かったですね。

そのときに、かいだことのないにおいがしたんです。においといっしょにフワフワしたものが降ってくる。何か特別なことが起きたんだなって、普通じゃないことが起きたのだと感じました。気持ちのいいにおいがしたんです。コロンとかの話をするときに「この香りいいですね」と言うような、いいにおいです。自分だけが異常なにおいを感じたのかと思って周りに聞いてみたんですが、確かににおいはあったと言うんですね。

この日の午後3時36分、福島第一原発1号機が水素爆発を起こした。
特別養護老人ホームせんだんにも、町からヘリによる避難の連絡が入り、双葉高校のグラウンド

に向かうことになっていた。

町長からの電話を受けたのは、病院の炊き出しをしていた池田美智子さんだった。

［証言／池田美智子］

町長の様子は緊迫していました。逃げないとだめだっていう感じでした。双葉高校のグラウンドに自衛隊のヘリが来るからということで。利用者さんをベッドから車いすに移して、おむつや着替えやお薬を準備して1階のホールで迎えを待ちました。でも迎えが来なかったので、施設の車でピストン輸送しました。その搬送の途中に爆発が起きたんです。

パーンっていう聞いたことがないような音がして、しばらくすると、多分建屋の断熱材か何かだと思うんですけど、砂ぼこりのようなものが上から降ってきました。機動隊の方に原発の建屋が爆発したんですかと聞いたんですけど答えてくれないんです。その人たちが持っていた機械の針がプルルンと激しく動いていたんですが、その当時は、機械の針が激しく振れていても、それが何を意味するのかがわかりませんでした。とにかく機動隊の方の顔が緊迫していて。ただ事ではないんだなと感じました。

そのとき高校のグラウンドに着いているのに、逃げてください、避難してくださいって言われて、施設にいったん戻りました。結局、外にいた自衛隊の方にお願いをして搬送手段と受け入れ先の交渉をしてもらって、川俣町の避難所へ行くことになりました。施設長は先に高校に着いていたし、行った先も職員によってバラバラになってしまい、合流できたのが1週間後でしたね。

ヘリコプターに乗れなかった患者たち

緊急脱出用のヘリポートに指定された双葉高校のグラウンドに到着した病院の人たちは、体育館への屋内退避を指示された。

そこへ想定外の事態が起こる。避難に遅れた住民が、高校のグラウンドに続々と集まってきたのだ。

［証言／重富秀一］

体育館の近くに公民館があって、そこへ避難していた人たちが、ヘリコプターの音が聞こえたから来たっておっしゃっていました。病院では、乗る順番などは患者さんの重症度などで決めていましたから、整然としていて問題はありませんでした。ただ町の方たちは、ヘリが来たからいっしょに連れて行ってもらおうと思って来るわけでね。そういう予定外のことが起きると、どういう順番でというのが若干混乱しましたよね。

［証言／西山幸江］

私たちは、高校に着いて、茶道の和室のある建物の中にいました。患者さんはお布団にくるまれて、和室の部屋にぎゅうぎゅうの状態で並べられていました。あとから町の人たちが来て、なんで来たんだろうって思いました。ヘリでなければ移動できない人たちではなかったので、ここ

にもバスが来るのかなとも思いました。

午後6時過ぎ、搬送用の大型双発機が到着する。高校に集まった避難者は200人ほどに増えていた。患者に混ざって、住民もヘリに乗り込んでいく。現場にいた住民たちには、これが患者用に手配されたヘリだということが伝わっていなかった。

[証言/西山幸江]

1機だけじゃなくて数機降りてきたので、それに乗れるんだと思いました。ヘリが着陸したときに、早く乗ったほうがいいと思ったので、みんなで患者さんを抱えて、ヘリの近くに行ったんです。飛び立ってしまうと、また別のヘリのところへ。それを何度もやりました。でも、何回繰り返しても乗れなかったんです。

何でこの人たちは乗れないのかなって。まさか一般の方々が、チャーターしたヘリに乗っているなんて思わなかったので。私たちがいっしょに来ている方はバスにも乗れない、移動手段がなくて困ってここで待機していたのに、歩ける、車にもバスにも乗れる人たちがなんで来たんだろうって。なんでヘリは動ける方を先に乗せたのかなっていうところも、ちょっと私のなかでは信じられなかったです。

院長を含め乗り込めた患者もいたが、まだ多くの患者を残し、午後8時半過ぎにはすべてのヘリが飛び立っていった。

［証言／西山幸江］

次のヘリが来るものだとばかり思っていました。来たらすぐに乗れるようにと、みんな靴を履いてバッグを抱えて、すぐ外に出られるようにして待っているんですよ。来たらすぐ乗ろうねって。大丈夫、来ますよねって。

でも、待てど暮らせどヘリは来なくて。そのうち、10時ごろにヘリポートが撤収されてしまったんです。私たちがここにいるのがわかっているのに、どうして片付けてしまうんだろうって。でも自衛隊の方からも誰からも説明がないんです。何も音沙汰がなくて、シーンとしてきて。私たちはここに取り残されたんじゃないのって、誰かが声を上げたんです。

高校に取り残されたのは、西山さんを入れて56人。病院の重篤患者16人と、特別養護老人ホームの利用者など災害弱者たちだった。寒さを凌ぐため、校舎に併設された茶道室に戻ることになった。

［証言／西山幸江］

自衛隊の方が体育館の石油ストーブを持ってきて、ここにいましょうと言ったんです。それでもうヘリは来ないんだなって。でも水も食料もないし、放射能があるから病院にも取りに戻れない。すぐ行けると思ったので、酸素もなければ点滴もない。何にも持ってきていなかったんです。ここでこうしていたら、何人かここで死んでしまうのではないかと思いました。

結局スタッフが何人か病院まで戻って、ヨーグルトとかゼリーとかの小さいものを持ってきてくれました。どうしても食べられない方や、チューブを装着している方には、少しずつお水を差し上げて。

休むといっても全員が横になれるスペースもありません。壁に寄りかかったり、毛布を分け合ったりして一晩明かしました。

朝方、一人の患者の容体が急変する。

[証言/西山幸江]

重篤な症状の方が一人おいででした。でも何もできなかったので見守るだけの状況でした。1時間おきに見て、息をしているか確認していました。でも明け方、寝てしまってハッと気が付いたときには息が止まっていました。

こんなことになるんだったら病院を出るんじゃなかったと。病院にいれば患者さんを安全に守ることができたのにと思いました。ここにとどまるはずじゃなかったのに、何でこんなふうになったのかなって。あそこにとどまってしまったことを後悔しています。今振り返れば、避難指示に反して病院にとどまるという勇気は、多分なかったとも思いますが、でも計画性のないその場対応の避難計画に乗ってしまったことは、よくなかった。脱出計画がきちんとあって安全が担保されていると確認できてから患者さんと出ていくべきでした。しかし、あの混乱した状況のなかでは、そういう判断はできませんでした。

翌朝午前6時。西山さんたちは、ヘリコプターが来るので準備をするように言われる。すぐに出られる用意をして待つが、ヘリが到着したのは8時になってからだった。ようやく迎えに現れた自衛隊員に、西山さんは一つの願いを伝えた。

［証言／西山幸江］

誰から移動しますかって聞かれました。そこで、「こちらの方です」って、「こちらの方は息はしていないですが、生きていますから」って申し上げました。その方は一瞬黙ってから、じゃあこの人を一番に、と指示されました。災害時ではルール違反です。搬送の対象にならないことはわかっていました。でも、残していくことは人として許されないと思いましたので、この方を先にと言いました。

―――――――――――――

［証言／重富秀一］

患者さんが亡くなったと聞いて、もう言葉はないですよ。何て言ったらいいのかわからないです。本来ならば、穏やかに病院で家族の方に看取られてというのが普通なのに。わけもわからずにこういうところで亡くなってしまったというのがね。かわいそうとか、そう簡単なことではないと思いますけどね。どうしてやることもできなかったっていうのがね……。

―――――――――――――

双葉厚生病院には、震災当日から撮影された写真が膨大に残されている。そのなかで唯一、記念写真が残っている。それは、救助ヘリが来るとわかったときに、取り残された人たちがいっしょに撮影したものだ。

［証言／西山幸江］

ずっと待っていたヘリが来るとわかったとき、みんな本当に喜んだんです。本当に来てくれるんだ、よかったよかったって。見捨てられたんじゃないんだって、本当に嬉しかったんですよね。こんな経験、世の中の人は誰もしたことないよね、自分たちだけだよねって。一晩ここで頑張ったという気持ちから、あんな行動をとったのかなって思います。

汚染区域とされた避難先

西山さんたちがヘリコプターで搬送されたのは、原発から50キロ離れた二本松市にある福島県男女共生センターという公共施設だった。そこで待ち受けていたのは医療関係者ではなく、自衛隊が設営した除染のためのテントだった。

被曝者が一度に、そして大量に搬送されるという初めての事態に、現場は混乱をきたしていた。そこでは重篤患者を含む全員が除染の対象となり、冷えきったテントの中で体を洗われ、衣服の交換を余儀なくされた。

［証言／西山幸江］

私はお昼ごろのヘリに乗りました。私がいっしょに行った方は比較的元気な方だったので、そんなに緊張感はなく乗っていたと思います。到着した小学校のグラウンドから、すぐに共生センターの駐車場に案内されて行ったんです。そうしたら、そこには自衛隊の除染施設のテントができていて、それは驚きました。自分たちはこのような扱いをされることになったんだって、被曝したんだって思いました。

服はみんな処分して、石けんでこすってシャワーを浴びて。どれぐらいの被曝量だったかわからないのに、むりやり患者さんを除染するっていう行為が、どれほどストレスになるかということは、誰が考えてもわかることなのに……。

患者たちが身を寄せたホールには、ベッドも医療器具もなく、いすを重ねて点滴をつるすような環境だった。そして、ホールは汚染区域として隔離され、出入りが制限された。

［証言／西山幸江］

大した備えも準備もないなかで患者さんを治療していかなければなりませんでした。いっしょに避難している方の具合が悪くなって、治療の必要な方がどんどん増えていくんですね。なので、患者さんを治療していただく病院を探さなきゃならない。それを自分たちでやらなくてはならない状況だったんです。病院や医師に電話をかけて、お願いしますと。搬送も災害本部に救急車をお願いして、この患者さんをここに移動してくださいと、一人ひとり頼むんです。その間にも具合が悪くなっていく方がどんどん増えていくんです。症状によって転院の順番を変えたりして、次の病院、次の病院というように転院を進めていきました。

日にちが経つにつれて救急車の数も減るし、高速道路も通れない。1日にやっと1人、という日もあって転院は進みませんでした。

間接被曝の可能性を恐れて受け入れを拒否する病院もあり、転院作業は難航する。結局、この場所で4人の患者の命が失われることとなった。

少人数で24時間態勢の労働に、スタッフも疲労の色を濃くしていった。

[証言／西山幸江]

交代で勤務するようにはしたのですが、転院の受け入れOKという連絡がくれば、休んでいたスタッフにも起きてきてもらって準備を手伝ってもらうことになります。もう若いスタッフはギリギリだったのだと思います。なんで自分たちがここまでしなくちゃならないんだって。出たいと直接言ってくる人もいましたし、言わずに黙ってそっと出ていく人もいました。ある意味極限状態でした。着の身着のまま患者さんと出てきて、自分の家族がどこにいるのかもわからない。1人欠け2人欠けし、それはもう葛藤がありました。

行方不明となった患者を追いかけていた看護師の渡部幾世さんも、川俣町の避難所から男女共生センターに駆けつけた。

[証言／渡部幾世]
バスではぐれた患者さんが、ここに運ばれるという情報もありましたので。自衛隊の方がたくさんいたのは覚えています。二重扉の中でスクリーニングをして中に入りました。中にいる患者さんや同僚の顔を早く見たいと。
患者さんは床に布団を並べて寝ていました。ベッドじゃないかがんでの作業ですからスタッフも大変だったろうなって思いましたね。布団の脇にいすを重ねて点滴台をつくって。先生たちが仮眠していたマットレスが並んでいて、先生たちも24時間ですよね。何かあったらすぐ対処できるようにって。野戦病院のような感じで多分やっていたんだと思います。
私が来たときはある程度落ち着いていましたが、話を聞くと、少ない人数で24時間患者さんのそばにいなきゃいけないっていう大変な状況だったみたいで。もっと早く来てあげればよかったというのはありました。

3月15日、行方不明になっていた患者たちを乗せたバスの行き先がわかったという連絡が入る。看護部長の西山さんと看護師の渡部さんは、さっそく搬送先のいわき光洋高校へ向かった。離れ離れになってから4日が経過していた。

[証言／渡部幾世]
高校に着いたら、うちの患者さんが2階にある体育館の奥のほうにいました。やはり布団が並べてあって。患者さんたちからは、「何やってたんだ、おっかなかった」って言われました。私

自身はほっとした感じです。全員揃っていたので、よかったというのと、ごめんなさいっていうのとですね。

［証言／西山幸江］

患者さんたちに対しては、もうなんと謝っていいかわからない。謝っても謝っても許してもらえる状況ではないと思いました。それは、悲惨な状況でしたから。ずっと治療ができなかったので、精神科の患者さんでは、けいれんを起こしたり、興奮してしまったり、病状が進行した方もいました。ふだんは迷惑ばかりかけている人が、素直でおとなしくなっていて、苦労したんだなと感じました。

でもいっしょに避難していた一般の方々が、うちの患者さんたちのお世話をすごくよくしてくれていて、けがされた方なども患者さんのお手洗いの介助を手伝ってくれたりして。本当に避難をされた方々にはお世話になって。住民の方からも当然、「何やってたんだ」という指摘を受けましたが、本当に謝るしかなかったです。ここまで連れてきてくれて、お世話をしてくれて本当にありがとうございました。申し訳ありませんでしたと、何度も謝ってお礼を言いました。

3月17日。双葉厚生病院から緊急避難した136人の入院患者は、そのすべての転院先が決まった。そして病院は解散し、スタッフも家族のもとに帰れることとなった。

募る被曝への不安

医療スタッフが現場で奔走するなか、その家族も深刻な状況と向き合っていた。

看護師の渡部さんは、夫と、夫の両親の4人で双葉町で暮らしていた。夫の隆さん（64歳）は、44歳のときに発症した脳出血の影響により、介助が必要となっていた。高齢の両親は、病院の仕事が忙しい渡部さんを気遣って、双葉町のほかの住民といっしょに埼玉県に避難する決断をした。

［証言／渡部幾世］

そんなに長期になるとは思っていなかったので、こちらである程度生活の基盤ができれば、呼び戻してまたいっしょに生活できるという考えでした。ちょっとの間だけ辛抱して、という思いで。最初は夫の妹さんのところにいたんですが、そのあと双葉町の人がいる埼玉県加須市の避難所に移ったんです。それから1週間くらいでじいちゃんの具合が悪くなって、入院してしまって。そのあと肺炎をこじらせて、4月の21日に亡くなったんです。

おじいちゃんは、ずっと双葉に帰る帰るって言って泣いていたって。そうおばあちゃんは言っていました。捨てられたって言いながら死んでいったって。おじいちゃんが亡くなって埼玉に私たちが行ったときに、おばあちゃんからの第一声がそれだったんです。最期は地元で自分が看取るって思っていたので、こんなかたちになってしまったというのはすごくつらい部分があったし、申し訳なかったというのもあります。

[証言／渡部隆]

じっじもばっばも帰りたかった。俺は足が悪いし、お母さんは病院に勤めているし。国、福島県、東電。俺らは下の人間。どうしようもないから、悔しいなと思った。じっじのときも悔しい。東電の原発事故のときも悔しい。

義父の泰二郎さんは享年91。高齢の老夫婦と体に障害の残る隆さんは、避難をするときも、後回しになっていた。

渡部さんは、患者たちが転院先で落ち着いたのを見届けたあと、2014年3月、看護師の仕事を離れ、今は夫と義母と暮らしている。

特別養護老人ホームの職員だった池田美智子さんは、母親の実家がある栃木県那須塩原市に避難した。避難生活を始めて3か月ほど経ったある日、池田さんに一本の電話がかかってきた。

[証言／池田美智子]

施設長のほうから避難先にお電話がありました。避難のとき比較的最後まで町に残っていた方々を対象に被曝検査があるとのことで、その検査を希望しました。建屋が爆発したときに外にいましたし、その後も双葉町にいましたので。何もないことを立証するために検査に行ったという感じなので、結果を聞いてびっくりしました。

検査結果が出たのは、9月。セシウム134と137が尿から検出されたとの結果だった。

[証言／池田美智子]

もう驚いて不安になりました。これが私の検査結果なのかなって、自分の名前を確認したのを覚えています。特段、体には影響のない数字だという説明だったので、それを信じるほかはないのかなと。でも、自分の体の中から放射能が出たということには変わりないわけなので。その事実を受け入れるというのが、なかなか難しかったです。

震災前、池田さんは、夫と9歳になる長男と3人で暮らしていた。池田さんを悩ませたのは、被曝検査の結果とほぼ同時に判明した妊娠だった。そして2012年5月、男の子を出産。芳稀《よしき》くんと名付けた。

[証言／池田美智子]

妊娠がわかったときは、正直嬉しかったですよね。けれど、その反面、大丈夫なのかなっていう思いでいっぱいでした。主人はとても前向きに考えてくれていたので、その言葉に背中を押されながら、私も前向きに考えようっていうことで、お産をすることを決めたんです。でもずっと不安はぬぐえなかったですし、これからもそういう思いでい続けなくちゃいけないって思っています。

何とか無事に生まれたときは嬉しかったです。でも、生まれてくるまではやっぱり心配でした。今でも心配は尽きないです。何かちょっとおかしいかなって思うと、放射能が影響しているんじゃないかなとか、まったく関係なくても、そういう不安はいつでもあります。無事に成長してもらいたいなって願うばかりですね。この思いは一生尽きないですよ。それは私だけではなくて、あのあとお産した女性はみんなそうだと思います。

困難だった病院避難

双葉厚生病院の緊急避難のなかで亡くなった患者は7人。その後、避難生活のなかで亡くなった患者も含め、震災関連死と認定されている。

［証言／西山幸江］

私は原子力発電所に最も近い病院に勤めていて、万が一の大事故にあった場合に、自分たちはどう対応すべきかという備えがまったくなかったことに対して、一番後悔しています。原発は安全だということで、病院全部が避難をするということは考えていませんでした。その結果、何も準備のないところに場当たり的な対応をして、多くの方にご迷惑をおかけしてしまった。ましてや人命を奪うという結果になったことに対しては、非常な後悔と、申し訳ないという気持ちでいっぱいです。

ですから、病院が避難をするということを、原子力安全対策のシステムのなかにきちんと入れておかなくてはいけないと思います。病院避難がどれほどリスクが高いものか、どれほど困難を伴うものかということは、私たちが実証したと思います。ですから発電所の近くに病院があることはいかがなものかとも思うし、万が一今回のような事態になったときには、きちんと安全に治療が継続できるような対策を持ってしかるべきだと思いました。
　私たちが経験した大きな失敗は決して無駄にしてほしくない。何の備えもなく、心の準備もないところで起こった病院脱出、病院避難ということが、いかに危険なものであったのか。それを伝えていくと同時に、きちんと考えていかなくてはならないと思います。

　病院長だった重富さんは、今もあのときの判断が正しかったのかを自問し続けている。

［証言／重富秀一］
　あそこまで慌てて避難をする必要があったんだろうかと。もし必要だったとしても、ああいうかたちの避難じゃなくてよかったのかもしれない。あのときは、指示に従って病院全体で避難しましたけど、その指示がなければとどまっていたと思うんです。災害が起きて、傷病者が残っている状況で病院そのものが脱出するということが、果たして許されるのかということもあります。その辺のところはすごく難しいと思っています。
　今考えても、あのときの避難が最善だったのかはわかりません。ただ、緊急時の避難を運、不運とか、そういう言葉で片付けられると困る。そう感じているのは事実です。幸い大きなトラブルがなくて、われわれにとっては、あの避難はよかったと思うんです。しかし、その避難のあり方が正しかったかどうかは、また別の問題です。避難する方法にも選択肢がなかった。いくつか計画を用意しておいて、そのときに応じた最も妥当な計画で避難する、そういう準備こそ必要だったのでしょう。オンリーワンの方法では、想定が変わったときには対応できなくなってしまいますから。もっと規模が大きなところだと、もっと大変なことになるわけですよね。屋内にとどまる方法の一つとしては、外から食料や人的な支援が来ること。われわれだけでできることではなく、行政や民間も含めて支援体制がないと、緊急事態が起きたときは対応が難しい。だから早くそういう体制をつくらないといけないと思います。

何の準備もないなかで行われた病院の緊急避難。そして、そのさなかでの被曝。

3年以上が過ぎ、事態が収束したといわれ多くの人々が普通の生活を送っている今も、原発事故に襲われた人々は放射能の不安のなかに取り残されている。

（2014年6月　取材）

南相馬市

――孤立無援の街で生き抜く

南相馬市

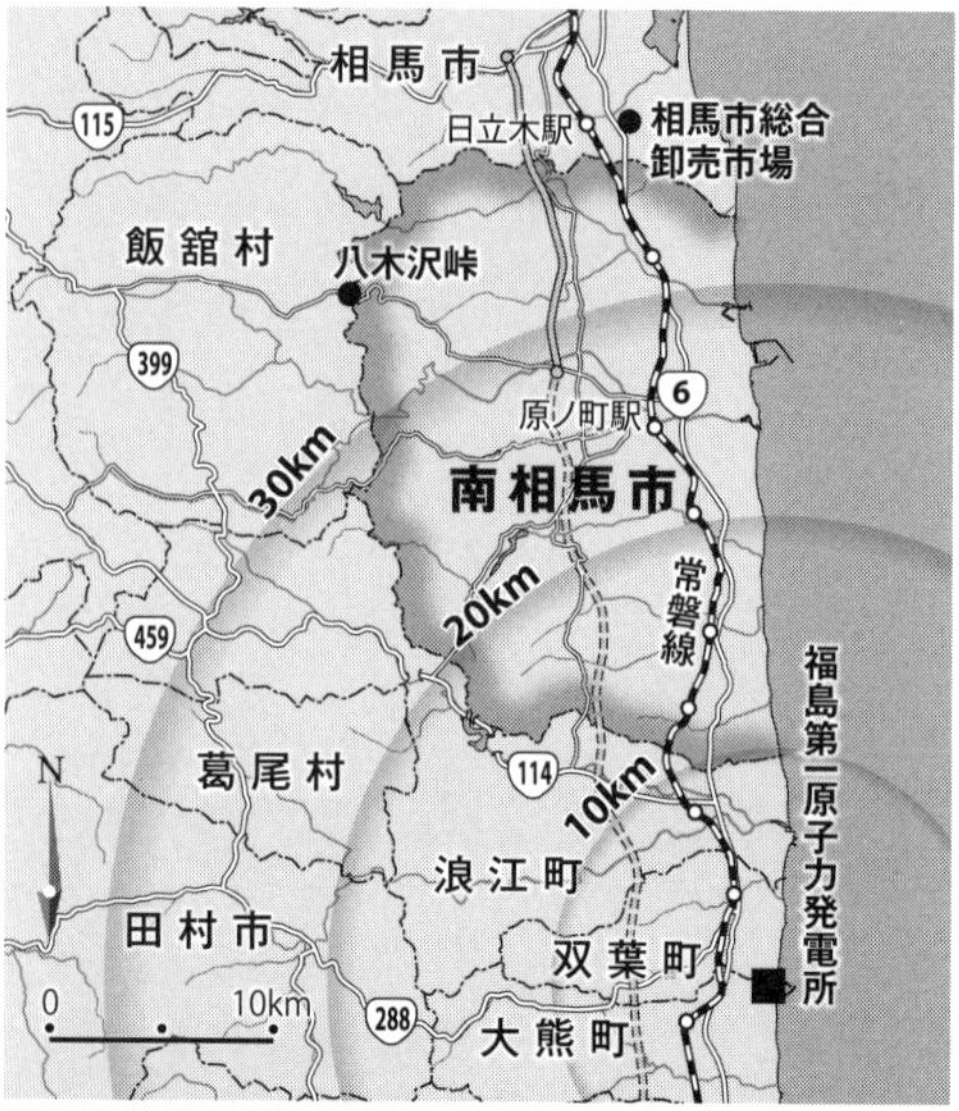

南相馬市 原町区

南相馬市は、福島県の〝浜通り地方〟と呼ばれる東の沿岸部に位置し、東京電力福島第一原子力発電所の北、10キロから40キロに広がる。

震災当時の人口は7万人。高さ7・3メートルの津波により、636人が犠牲となった。さらに福島第一原発の1号機、3号機の建屋が相次いで爆発したことで、3月15日、南相馬市に屋内退避指示が出された。これにより同市は放射能汚染地域とみなされ、街には一切の物資が入ってこなくなった。このとき、市内には5万人が残されていた。食料や生活物資が日ごとに減りはじめ、市の担当者は餓死者が出るのではないかと、不安に駆られるほどであった。

そんななか、残された人たちのために店を営業し続けた鮮魚店があった。また、避難が自主判断となった市立病院で、入院患者のために残った医師や看護師らがいた。一度は避難した運送業者も、支援物資を運ぶために街に戻った。

放射能の恐怖にさらされ、物資が途絶えた孤立無援の街で、ともに支え合い、屋内退避を乗り切った南相馬の人たちの証言である。

鮮魚店を襲った激しい揺れ

福島第一原発から北へ25キロ、市役所のある原町区は、南相馬市の中心地だ。この原町区の商店街の一角にある山田鮮魚店は、全国から新鮮な魚を集める地元の繁盛店だった。
あの日、震度6弱の地震が南相馬市を襲う。山田鮮魚店の店主、山田護《まもる》さん（65歳）はちょうど昼食をとって休んでいた。

［証言／山田護］
休憩が終わってそろそろ仕事の時間かなと思っていました。そうしたら大きな地震が来て、お店は新築して7年目くらいでしたが、それでも潰れるんじゃないかと思うくらいの揺れでした。お店の厨房にあった食器棚の食器が、ガラガラ落ちて割れてしまって。

そのとき店は大勢の客でにぎわっていた。

［証言／山田護］
天井が広いので、ドーンと床に落ちて、お店にいるお客さんがけがをしたらと心配になり、店内を見にいくと、お客さんが何人もその場にしゃがみ込んでいました。

護さんの妻、和子さん（62歳）は店で接客をしており、長男の真人《まさと》さん（42歳）は、客から注文を受けた刺身を切っていた。二人は激しい揺れに危険を感じ、店にいた客を外へ出した。

［証言／山田真人］

最初は「地震だな」と思ったくらいだったんですけれども、だんだん大きくなって、店はギシギシガタガタいってました。2回目の大きな揺れで、これはまずいと思って、お客さんを店から外に出しました。

［証言／山田和子］

お客さん一人の肩を抱えて外に出たのは覚えてます。道の真ん中あたりの、安全なところまで。そこでしばらく様子を見ていましたけど、アスファルトの地面は波打ってるし、電柱が大きく揺れて本当にすごかったです。

津波に飲まれた老人福祉施設

地震からおよそ2時間後、店の片付けをしていた山田さん一家は、テレビのニュースを見て愕然とする。そのときテレビでは、海岸から2キロ内陸にある老人福祉施設「ヨッシーランド」が倒壊し、十数人が建物の下敷きになったと報じていた。護さんの母、富子さん（90歳）は、その日の朝、ヨッシーランドのデイサービスに出かけていた。

［証言／山田和子］

ばあちゃんは、普通は4時から4時半までに帰ってくるんだけれども、なかなか帰ってこなかったの。そうしたら、テレビでヨッシーランドのことをやっていたもんだから。

――――

心配した護さんは、すぐにヨッシーランドに向かうことにした。

［証言／山田護］

おふくろがいるからね。あそこまで大きな津波で、あのときヨッシーランドで何十人が死亡したという報道もあったので、おふくろもやはり犠牲になったのかなと半分諦めていましたけど、自分の目で見ないと納得できないですからね。道路が通れるかどうかもわからないけど、まず行ってみようって、5時を過ぎたあたりに出かけました。

――――

店からヨッシーランドまでは3キロほどの距離だった。護さんは車で裏道を急いだ。

［証言／山田護］

おそらく交通規制があって道路が通れないんじゃないかと考えて、そうだ裏道、細い道があったぞと思い出して。道が細いからとにかく安全運転でね。もう少しだ、もう少し走ればヨッシー

――――

ランドに着くという気持ちで走っていましたね。

ヨッシーランドまで200メートルほどのところまで来たとき、山田さんは、パトカーや消防車がひっきりなしに行き交い、津波が来るから海に近づかないようにと警告しているのを目にする。このまま車で進むことは難しいと判断し、車を降りて歩くことにした。すると、徒歩で急ぐ山田さんの前に消防の封鎖線が現れた。

［証言／山田護］

鉄パイプのバリケードがあったわけ。車両のそばに待機している警察官や消防士の方に、「入っちゃだめだ。どこへ行くんだ」と言われました。でも、せっかくここまで来たんだから、ヨッシーランドまで行かなくてはと思って、むりやり通りました。もう何回もサイレンを鳴らされるんですが、それでも強引に向かったんです。

そのあとも何回もだめだって言われたんだけど、おふくろが心配だったので、無我夢中で、もう少しだと思いながら歩いていました。そうしたら消防署の人が追いかけてきて、「どこへ行くんだ」と聞くので、「ヨッシーランドにおふくろがいるから捜しに行くんだ」と答えたところ、「すぐに出てください、また津波が来るからだめだ」と。結局ヨッシーランドに行くことはできず、家に戻りました。

津波に襲われた老人福祉施設のヨッシーランドでは36人のお年寄りが犠牲になった。泥の中から救出された被災者は病院に緊急搬送された。

野戦病院となった市民病院

ヨッシーランドから西に1キロの位置にある南相馬市立総合病院には、津波に飲まれた人が次々に運び込まれ、野戦病院のような状況になっていた。
1階ロビーの床にはマットが敷かれ、人工呼吸器、レントゲンなどが運び込まれて、臨時の救護所、集中治療室がつくられた。搬送された被災者は、津波で全身泥だらけになり、泥水をいっぱい飲んでいた。
小野田克子《かつこ》さん（45歳）は、そのとき救急外来の看護師長を務めていた。

［証言／小野田克子］

被災した人が運ばれてきたら、まず床のマットに寝かせます。普通ですと高いベッドですが、床に敷いたマットなので、先生は座った状態の低い位置で、気管内チューブを患者さんの口に挿管します。挿管すると（管を通じて）泥水が噴き出してきました。

医師も看護師も床に座ったまま処置を行っていたため、噴き出た泥を全身にかぶった。その泥を拭く間もなく、次から次へと搬送されてくる患者の処置に追われた。

［証言／小野田克子］

今まで挿管したら泥水が出てくるなんていう人はいませんでした。そういった方が2人も3人も並んでいるわけで、そうやっている間にも、後ろからまた次の患者さんが運ばれてきました。救急外来でも、1人の重症の患者さんにみんなが集中して治療することはあっても、こんな経験は初めてでした。

最善をつくしてもお亡くなりになった方に対して、今までは「看護師として何ができるだろう、今後どうしたらいいだろう」という思いで日々向き合っていましたが、あの日はそれどころではありませんでした。それこそ今まで一人ひとり霊安室でお線香をあげてお見送りをしていたのが、あの日は本当に申し訳ないのですが、8体くらいをシーツに包んで並べるような状態で、今までにない経験でした。

本当に次から次に患者さんが来たので、夢中でした。「あ、亡くなってしまったんだ。悲しい」と思った瞬間には、次の患者さんがいるので、その患者さんを助けるためには何ができるのかと気持ちを切り替えて、皆やっていたと思います。

その夜、山田鮮魚店では驚きの声が上がっていた。ヨッシーランドにデイサービスに行き消息がわからなくなっていた母、富子さんが、施設のバスで運ばれて帰ってきたのだ。富子さんは津波が施設を襲う直前に車に乗せられたため、助かったのだという。

［証言／山田護］

バスが戻ってきて、介護士の方が二人でばあちゃんを抱えて店に入ってきました。家族みんなで、「あれ、ばあちゃん生きてる、助かったんだ」って、お客さんも何人かいたんですけれど、なりふり構わず大きな声で叫びました。

「ばあちゃん、助かったんだ」って声をかけたら、ニコニコしてね、笑顔でした。「お宅のおばあさんは早めに避難したから助かりました」って介護士の方に言われて。泣けるよりも、急に嬉しくなって、ああ生きているんだなと思って……。当時を思い出すとそんな感じですね。

避難できない入院患者たち

震災の翌日、福島第一原発1号機の建屋が水素爆発を起こした。事態を受けて、枝野幸男官房長官（当時）が、政府の指示を発表する。原発から20キロ圏内に住んでいる人はすべて避難しなくてはならないという内容だった。

南相馬市立総合病院で脳外科医を務めていた太田圭祐さん（36歳）は、ロビーのテレビで20キロ圏内の避難指示を知った。病院は、原発から23キロの位置にあった。太田さんは、そのとき病院が行った原発事故への対応策を克明に記憶している。

［証言／太田圭祐］

みんながテレビの前に集まっていました。爆発の映像が衝撃的だったので、これはえらいことだと。5キロから10キロとか避難地域が広がっていくにつれて、うちの病院がどれくらい離れているかということを、皆で確認しました。
うちの病院は大体23キロ離れていることがわかり、避難指示が最終的に20キロまで広がりましたが、まあ23キロなので、今すぐ何か対応するということではなかったと思います。しかし20キロのラインがすぐそこで、警察が非常線を張って中に入れないような対応になってしまったので、そういうものができてしまうと、すごく危機感を感じましたね。

そのとき病院には、自力では歩くことができず、避難できない入院患者が大勢いた。

[証言/太田圭祐]
若い健常な患者さんにはなるべく避難してくださいとお話ししました。しかし、なかには動けない患者さんもいました。私は脳外科医なので、脳梗塞の患者さんや、重度の後遺症のある患者さんというのは、やはり動きづらい状況なのは知っていました。

避難できない入院患者を多く抱えた南相馬市立総合病院。院長は病院スタッフを避難させず、動けない入院患者の治療をこれまでどおり続けることを決めた。
それと同時に放射能への対策にも力を入れた。病院の出入口を限定し、外へ出るときは防護服を着用するようにした。

[証言／太田圭祐]

救急医療は維持する。その上で、ガイガーカウンターで放射線量を測るとか、あとは入口を一か所にするとか、そういった対応をしていこうという話が出ました。

そして外から入る物資にしても患者さんにしても、出入口を一か所にしました。二重扉になっているので、外から入ってくるときは内側の扉を閉める。そして内側の扉を開けて院内に入るときは、外側の扉を閉めるというかたちにしました。また内扉から中に入るときには患者さんのスクリーニング（汚染の検査）や、物資のスクリーニングをすべて行うようにしました。

病院から外に出るときは皆、防護服を着て出るというかたちにし、常に誰か常駐して、外から来るものすべてにスクリーニングをかけるようにしました。

さらに放射線技師が1時間おきに病院の外と中の放射線量を測定し、その数値が掲示板に貼り出された。

[証言／太田圭祐]

明らかに病院の外のほうがちょっと高めの値が出ましたけど。外と中で変化がないかどうか比べて、外のほうはちょっとずつ上がっていくことはありましたけど、病院の中はそんなに変化がないということは確認できました。建物がコンクリートなので、ある程度防いでくれるのではないかと予測していました。外からの風などが入ってこなければ、病院内は値が低いままで済むのではないかということも数値から予測していましたし。

病院の中で測定した放射線量の値は、屋外の3分の1程度だったという。しかしその当時、どれくらいの値が健康被害をもたらすのか、病院の医師でも判断がつきかねた。

［証言／太田圭祐］

測定した放射線の値が体にどれくらい影響があるのか、その時点ではまったくわかっていませんでした。でも、数値を知ることで少しは安心できたんじゃないでしょうかね。測っている間は、高い値が出ることはなかったので、病院という頑丈な建物の中にいれば、ある程度は大丈夫なのではないかとは感じていました。

人けのなくなった街

放射能への恐怖から、南相馬市を脱出する人もいた。運送会社を経営する上田由幸《よしゆき》さん（42歳）は、妻と3人の子どもを守るために、3月12日、福島市に避難した。

［証言／上田由幸］

会社では9台ほどトラックを所有していましたが、相馬港のほうで1台、完全に水没というかたちで流されました。もう1台は、富岡町のほうに行っていて、潮水の中を帰ってきたために使えなくなってしまいました。

12日、集まった運転手同士話をして、とにかくこれでは仕事にはならないということで、結局その日は帰ってもらいました。そして夕方になってテレビで水素爆発のニュースを見たんです。そのときはすぐに逃げようとは思わず、ちょっと周りの様子を見ようかなと。

［証言／上田由幸］

しかし、時間が経つにつれ、当時17歳だった娘の江希《みずき》さんが、携帯電話に入ってくる情報に不安を見せはじめた。上田さんと妻の和枝さん（43歳）は、避難を決意する。

娘の携帯に、テレビの報道よりも早く、メルトダウンとかそういう情報が入ってくるようになって。「大変なことになっている、原子力（発電所）の底に穴が開いて、もう下まで抜けちゃっているよ」「逃げたほうがいいよ」といった情報がどんどん入ってきて、「私たちは逃げなくて大丈夫なの」と娘が心配していた感じでした。

［証言／上田由幸］

ツイッターとかミクシィで、「この辺の人たちももう逃げている」という情報などが入ってきたので、「私たちは逃げなくても大丈夫なの？　どこかに行こうよ」と娘から言われました。逃げようと何回も言っていたので、怖いというのはあったと思います。

［証言／上田和枝］

娘は僕たちより長い人生がありますので、影響があるのであれば、やはり一時的にこの場を離れて、少しでもいい環境にしたほうがいいのかなと思って。実際に携帯に「死んじゃうんだよ」というような情報がいろいろ入ってくると、普通とはまた違う心理状態になって、本当にまずいのかなという恐怖感を覚え、離れようということになりました。

[証言／上田和枝]

この辺で「窓を開けないでください」という放送があったり、夜、周囲の家の明かりがなくなってしまったんですね。多分、避難したのだと思うんですが、夜、電気が点いていないっていうこともあって、ちょっと普通ではない怖さ、放射能自体の怖さよりも、いつもと違うという怖さのほうが先にありました。

12日の夜10時、上田さんたちは車で福島市に向かう。そのとき、上田さんは街に人がいないことに気が付いた。

[証言／上田由幸]

駐車場には車が一台もないくらいの状況になっていました。閉店していますよといわんばかりにシャッターがすべて閉まっていて、人けがない状態でした。車もほとんど走っておらず、スタンドなんかも閉まっている状態で、コンビニも閉まっていたと思います。

南相馬市にある大型店のほとんどは、12日の夜、店を閉めた。商品はあっても従業員が避難してしまい、店を開けていられなくなったのだ。上田さんが車から見た商店街は閑散としていた。

[証言/上田由幸]

大手スーパーも閉まっていましたし、スーパーの駐車場の電気が消えているのを見て、「ああ、もう誰もいないのかな」と。大手だけでなく商店街もシャッターが閉まっていましたね。

離ればなれになった家族

山田鮮魚店の山田護さんは、12日の原発建屋の水素爆発をニュースで知ったが、逃げようとは思っていなかった。

[証言/山田護]

爆発のニュースは見ましたが、どのくらいの規模でどういう被害があるのか、全然わかりませんでしたからね。そこそこお客さんは来ていましたから、不便かけてはまずいと思って、商売は続けていました。

13日の早朝、山田家の玄関扉が激しく叩かれた。長男の真人さんが扉を開けると、そこには原発で働いている親戚の男性が2人立っていた。

［証言／山田真人］

朝6時ごろ2人が来て、いきなり「原発危ないよ」と言われました。「もうやばいよ、避難したほうがいいよ」とそれだけ言って、すぐに走り去ってしまいました。深刻な顔をしていたので、ああ、もう本当に危ないんだと、これはちょっとただ事じゃないと思い、妻と相談しました。

真人さんには、妻と5人の子どもがいた。子どもたちへの放射能の影響を心配して、真人さんは避難を決める。

一方、護さんは避難を拒んだ。原発事故後に妻の寝たきりの父親（83歳）が避難してきており、同じく寝たきりの自分の母親の富子さんと、2人を連れて逃げることはできないと思ったからだ。

［証言／山田真人］

相談はしたんですよ、逃げなくていいのって。そうしたら「俺は残るから、お前らで行け」って。俺たちは避難するよって言ったんですけど、かたくなに「動かない」と言うので。

［証言／山田護］

やっぱり寝たきりの要介護者が2人もいると、簡単に行くとは言えない。避難するって、どこに行くんだっていうの。誰の家に世話になるのかということが、まず先に浮かぶでしょう。私の考えですが、寝たきりの老人を2人も連れていったら、口には出さなくても、行った先でもいい思いはしないはずですよね。かえって迷惑をかけてしまう……。それなら、どんな被害になっても、ここにいたら人に迷惑をかけないですむわけですから。2人も寝たきりの老人を抱えて、移動も、食事も、介護するのは並大抵のことじゃないですよ。それに当時は寒かったですから、寒いときに移動したら1週間ももたないんじゃないですか。避難先で亡くなる人もいましたから。

どんなことがあったって、ここにいるんだって、気持ちが据わっていましたね。何があったって避難なんかしない、動かないぞって。

山田家は、寝たきりのお年寄り2人とともに残る護さん夫婦と、福島市に避難する真人さん一家に分かれることになった。

2度目の水素爆発

3月14日、福島第一原発の3号機建屋が水素爆発を起こす。その様子を南相馬市立総合病院のスタッフは、息をのみながらテレビで見ていた。

[証言/太田圭祐]

「また原子力発電所が爆発したぞ」という情報を聞き、テレビを見ましたら、3号機が爆発していました。キノコ雲っぽく爆発したのを見て、原子爆弾を連想して、皆、核爆発がついに起こったというふうに捉えましたよね。1号機の爆発より危険なものだと判断したと思います。

皆、テレビの前に集まって騒然としていて、「本当にやばい、危なくなった」「もう逃げたほうがいいんじゃないか」という話が出ました。患者さんのご家族もいましたし、「やっぱり逃げよう。もうだめ」という声が耳に入ってきました。医療スタッフもやはり危険を感じていて、「ここもついにだめだね」という話が聞こえてきました。

13日までは、不安はありましたけど、20キロ圏外だったので、医療者として頑張ろうという気持ちはありました。でも14日の事故で、地震とか津波の救急医療の話から、原発の災害とか危機のほうに意識が移っていきました。やはりみんな怖がっていましたね。

3号機建屋爆発の報道があって間もなく、院長は病院のスタッフ全員に集合を命じた。そして、「このままでは命の保証ができないので、避難するか残るかはそれぞれの判断に任せる」と告げた。看護師の小野田さんは、そのときのスタッフの様子をよく覚えている。

［証言／小野田克子］

院長の話を聞いて、スタッフは皆、それぞれ隣にいた人に「どうする？」みたいな感じで確認し合っていて、シーンとして話を聞く、冷静に判断するような雰囲気ではなくなり、もうわれに返るというか、「逃げなきゃ」という感じになったのを記憶しています。

それまで情報がないなかで、本当にこの場にとどまっていても大丈夫なのか、不安だけど目の前の患者さんを置いて行くわけにもいかない、でも家族はどうすればいいのかっていう毎日を過ごしていたので。結構限界のところまで、皆、精一杯のことをしていました。震災後に家に一度も帰れない人も、家が避難区域になって家族だけ避難している人もいました。これがどこまで続くんだろうという不安もありましたから、院長の話を聞いた瞬間、多分スタッフは「あ、逃げなきゃ」って思ったんだと思う。

スタッフおよそ250人のうち、小さな子どもを持つ親など、150人ほどが避難を選んだ。小野田さんにも、高校1年生の息子と中学校1年生の娘の2人の子どもがいた。しかし小野田さんは救急外来の責任者ということで、子どもたちの避難を同じ病院に勤めている夫に託し、自分は病院に残ることを選んだ。

［証言／小野田克子］

放射能のことはよくわからなかったですが、原爆と同じようなイメージがあったので、夫と子どもとはもう会えないだろうと思っていました。でも、逃げるよりも、やらなきゃいけないと思ったんですね。救急で亡くなった人もいましたが、救命した人もいました。自分たちが災害時の救急の訓練を何もしていなかったのに、ここまでやれたという感じはありました。やらなきゃいけない、病院で最後にやれることのほうを考えたんです。だから逃げようとは思いませんでした。子どもたちさえ助かれば、まあ自分はどうなってもいいやっていう思いもあったし、死ぬかもしれないけど、不思議と避難するという考えにはなりませんでしたね。

深刻な物資不足に陥った南相馬市

3月14日の夜、運送業者の上田由幸さんは会社に置いてきたトラックを取りに、福島市から南相馬に向かっていた。しかしその途中で、路肩に止めたパトカーから出てきた警察官に止められる。

［証言／上田由幸］

危険なので南相馬には入らないほうがよいのではないかと言われました。自分の会社に置いてある車両を確認しに行きたい、車両を引き揚げたいということを伝えると、「滞在時間が短いのであれば、気を付けてどうぞ」と言われました。

警察の方はすでにマスクとか防護服とかを着用していたので、昔、サリン事件があったような、ものすごく重大なことになっているような気がしました。

翌15日、政府は決定的な指示を出す。

枝野官房長官は会見で、「20キロから30キロの圏内にいらっしゃる皆さんには、外出することなく、建物など、内部にいていただきたいということをお願い申し上げます。ぜひ、その折には、窓を閉めて気密性を高めていただきたい」と訴えた。

福島第一原発の20キロから30キロ圏内に屋内退避指示が出たことにより、南相馬市は放射能汚染地域とみなされ、物資を運ぶトラックは一切入ってこなくなった。

しかしそのとき、南相馬市には5万人が残っていた。物流が完全に遮断され、食料、ガソリン、生活用品、何もかもが急速になくなっていった。

南相馬市役所に勤める西谷地《にしやち》勝利さん（54歳）は、震災直後から3月の下旬まで、支援物資の担当だった。3月11日以降、市内の小川町体育館が、被災者への支援物資を備蓄する施設として使われ、体育館から被災者の避難所に支援物資が配給された。

屋内退避指示以降、西谷地さんは物資の搬入を運送会社に断られ続けていた。

［証言／西谷地勝利］

屋内退避と政府から正式に指示が出ましたので、多分流通業界にもしっかりとしたメッセージが流れたと思うんです。なんとか入ってこられませんかと言うと、会社の指示ですから南相馬市には入れませんと言われました。また、支援物資を運んでいた運送会社でも、支援物資を送った依頼主の意思では、被災者の手元まで届けてほしいということだったんでしょうが、途中で止まって、そこから先には行けないという連絡が入ったものもありました。

明らかに物資が滞ってきたと感じはじめたのは、ここの体育館に多くの市民の方が、物資を求めてやって来だしたんですね。米とか水とか、お年寄りの介護用品とか、赤ちゃんのミルクとかですね、それを求める方が少しずつ増えてきました。これはちょっと大変な状況になってきたと。

体育館に物資を求めてやって来たのは、本当に生活に困窮した人ばかりだった。

［証言／西谷地勝利］

ここにいらした方は、子どもとか要介護者を抱える家族など、本当に生活に困窮した方たちでした。ミルク、おむつがなければ子どもを育てるのに支障が出るでしょうし、あとは米がなくなったとか。

日に日に体育館に来る人が増えてきて、物資不足が顕著になってきて、このままだと原子力災害の放射線による被害よりも、食料不足による被害のほうが、時間をそれほど要せずに起きてしまうのではないかと危機感を覚えていました。特に高齢の方や自分で買い物ができない方が厳しいかなと。

相馬市に行けば少しは食料を調達できるという話もあったのですが、交通手段のない方については、もう水や味噌くらいしかなくなってきたということもあったので、本当に餓死者が出るくらいの物資不足の状況だったという感じがします。このまま生活が立ちゆかなくなるのではないかと、恐ろしく感じていました。

一方、山田鮮魚店にはひっきりなしに電話がかかってくるようになっていた。

［証言／山田護］

15日になって「とにかく食べるものがないから、何かないですか」っていう電話が入ったので、じゃあ、放射能の不安はあるけど店開けるかって。おそらくあのころは原町の大型店も閉鎖して、店は一軒もやっているところはなかったんです。商品は、11日当時、マグロも3本くらい鮮度のいいやつがありましたから、まだこの鮮度なら大丈夫だなと。じゃあこれを刺身にして商売をしようということで始めました。

息子たちも15日ごろ帰ってきたので、それなら4人いるから何とかできるかなと。すると日に日にお客さんが増えていきました。「ああ、お店やっているの。本当に助かる」という声に背中を押されてやっていましたね。

店を開けた山田さんは、冷蔵庫に残っていた魚を連日売り続けた。避難できない人たちが店に行列をつくり、客足は日を追うごとに増えていった。お年寄りを抱えた人が多いことを山田さんはそのとき感じたという。

［証言／山田護］

お客さんは若い人じゃなくて年配、60代以上の方がほとんどでした。やっぱりある程度年配で、諦めたわけではないけれど、介護する人がいたりしてどうしても避難できない人もいたと思うんですよ。

多分、うちと同じような家族がたくさん残っているんだなという感じはありました。やはり年輩だと遠くに買い物に行けないし、だから市内で、私のような店が開いているとお客さんも助かるんじゃないかなと。在庫もあったのでやれるだけやってみよう、そんなつもりでやっていましたね、当時は。

食料不足は病院でも深刻な問題になっていた。

給食をつくっていた業者が避難してしまったため、看護師たちが食事をつくることになった。しかし新しい食材は補充されなかった。

［証言／小野田克子］

なんとか食料を少しでも調達できないかということで、院長先生自ら職員の畑に行って、ネギを持ってきたり、ご自分の実家の畑からいろいろな野菜を取ってきたりとかされて、そういうのを材料にしたりしました。

一食の量は半分に減らされ、職員が自宅から持ってきたサケの切り身などが、その日のおかずとして提供されたこともあった。

［証言／小野田克子］

何でものが入ってこないのって。屋内退避って、屋内でいいということなのに、そこで生活ができないというのはどういうことなんだろう。そういう疑問を皆、抱いていました。

食料だけではなく、患者の命にかかわる医薬品もしだいに枯渇していった。

〔証言／太田圭祐〕

一番危機的に不足していくかなと思ったのは酸素でした。どんどん消費されていって備蓄が少なくなっていきました。どの病院も酸素を何週間というレベルで貯めているんですが、うちの病院の場合、震災が起こってから、残り3日とか4日分しかなかったと思います。やはり酸素が必要な病気が多いので、酸素を自由に使えなくなってしまうと、患者さんの命に直結する部分が大きいんですね。ですので酸素を早く届けてほしいと、業者に打診しました。

糖尿病治療薬のインスリンや血液製剤など、治療に欠かせない薬も、屋内退避指示以降、急激に減っていった。

〔証言／太田圭祐〕

屋内退避指示で、周りで頑張っていた病院や薬局が一気に閉めざるを得なくなり、ほかの病院とか薬局で対応していた方が、うちの病院に全部集まってくるというかたちになりました。ほかの病院でもらっていた薬を、なんとか出してもらえないかという方が殺到したんです。いろいろなところに支援はお願いしたんですけれども、やっぱり危ない区域なので、支援を送りづらい状況であるという返答を得たところもありますし、30キロのところにも検問ができて、入りづらい状況にもなっていたんですね。製薬会社も含めて民間企業さんに関しては、入れないという社内通達になっていたようでした。

屋内退避というのは一応まだ安全な区域のはずなのに、民間の企業が入れなくなっているというのは、ちょっと納得いかない部分がありましたね。屋内退避という指示は住民を守るための指示だと思いますが、やはりそれに即した支援がないと、すごく孤立を招いたというか……孤立というよりも、外部と隔絶させただけという気がします。患者さんとか住民の健康被害が最小限に収まるのであれば、必要な指示だと思いますが、それに即したバックアップシステム、物資を供給するとか、医療スタッフをどんどん送り込むとか、そういう態勢が整ってから、屋内退避の指示が出されるべきだったのではと思いますね。

市内の被災者への支援物資を備蓄する小川町体育館でも、物資は日を追うごとに枯渇していった。市の支援物資担当者だった西谷地勝利さんは、現場で危機感を募らせていった。

［証言／西谷地勝利］

屋内退避指示が出された当初は、政府が正しいメッセージを物流業者に出して、ちゃんと物資は入ってくるだろうと、そんなひどい状況にはならないと思っていました。

でも急速に避難所への食料提供が困難になってきました。3食が2食になったり、おにぎりが3個から2個になったりと、どんどん減るような状況になってきました。

3月16日、ニュース番組に南相馬市の桜井勝延市長が電話出演し、物資不足の実情を訴えた。

「物資やガソリン、生活物資が本当に入ってきません。30キロ以内に屋内退避の指示が出ても、30キロの外でもう交通規制がかかっているんですよ。だから、ほとんどわれわれ物資がつきます。

このままでは……」

市役所では連日、災害対策本部会議が開かれ、市民を窮状から救う方策が話し合われていた。

［証言／西谷地勝利］

物資が入ってこない状態で、屋内退避を継続するのは困難だと思いました。食料も生活物資も市内から調達できない、市の拠点からももう配布できない状況になっていましたから、もはや市民の皆さんには、市外への避難というかたちを選んでいただくしかないのではと、私は思っていました。災害対策本部会議では、物資担当として、市民を避難させたほうがいいのではないかと市長にも申し上げました。

自主避難ができない、自分で交通手段を持たないという人を対象に、バスをチャーターして市外、県外に避難させるという独自の計画を立てはじめたのは、たぶん15日とか16日ごろだったと思います。

しかしそのとき、食料とともに不足していたのが、ガソリンだった。バスをチャーターして被災者を避難させるという計画が出たものの、市内のガソリンスタンドは、手持ちのガソリンを売りつくして休業状態。ガソリンを積んだタンクローリーは、放射能汚染地域とみなされる30キロ圏内には入ってきてくれなかった。

峠の雪道を下るタンクローリー

そのころ、南相馬市から60キロ離れた郡山市には、南相馬市の要請で政府が調達したガソリンのタンクローリーが4台、到着していた。

しかし関東からガソリンを運んできた運転手は、放射能をおそれ、郡山市で車を降りてしまった。タンクローリーを南相馬市まで運ぶには、新たな運転手と危険物取扱免許を持っている人が必要だった。

3月16日、危険物取扱者として市から依頼を受けたのは、南相馬市でガソリンスタンドを営む、若盛かほるさん（49歳）だった。

［証言／若盛かほる］

タンクローリーがいつ来るのかと思っていたら、取りに行かなきゃいけないということで。トレーラーの運転免許はなかったのですが、私は危険物取扱免許を持っていたので、市の職員さんが迎えに来てくれた車に乗って原町の市役所に行きまして、そこから別のスタンドの方といっしょに郡山に向かいました。

市役所を出たのは5時近かったと思います。天気は曇っていて、夕暮れで暗くなってきて、すごく寒かったです。そのうち、みぞれみたいなものも降ってきました。

郡山市から南相馬市に向かうルートには、難所と呼ばれる八木沢峠があった。その夜は、曲りくねった山道に雪が積もり、危険な状態になっていた。しかし関東から来たタンクローリーは、雪道用のタイヤを装着していなかった。峠を通るとき、若盛さんは初めてその事実を知った。

[証言/若盛かほる]

タンクローリーの運転手さんも、朝から待機していたらしく、早く早くと苛立っていたみたいでした。そうしたら、八木沢に入るあたりの会話でスタッドレスじゃないとわかって。私も雪道をノーマルタイヤというのは初めての経験なので、なんとも言えないですけれど、怖かったです。真っ暗だし、雪はバンバン降っていて、周りも何も見えない状態で。私は、ただ隣に乗ってくれればいいくらいの話だと思っていたので、まさか雪が降るとは思わないし、とにかく運転手さんに「慎重にお願いします」と言いました。

急カーブが続く道でブレーキを使うと車はスリップしてしまうため、運転手は時速20キロでゆっくりと雪の山道を下りた。

[証言/若盛かほる]

カーブなので揺れるし、私は助手席の取っ手にしがみついていました。ガードレールを突っ切って、そのまま崖から落ちるんじゃないかと、本当に怖かったです。運転手さんも多分慣れてはいると思うけれど、ガソリンを積んでるし、やっぱり怖かったと思います。慎重でしたね、運転は。

こうして南相馬市に運ばれたガソリンは、その後、市内の四つのガソリンスタンドに配られた。そして車1台につき、10リットルずつが無料で配給された。南相馬市に閉じ込められていた人たちは、このガソリンで街を脱出していった。車がない人たちは、市が用意したバスで、市外や県外の避難所に向かった。

こうして3月20日までに、3万人以上が南相馬の街を離れた。

市立病院に残っていた107人の入院患者も、自衛隊によって全員が移送された。一部の患者は、相馬港に停泊した巡視船から、ドクターヘリで青森の病院に搬送されていった。

しかし入院患者がいなくなっても、看護師長の小野田克子さんは南相馬市から避難しなかった。

［証言／小野田克子］

入院患者さんはゼロになりましたけど、街にまだその当時、残っている住民の方がいました。院長先生のお考えとしては、外来を閉めるわけにはいかないということで、私も外来の看護師長という責任者でしたので、残ることにしました。

この場に残って、救急の患者さんを診る、また周囲の薬局やクリニックが閉まっていたので、お薬のない方たちが市立病院で薬をもらえるようにしました。これから遠くに避難するという患者さんに対しては、外の薬局で薬がもらえる処方箋をお書きして、避難先でもらってもらうようにしました。

今まで目いっぱいやってきて、ちょっとゴールが見えて、患者さん全員を搬送すれば、自分たちも少しは休めるかなとは正直思いました。でも、やはり病院を開いていると毎日120人くらいの方がいらっしゃるわけで、それだけ困っている人がいるのに、入院患者がもういないから閉めますというわけにはいきませんでしたね。ですから、忙しさもあり、あまりがっかりしている暇もなく、新たな処方箋などの対応に追われるようになった感じです。

次々と運ばれてきた支援物資

3月20日以降、市内に残った人はおよそ1万人といわれている。その3割は寝たきりなど介護を必要とする人と、その世話をしている人だったと推測されている。

市は残された人々のための物資を集める計画を立てる。ホームページで全国に支援物資を呼びかけ、送り先として北隣の相馬市の卸売市場を指定した。相馬市の市場は30キロ圏外にあり、南相馬市まで物資を運ばない大手業者も、相馬市の市場までなら運んでくれた。

福島市に避難していた運送業者の上田由幸さんは、南相馬市から依頼を受け、相馬市の市場に集まった物資を運ぶ仕事を引き受けた。

［証言／上田由幸］
南相馬市役所の担当の方から連絡をいただき、相馬市から南相馬市まで物資を運んでほしいと

のことでした。物資はあるけど、南相馬市の人のところまで荷物が届いていないという話を聞きまして、自分だけでも行こうと。放射能に対する不安もありましたけど、自分の生まれ育ったところでもありますし、他県の人から応援物資をいただいていましたので、移動できない人のためにも、一刻でも早く届けたいという思いから仕事を引き受けました。

市場で物資を見たとき、ものすごい量の支援をいただいているんだなということを感じましたね。企業の荷物よりも、個人の方から送られた物資が目に入りました。段ボール一つだったり、袋いっぱいのお米だったり。なので「まだ大丈夫、南相馬市は忘れられてはいない」と感じました。日本全国の方からそういう手助けをいただいたので、ありがたいなと思いました。

上田さんは、相馬市と南相馬市の往復を繰り返した。物資を運んだ先は、南相馬市の集積所、小川町体育館。物資はすぐに体育館いっぱいになった。

上田さんが物資を運んでいるという話を聞いた運送会社の社員らも、次第にトラックで物資を運ぶ仕事を手伝いはじめた。

［証言／上田由幸］

一番ありがたかったのは、「社長が一人でやっているぞ、だから俺らもやらなきゃいけないんじゃないか」という、うちの会社の一人のドライバーの言葉が、全従業員を動かすことになったことです。当時、屋内退避で極力外には出ないでくださいとの指示でしたが、24時間家の中にいるというのは不可能ですし、ただテレビ見て横になってるんだったら、仕事をするほうがいい。

なおかつ人のためになるのであればと、社員同士でそんな話をしていたようです。——

配給所には長蛇の列ができた。上田さんたちが運んだ物資が、街に残らざるを得なかった人たちの命を支えた。

［証言／上田由幸］

困っている人、動けない人のところになんとか届けなければと思いました。普通の人であれば、避難するにせよ、残るにせよ、自分で判断できますよね。しかし体の不自由な方などは、自力で移動するというのが難しく、避難はもうできないと諦めて、残ると決めた方もいらっしゃるようで、食料品を届けないわけにはいかないと思ったんです。

そのときはフォークリフトなどの手配ができず、手作業で荷物を下ろしていました。6人でやって3時間、あるいは半日がかりで下ろしたこともありました。当時は結構疲れていたと思いますが、無我夢中で、作業をしているときにはそんなに疲労は感じませんでした。家に帰ればやはりぐったりしていましたけど。持っていった先で非常に喜ばれて、感謝の言葉をかけていただけることもあって、そういうのも励みでしたね。普通の仕事にはない達成感がありました。——

南相馬市に残った人たちは1か月以上、このような配給を頼りにしながら、物資不足の日々を耐え忍んだ。

4月22日、政府は屋内退避指示を解除。遮断されていた南相馬市への物流が38日ぶりに回復し、街に人々が戻ってきた。
現在も相馬市の卸売市場に通い、魚を買いつけている山田鮮魚店の山田護さんは、南相馬市に物流が復活しはじめたときの気持ちを今でも忘れていない。

[証言／山田護]
徐々に支援物資が入ってきました。毎日どんどん増えていきましたよ。ああ、避難している人も助かるなと感じました。乾物や魚関係も徐々に量が増えてきたので、これなら、なんとかやっていけそうだと思いました。
皆、一生懸命だから、南相馬市は復活すると思います。そう信じないと、残った人が希望をなくしちゃいますしね。必ず復活しますから、15年後にまた来てください。

今、南相馬市の人口は、およそ5万人と言われており、震災前より2万人減ったままである。原発事故などの深刻な災害が起きたとき、屋内退避地域への支援をどうするか。南相馬市が投げかける日本の未来への宿題である。

（2014年8月　取材）

新地町

――津波は知っているつもりだった

新地町

山元町
磯浜漁港
津波浸水域
宮城県
福島県
磯山集落
埒浜集落
常磐自動車道
新地駅
新地町
新地町役場
釣師浜海水浴場
相馬消防署新地分署
吉田博さん宅
緑地広場
大戸浜
地区
丸森町
常磐線
新地町総合公園
6
新地発電所
N
駒ケ嶺駅
相馬港
0
1km
相馬市

磯山集落

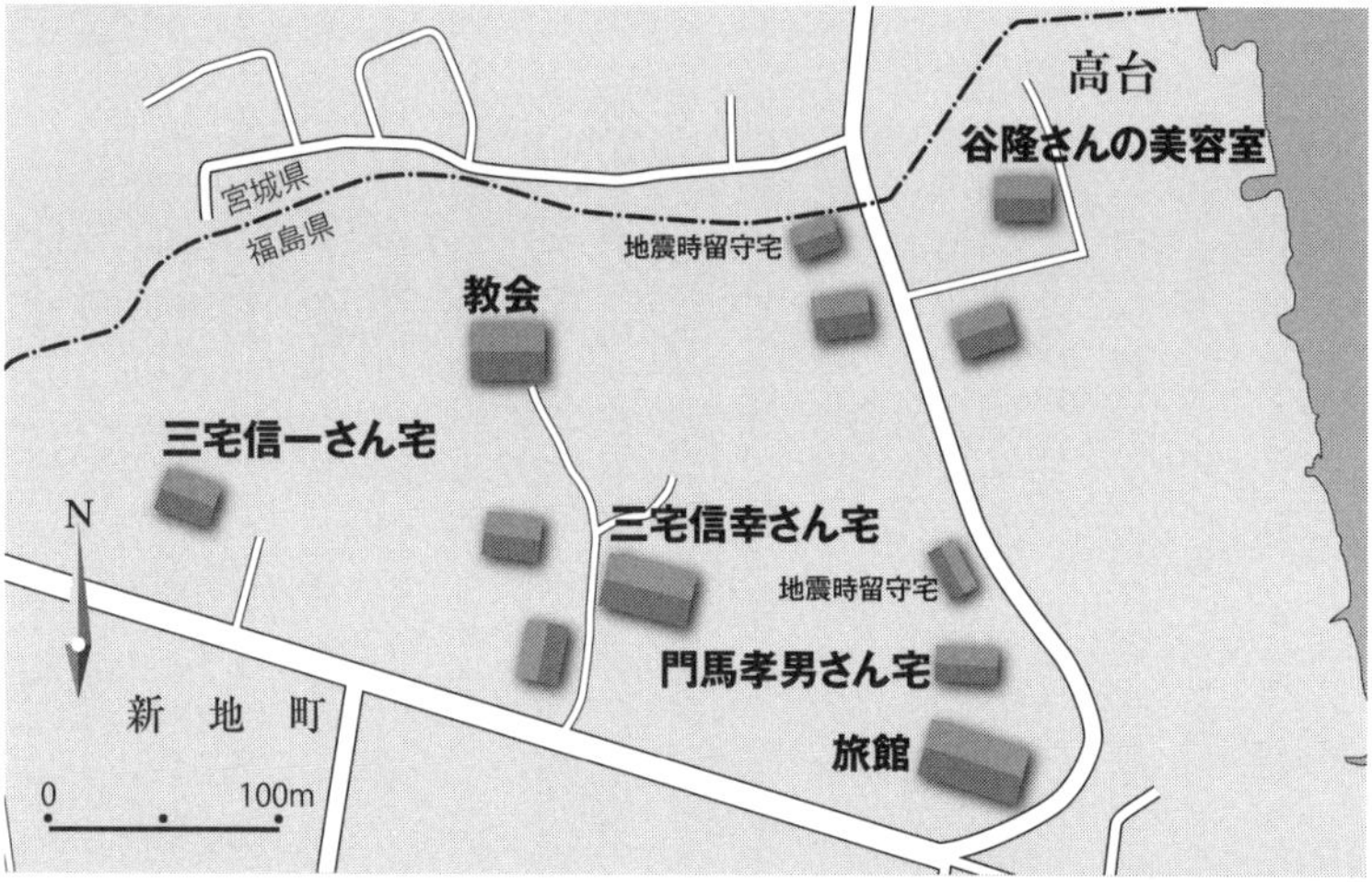

高台
谷隆さんの美容室
宮城県
福島県
地震時留守宅
教会
三宅信一さん宅
N
三宅信幸さん宅
地震時留守宅
門馬孝男さん宅
新地町
旅館
0
100m

宮城県との県境に位置する福島県新地町。
人口8000人ほどの海沿いの町に、
およそ10メートルの高さの津波が襲いかかった。

遠浅の海と、美しい砂浜が長く連なる新地町。沿岸の集落は津波により壊滅。町全体の津波犠牲者は101人にのぼり、1600人が家を失った。

震災前、新地町の人々の「津波の認識」は、ほかの土地の人々のそれとは大きく異なるものだった。人々の頭に漠然とあったのは、1960年のチリ地震津波の経験だ。津波は、恐ろしいものとしてではなく、むしろ「珍しい体験」として記憶されてきた。

チリ地震津波の経験は、あの日、人々の行動にどのように影響したのか。ある小さな集落での人々の行動をつぶさにたどり、検証する。過去の津波体験に基づく思い込みによって、多くの犠牲を出すことになってしまった新地町の人々の証言である。

大地震発生

2011年3月11日、福島県新地町を襲った津波は、この地に甚大な被害をもたらした。釣師浜漁港などを擁し、人々が生活を営む場であった町の沿岸部は、今後、防災緑地として整備され、人が住むことはできない。

震災前、新地町の北端にある小高い丘の周囲には、磯山《いそやま》という集落があった。この集落には11軒の家があり、42人が暮らしていた。住人の一人、谷隆さん（64歳）は、集落の高台で美容室を営んでいた。

［証言／谷隆］

残ったのは基礎だけですが、もともと美容室の店舗があって、奥が住まいになっていました。震災のときは、ちょうどお客さんが途切れて、店でテレビを見ていたと思います。女房は台所にいました。突然大きな揺れが来ましたが、それでも普通の地震という感覚でした。ところが、そこから揺れはどんどん大きくなるし、長かった。テレビは倒れるし、これはちょっと家にいられないと思って、とっさに表に出ました。家に犬がいたので、女房は犬を連れて出てきたんです。

外に出ると、今度は瓦が落ちる音がするんですよ。ガランガランって。そしてアスファルトが割れていく。そういうのを見ても「大変だ」というより、「いやあ、これ直すのに費用がかかるな」っていう現実的な気持ちでしたね。ただ、なかなか地震が収まらなかったんです。

家の外に出た谷さんは、近所の住民たちと地震の被害状況を見て回った。

地震発生から3分後の午後2時49分、気象庁から福島県に3メートルの大津波警報が出される。午後3時14分、予測された津波の高さは3メートルから6メートルに変更された。町では防災無線が大津波警報を知らせていた。

［証言／谷隆］

私は民生委員をやっているもので、近所に声がけして、そしてちょっと寒かったので車の中にいたんです。そうしたら女房が、「父ちゃん、津波6メートルだってよ」って。家の隣に高台があって、高さが15メートルか、場所によっては20メートルくらいあると思うんですよ。じゃあそこで津波の様子を眺めようかって、高台に上がったんです。まだ余震があって、家の中にいたら危険なので、津波に対する怖さもないし、上がっていったんですよね。

谷さん夫妻は、近所の住人2人とともに、6メートルと予測された津波を見ようと、家の北側にある高台に向かった。高台の高さはおよそ15メートル。海も町も見渡せるその場所で、世間話をしながら海の様子を眺めていた。

そのとき、谷さんたちが安心しきっていたのには、ある理由があった。

［証言／谷隆］

私が小学4年のときだったかな。チリ地震津波があったんですよ。ちょっと大きかったんですよね。津波が大きかったっていうよりも、引き波がすごかったんです。あのときは堤防も何もないんですよ。それでも浸水は、大体この地域だと床上くらいまでで収まったから。「ここは安全、津波は大丈夫だよ」という話は聞いていますよね。その安心感はありました。防波堤も出来ていましたからね。津波に対してはあまり警戒心がなかった。

同じ磯山集落に暮らしていた三宅信一《みやけしんいち》さん（74歳）は、地震発生時、南隣の相馬市に出かけていた。自宅に残してきた妻と孫を心配して、急いで戻ってきたという。

［証言／三宅信一］

相馬にいたときに大きな地震があって、家が潰れたんじゃないかと思ったんです。軽トラックで家に戻ったんですが、国道もひび割れがあったりして走りにくかったですね。うちは古い建物なんですけど、潰れなかったんですよ。それでも土壁が落ちたので、家内と孫2人がそれを一生懸命掃いて、捨てようとしていたところだったんです。その様子を見て、「なんだ、みんな大丈夫だったのか」って。「この家倒れなかったよ」「大したもんだな」なんて話して。そのときはまだ全然、津波のことまで考えていなかったんです。

だから、言葉は変かもしれないけれど「平和な生活」ですね。そのまま日常の生活が継続されていたというような、そういう感じでした。

そのころ、防災無線からは大津波警報の知らせが続いていたが、信一さんは、まったく別のことを心配していたという。

［証言／三宅信一］

片付けながら、停電だっていうんで、「停電では料理ができなくなる。今晩の食べ物がなくなる」と思って、コンビニに弁当を買いに行ったんです。心配なのは今晩の食べ物だけで、津波に対しての危機感というのは全然なかったですね。ゼロ。今まであった地震と同じように考えてね。

一度、チリ地震津波というのが来たときは、ある程度大きい波だったんですが、それでも私たちの集落の家々に大きな被害はなかったんですね。だから大きくてもあの程度だと思っていましたし、うちの親父なんかも「ここには津波は来ない」と言っていた。だから来ないと思っていましたね。

チリ地震津波の記憶

磯山集落の人々が口々に語るチリ地震津波とは、１９６０年（昭和35年）に東北沿岸を襲った津波のことだ。南米チリで発生した津波が太平洋を越えて日本に到達し、北海道から四国までの太平洋沿岸に被害が出た。なかでも東北の被害は甚大で、特に大きな被害のあった岩手県と宮城県では、合わせて100人を超える犠牲者を出し、三陸沿岸の人々の暮らしと漁業に打撃を与えた。津波への恐怖感を抱かせた出来事である。

チリ地震津波は新地町の沿岸にも到達したが、三陸沿岸の人々とはまったく別の思い出として人々の心に残っていた。

チリ地震津波のとき、磯山集落の人が撮影した写真を保管している人がいる。震災当時、地区長を務めていた三宅信幸《のぶゆき》さん（66歳）である。三宅さんは、地元の歴史を調べようと、退職後、昔の写真を集めていた。そのなかにチリ地震津波のときの浜の様子を写した写真もあった。

［証言／三宅信幸］

チリ地震津波のときは、1回海水が来て引いたんだそうです。その引いた時間に沖に行って貝を取ったとか、魚を取ったという話はよく聞いたね。まあ一種の自慢話だよね。被害とか苦労したとかいう話はなくて、魚取りをしたとか、そういうふうな話だけが伝わってきて。

チリ地震津波では大きく潮が引き、浜から200メートル先の海底の岩が現れたという。その珍しい光景を見ようと、人々は砂浜へ出かけ、そして魚や貝を拾った。

同じような光景は、磯山集落の南に位置する大戸浜《おおとはま》地区でも見られた。

チリ地震津波で潮の引いた浜の様子（写真提供：三宅信幸）

当時、小学校3年生だった吉《よし》田《だ》博《ひろし》さん（65歳）は、砂浜の様子を高台から眺めていた。

[証言／吉田博]

高台に避難して見ていたら、引き波があったときに、沿岸の人たちが樽を持ってね、波が引いたところに魚がピチピチいるので、それを樽に入れて持って帰るんですね。津波っていうのはそんなに恐ろしいものじゃないんだなっていうような思いがありますね。そのときは水が引いたときの岩肌しか見てないし、津波に追われた記憶もないんです。

それでも、やっぱり、海の底の岩肌が見えるくらい水が引くという自然現象は、子どもながらに怖いイメージはあったと思いますね。当時の人たちも、それまで体験したなかで一番大きな津波だったと思いますし、何か一つの話題となると、必ずそのチリ地震津波の話が出るような感じでした。

チリ地震津波の日の魚取りの思い出は、今も強く人々の心に刻まれている。

吉田さんを古くから知る一回りほど年の離れた浜野春江さん（76歳）は、当時をこう語る。

[証言／浜野春江]

あれは、今度の津波とは全然違った。それを私ら堤防で見ていたから。

堤防まで水が浸かってタプタプになったんだけれども、うちの実家も大した被害がなかったから。船を沖に出さなかった人は橋にぶつけて壊したりしていたのは見たけれども、津波は、そんなにおっかないっていうのは感じなかったな。誰も逃げろなんて言わないし。親からも逃げろなんて言われたことがなかったから。

私もあのとき、お腹に子どもがいなかったら、やっぱり魚を取りに出るのにと思った。旦那は船を沖に出していて、いなかったし。だから、今度水が引いたならば、そのときは自分で魚を取りにいかなくちゃならないなという気持ちは、うんとあった。

新地の人々の間では、チリ地震津波は、三陸沿岸のような恐怖の体験として受け止められることはなかった。

さらに、1896年の明治三陸地震津波、1933年の昭和三陸地震津波においても、新地町に目立った被害はなく、新地町ではいつしか「遠浅の砂浜が続くこの町に大津波は来ない」とさえ言われるようになっていた。

避難しなかった人々

2011年3月11日、地震発生後から、磯山集落では避難誘導が始まっていた。

磯山集落の11軒のうち2軒は留守で、19人の住民が家にいた。地区長だった三宅信幸さんは、避難場所に指定されている自宅裏の教会へ逃げるよう、住民に声をかけていた。

[証言／三宅信幸]

地震発生当時は、ちょっと出かけていまして、津波が来ると聞いてまっすぐ家に戻ってきたんです。家にはおふくろもいましたから。国道が地割れして寸断されていたので、農道のようなところを通って戻ってきました。津波が来るっていう話を聞いても、最初の情報で「津波は3メートル」という先入観があったもので、チリ地震と同じくらいなのかなという、安心感みたいなのがありましたよね。

集落の端の三宅信一さんの家から回って、「津波が来るから教会に行ってください」と声をかけていきました。

そのとき、三宅信一さんは夕食の弁当を買いに車でコンビニエンスストアに出かけていた。家にいた信一さんの妻と息子の妻、孫2人の4人は先に教会に避難した。

次に信幸さんは、自宅の隣にある2軒に声をかけた。1軒は教会へ避難したが、もう1軒の住人は、地震で散らかった家の片付けをしていて避難しなかったという。

また、海沿いにあった旅館の経営者夫婦2人と、さらにその隣の家でも3人が避難しなかった。旅館の隣の家に住んでいたのは、門馬孝男《もんまたかお》さん（58歳）。地震当時は相馬市の病院にいたが、自宅の両親を心配して家に戻った。

[証言／門馬孝男]

二人はただ庭に座っていました。じいさん、ばあさんの話では、昔から地震で津波が来たら、――

磯山地区の高台に逃げれば大丈夫だっていう言い伝えがあって、うちは高台だからまず逃げなかったそうです。やっぱり、チリ地震津波のときも、家にまでは被害がなかったという安心感があったと思います。だから、避難という考えがなかったんだと思いますね。

磯山集落では、家にいた19人のうち、11人もの人々が避難しなかった。三宅信幸さんの母親、みさのさん（当時84歳）もそのうちの一人だ。

信幸さんが家に帰ると、家の建物は地震の被害もなく無事だった。みさのさんは家の茶の間にいた。

[証言／三宅信幸]

１９６０年のチリ地震を経験して、３メートルなら津波は庭までしか来ないということと、そのときは地震の被害も一切なかったと聞いてますしね。それから新しく防波堤が出来たので、そんなに来ないいんじゃないかというニュアンスでしたね。

地区長だった三宅信幸さんは、南隣の埒浜集落の避難誘導も担当していた。そのため、信幸さんは母親に一声かけて出かけていった。

[証言／三宅信幸]

「今から避難の巡回に行ってくる」とおふくろに話して。そうしたら、３月11日は雪がちらつくような寒い日だったものですから、出かけるときに、「このジャンパーを着ていけ」と、おふくろのジャンパーを受け取って、ちょっと小さかったけれどそれを着て出かけたんですね。

信幸さんは、母親を自宅に残し家を出た。
埒浜集落には、当時50軒ほどの家が建ち並んでいた。

［証言／三宅信幸］
今後、この土地は緑地公園になるので、土が盛ってあって入れない状態ですが、もともとはまっすぐに道路がありまして、その両側に集落があったわけです。家がびっしり建っていた。そこを、何人かと手分けをしながら声をかけたという記憶はあります。
大体の人は逃げていたと思います。ただ、庭にいて片付けをしていた人たちがいたので、「そんなことあとでいいから逃げなさい」と言ったのは覚えています。

信幸さんは実際に見ていないが、このとき、ほかにも堤防に津波を見に行っていた人や、家の2階で寝ていた人などがいた。

［証言／三宅信幸］
この地区の人も、あれほど大きな津波が来るとは思ってなかったんじゃないかな。

—

同じころ、さらに南にある住宅密集地、大戸浜地区でも、避難の呼びかけが行われていた。元消防士である吉田博さんは、津波は来ると予想していた。

[証言／吉田博]

消防署に勤務していたときに、ある程度津波のメカニズムみたいなものは勉強していたつもりなので、やはりこれだけの大きな地震があって、震源が海底であれば津波が来るな、という予想はありました。隣近所の人たちも道路に出てきて、「いやいやいや、大きいな」という感じだったので。もう津波が来るんじゃないかという思いがあって、まずは避難を呼びかけようと車を出したんですね。両サイドの窓を全開にして、「津波来るから逃げろ、逃げろ！」って呼びかけながら、道路をずっと南のほうに行ったんです。

吉田さんは道路に出てきた住民一人ひとりに、高台の避難場所に逃げるよう声をかけていった。そして車は途中、小高い丘のある一角にさしかかる。海のそばに建つ家から出て避難してくる人は大勢いたが、丘の中腹に建つ家からは、避難してくる人をあまり見かけなかったという。

[証言／吉田博]

このあたりは坂で、ちょっと高くなっていますよね。高い崖になっているのですが、こちらのほうの家から避難してきた人の記憶はないんです。

ずいぶん前のチリ地震津波のときもこのへんまでは来なかったし、まさか津波が来るなんて思わなかった方が結構いたんじゃないかと思います。これまで津波警報が発令されても、大きな津波というのはまったくなかったのでね。そういった意味では、大丈夫だろうというような思いがあったんじゃないかと思いますね。

このあと、吉田さんは消防署に向かう。

携帯電話が通じなかったため、大戸浜地区と消防署で連絡が取り合えるよう、地区の無線機を消防署に持って行ったのだ。

大戸浜の人々が避難することになっていた場所は、高台にある緑地広場だった。地区の住民およそ５００人がすべて入れる広さの、一時避難場所である。

当時、町役場の企画振興課の課長だった伏見春雄さん（63歳）は、地震直後、この避難場所の担当者としてやって来た。そのとき、避難した人の数はまだまばらだった。

［証言／伏見春雄］

40人から50人くらいだったと思います。ここは車が止められますので、車で避難していた人たちはここに来ていました。車の中で待機して、ラジオを聞いている方もいました。まあそれぞれ時間を過ごしているという感じでした。この場所には大きな津波が来たことはないので、警報が解除されればそのまま家に帰れるのだろうと、皆さん思っていたと思いますね、私を含めて。

甘かった津波の想定

午後3時30分には、大津波警報の津波の高さは6メートルから10メートル以上に変更されていた。大津波警報が発令されてもなお、住民の危機感は薄いままだった。

町の防災計画では、津波をどのように予測していたのだろうか。

当時、防災地図で想定されていた浸水の深さは、海辺の住宅地で1メートル未満だった。

[証言/伏見春雄〈新地町役場企画振興課課長〈当時〉〉]

町の防災計画がそうなっていましたのでね。床下浸水くらいのことはあっても、家屋全壊とか、人的被害が発生するほどの津波が来るとは、多分想定していなかったのだと思います。——

また、想定浸水域については、常磐線の線路までとされていた。これはチリ地震津波のときと同じであった。

三宅信幸さんが保管する写真のなかには、チリ地震津波で磯山集落に津波が流れ込んだときの写真もある。

[証言/三宅信幸]

写真は、チリ地震の影響で津波が発生して、海水が上がってきたところですね。20名くらいの —

人が海岸沿いの土手を土で盛って、海水を止めようとしている状況が見えます。実際にはこの土手を越えていったわけですけれども。
私の家はこの土手から300から400メートルくらい離れたところにあるのですが、当時、家の庭まで海水が来たと記憶しています。田んぼがあって、畑があって家があるという状況なので、土手を越えて、田んぼを越えて、畑を越えて、庭まで水が寄せたというふうに思います。私の家は海抜3メートルくらいで、床下までは来ませんでしたね。家から見ていて、田んぼ一面に水が広がり、湖のようになったという記憶があります。

このとき海辺の住宅地では床上・床下浸水が発生。しかし、人的被害は一切なかった。震災前に想定されていた宮城県沖地震でも、チリ地震津波を超える津波被害が出るとは、考えられていなかった。
町の人々は、大津波が来るという実感のないまま「そのとき」を迎えた。

押し寄せる大津波

磯山集落では、いまだ11人が避難していなかった。避難誘導を終えた三宅信幸さんは、母親を残していた自宅の前に戻ってきた。

[証言／三宅信幸]

海のほうに松林がありまして、その下から少し津波の泡のようなものが来たんですね。チリ地震津波のときの印象で、水が来たあとは必ず引くという記憶がありました。記憶というか、刷り込みですね。ですからこれが1波目だろう、もうちょっと来たら、すぐ引くんだろうと自分で勝手に解釈して、じゃあ写真を撮っておこうということで、携帯電話で撮ったわけです。余裕があったんでしょうね。記念に撮っておくかというような気持ちでしたよね。

そのとき撮影された写真には、足首ほどの高さの津波が、田んぼに静かに押し寄せる様子が写し出されている。信幸さんは、この波が引くものだと思っていた。

[証言／三宅信幸]

ところが次の瞬間、松林の上から白い綿のようにワーッと立ち上がってきたのを見たときに、これはとんでもない津波だと。そのしぶきを見た感じでは、10メートルは軽く超していたと思いますね。

およそ300メートル離れた海から、壁のような津波が信幸さんに迫ってきていた。命の危険を感じた信幸さんは、目の前の自宅に居た母親のもとに立ち寄ることもできず、車で津波から逃げるだけで精一杯だった。

［証言／三宅信幸］

本当だったら家に行って茶の間からおふくろを連れて、後ろのドアを開ければすぐ高台ですから、時間があれば、そこへ行けばよかったんだけれど。そのとき、どういう判断をしたのかはわからないけれど、とにかく家に行ったら間に合わないと思って、逃げてしまった。

一方、地震発生後から磯山集落の高台にいた谷さんたちは、相変わらず海を眺めていた。

［証言／谷隆］

津波が来る前は引くんだろうと思っていたんですよ。そしたらそんなに引かずに、防波堤に波がダーッとあふれてくるんですよ。そうやって水かさが上がったところに1波目が来るんです。それがうねりの波ですよね。渦を巻いていて引かないんです。

そして1波が来てから5分も経ってないと思うんだよね。地平線のほうに白波が立っているんですよ。これは大きいと思って、女房が少し離れたところにいたので「おい、こっち来い！」って言ったけど聞こえていないんです。それで、走って行ったんですよ。犬もパニックでキャンキャン吠えて、紐も絡まっている。女房が「犬、犬！」って言うから、「わかった、犬よこせ」と言って、犬をつかまえて逃げたんです。

そこから1分も経っていないと思うんだけれど、眺めていると、津波がどんどん迫ってくるのね。低いならどうってことないけれど、迫ってくる高さを感じるので「わっ、逃げろ！」と。その瞬間までは覚えているんですよ。あとは覚えていない。

津波は、15メートルの高台をも越えて、谷さんと妻を巻き込んでいった。

［証言／谷隆］

気がついたら津波に体を持っていかれて、はっとわれに返ったとき、流れの中で偶然近くにあったイチョウの木につかまったのね。そのときはイチョウの木とは思わなかったけれど。

水圧が加わっているというのかな、背中にドーッと重みがきて、体が木にくっついている状態だから持ってはいかれないいんですよ。ただただ、しがみついている。でも、目の前をすごい水量が流れていくのが怖いんです。道路に向かって勾配があるので水の流れが強いんですよ。ドーッと川のように濁流が流れている。そこに乗っかったらおしまいなんですよね。持っていかれちゃうから。だから余計、力が入ってしがみついたんだと思います。

そのうち、背中の水量が下がってきたので、大丈夫だな、収まったなという感じだった。でもまた来るんじゃないかという不安があって。

何気なく見たら、少し離れたくぼ地に女房がまだ横になっていたんです。でも、少ししたら立ち上がったんで、ああ大丈夫だな、と思いました。

高台にいた谷さん夫妻、そして近隣の住民2人は、ずぶ濡れになりながらも命は助かった。

津波は、磯山集落の南に位置する大戸浜地区にも迫っていた。

そのころ、一時避難場所の緑地広場にはすでに100人以上が集まっていた。

町役場職員の伏見春雄さんは、そこで海の様子を見ていた。

［証言／伏見春雄］

水平線のところに白い壁のようなものが見えて。ああ、これが津波だと思ったんです。―

津波は防波堤を乗り越え、町の中に流れ込んできた。

［証言／伏見春雄］

何気なく下を見たら、お年寄りの方2人が手をつないで逃げてきている姿が見えたんですよね。このままでは大変だと思って、すぐ走って下りていったんです。――

伏見さんは、津波に追われ走って逃げる2人のお年寄りを、助けに向かった。

［証言／伏見春雄］

おじいさんと、おばあさんがいて、私はおばあさんの手を引いて逃げたんですけれども。自然に水が上がってくる感じだったので、十分逃げ切れると思っていました。ただ、途中まで逃げて来たときに、水は後ろ側からだけ来ていると思っていたら、横のほうからも来ていたことがわかったんですよね。道路の両脇に家が建っていたので、状況がわからなかっただけで、全体的に――

水位がどんどん上がってきていたんだと思います。

波はどんどん勢いを増して、砕けて押し寄せてくるくらいの勢いになった。ここにきて、初めてこれはやばいな、危ないなと思いましたね。さらに勢いよく引っ張って一生懸命逃げたんですね。そうしているうちに、今度はバリバリバリと音がしはじめたんです。何かと振り返ったら建物が壊れる音でした。そこで、さらに命の危険を感じて、「頑張れ、頑張れ」って二人を励ましながら逃げたんです。そうしたら、その様子を上で見ていた人が2人、助けにきてくれました。それでなんとか逃げ切りました。


3人は、かろうじて津波を逃れたが、大戸浜地区は、避難場所だった緑地広場の高台を残して、すべてが津波に飲み込まれた。

その大戸浜を、内陸から見ている人がいた。元消防士の吉田博さんである。

吉田さんは、大戸浜と連絡がとれるよう、無線機を消防署に届けたそのときに、沖から押し寄せる津波を目撃していた。

[証言／吉田博]
消防署で無線機の使い方を説明しているときに、誰かの「津波だ！」という声が聞こえたんです。それで、消防署の屋上に上がって海のほうを見たら、水の壁が、ガーッと押し寄せてきて、海の近くの鉄筋コンクリート3階建ての建物を、一瞬にして飲み込んだ瞬間を見たんですよ。それから、船に給油する大きな油のタンクが津波で倒されて流れてくる。その光景を見たときに、

「これ現実なの？」というような思いがありましたね。これ現実じゃないだろって、何かＳＦ映画を見ているような錯覚にとらわれたんですね。

大戸浜には公会堂と緑地広場という2か所の避難所があったんです。遠くを見たときに公会堂の屋根の近くまで水位が上がっているのを見たもんですから、自分が持ってきた無線機で「大戸浜の避難所、大戸浜の避難所、応答してください」という呼びかけをしたんですけれども、全然反応がない。ということは、やはりあそこにいる人たちは津波に飲み込まれてしまったんだなと。ものすごくやるせない気持ちっていうんですかね。ああ、みんなだめだったんだ、という思いがありましたね。

それでも吉田さんは、30分間、無線機に呼びかけ続けた。

［証言／吉田博］

呼びかけ続けていましたが、それでも反応がないので、もう全滅だと、ダメだったんだという思いでいたら、「こちら大戸浜の避難所です」「全員無事です」というような無線が役場の職員から入ったんですよ。

ああ、無事だったんだと。その一報を聞いたときの安堵感というんですかね。嬉しさというんでしょうかね。目の前にはとんでもない光景が広がっているんだけれども、よかったな、という思いがありましたね。

公会堂に避難した人々は、水位が上がってきたため危険と判断し、緑地広場へ移動していた。緑地広場に避難した人々は全員が無事だった。

しかし、大戸浜地区では28人が犠牲になった。

一方、磯山集落では、避難場所の教会で住民の安否確認が行われていた。三宅信幸さんも、自宅に残してきた母親が教会に避難しているのではないかと、捜しにやって来ていた。

[証言／三宅信幸]

「うちのおふくろは？」って、最初に聞きました。おふくろが避難しているかどうか。そうしたら、うちのおふくろはみさのっていうんだけれど、「みさのちゃん、いないんだ」って言われて。ああ、これは家にいて流されたかな、と思って家に行きました。

津波がいつ来るかわからないからって皆には止められたらしいけれどね。家は潰れて1階部分は流されていた。見ると、隣の車が物置に突っ込んでいたり、もうぐちゃぐちゃですよ。

教会にはこのとき、高台で津波に巻き込まれた谷隆さんも避難していた。

[証言／谷隆]

そのときは、ここから町の様子は見えなかった。松林もあるし、流れしか見えないんですよ。

そのなかでコンテナだけが見えた。４波、５波の小さな波が押し寄せるのといっしょに、コンテナが移動して流されていく。それを見て、「ああ、まだ続いているんだな」と思いました。
そこに三宅信幸さんが、「おふくろがいるんだ」って、出ていったんですよ。「波が来ているから、怖いからやめろ。戻れ」って言っても、そこはパニックなんです。「だめだ、おふくろがいるんだ」って言って。危ないからやめなって言っても言ってもだめなんだ。家が潰れてるから屋根に上って、おふくろ、おふくろ、っていう感じでね。

［証言／三宅信幸］

屋根に上がって名前を呼んだような気もするけれど。実際には反応もないしね。おふくろはいつも１階にいたから、流されたかなって。

10日後、母親のみさのさんは、遺体となって見つかった。

［証言／三宅信幸］

10日くらい過ぎたら、自衛隊の人が犬を連れて遺体を捜しに来て。そうしたら、２階で亡くなっていたのね。２階の俺のベッドの上で死んでいた。
おふくろがいた茶の間からは津波は見えないんですよ。だから部屋に水が入ってきたときにわかって、茶の間から２階に上がれる階段がありますから、そこを一気に上がったと思うんですね。想像ですけどね。俺の部屋に入ってベッドに上がった瞬間に家が潰れて、津波に襲われたというかたちだと思います。

磯山集落では、高台にあった1軒を除き、10軒の家が津波で流された。信幸さんが避難の呼びかけをしたとき、地震の後片付けをしていて避難しなかった男性は、家で津波に飲まれたものの、窓枠にしがみつき助かった。旅館の隣に住んでいた門馬孝男さん家族3人も、津波が来る直前に自宅裏の山に駆け上がり、幸い無事であった。

逃げ遅れて犠牲になったのは、海沿いにあった旅館の経営者夫婦と、信幸さんの母親だった。新地町の最終的な津波による犠牲者は、101人。町の面積の5分の1が壊滅状態となった。

津波の経験を正しく伝えていく

あの日から、3年9か月の月日が流れた。

高台への集団移転も始まり、被災した人々は、新しい生活を歩みはじめようとしている。

[証言/谷隆]

この高台で生まれ育ったから、やっぱりここは自分のふるさとでね。いつも来てますもんね。別に怖いとは思わないのね。自然だから。人災じゃなくて天災だから。ただ、次の世代に「津波とはこういうものだよ」というのは伝えていかなければいけない。いつまでも怯えているんじゃなくてね。自分も、津波を見ようと思って高台に行ったからね。まさかそこで流されるとは誰も思わなかった。やはり甘かったんです。

母親を亡くした三宅信幸さんは、今も、チリ地震津波の写真を見ることがあるという。

［証言／三宅信幸］

このときはあまりにも被害が少なかったので、津波を甘く見るというかたちでの伝わり方をしてしまったんじゃないかなと思いますね。話を聞いても貝を取った自慢とか、魚を取った自慢とか、そんな話題しか出てこなかったし。津波の怖さというのを体験としてもってこなかったんじゃないかなと思います。今回の津波の避難誘導に関して、１９６０年のチリ地震津波の写真が参考になったかどうかというと、私が知っている限りでは、参考にならなかったのではないかと思う。

信幸さんの手元には、あの日、家の前で撮った津波の写真も残っている。

［証言／三宅信幸］

この写真を見ると一番思うのはね、もう一回、このときに戻してくれということですね。そうしたら、おそらく俺は、おふくろのところに行ったんじゃないかと、それはいつも思いますね。もうちょっと前に戻してくれと。そうしたら急いでおふくろのところに行くのにと、いつも思っていますね。

信幸さんは、今でも2日に1度は、自宅跡地を訪れている。

[証言/三宅信幸]

やっぱり生まれ育ったところなのでね、懐かしむという感じで来ていますね。思い出の場所ですから。ただ、おふくろを助けられなかったという思いは、ずっと悔いとして残っていますよね、いまだに。

津波の経験を正しく伝え残していくことの難しさと大切さを知った、福島県新地町の人々。今回の教訓を胸に刻み、この地で生きていこうとしている。

(2014年11月　取材)

あの日　わたしは

福島県

相馬市—南相馬市—川俣町

田村市—双葉町—大熊町—いわき市

相馬市　取材日／2013年11月17日

妻と逃げればよかった

飯塚弁一さん(76)　漁師

──相馬市松川浦漁港で漁師をする飯塚弁一《けんいち》さん。あの日、大津波警報を聞いて港に駆けつけ、船を沖に出そうとした。海の水は大きく引いていた。

引き潮で船をつないだ綱がピーンと張っていた。1ひろ（約1・8メートル）くらい岸壁から離れていた、その船に飛び乗ったのよ。そのとき胸を打って。

──痛みに耐えてなんとか綱を解き、大きく揺れる甲板を這って巻き上げ機にしがみついた。しかし、強力な引き波で船は海へ運ばれる。湾から1キロほど離れたところで大きな渦に巻き込まれた。

渦の中で1回ぐらい回るまでは必死だったと思うけど、あとは何回回ったかわからない。

──引き波の様子からもうすぐ津波が襲ってくるのは確実だった。そのとき、幸運が訪れた。

何かの拍子に、渦の中心に行かず外に出たんだ。ああ、これは助かったと思って、エンジンをかけて北東のほうに全速で船を走らせたんです。

相馬市　福島県浜通り地方の北部に位置する。市の一部は宮城県に接し、東部は太平洋に面する。沿岸部は津波によって堤防が破壊され、大きな被害を受けた。
死者／484人

──直後、高さ9メートルの津波が町を襲う。

松川、原釜は津波で全滅だと無線で聞いて、携帯で何度も家にかけたんです。ところが全然出ないの。

──妻の仁子《じんこ》さんには家の前の高台に逃げるように言い残していたが、連絡がつかない。夜明けを待って町に上陸すると、町はがれきの山で、自宅も流されていた。それでも妻は無事だと信じていた。妻とは高台の登り口で別れていたからだ。しかし隣の若夫婦から意外なことを知らされる。仁子さんは家に戻っていたというのだ。玄関先から仁子さんを呼んだが、「家にいるからいいよ」と出てこなかったという。

何で家に戻ったのか、なんぼ夫婦でもわからない。

──1週間後、仁子さんはがれきの中から遺体で見つかった。飯塚さんは自分の行動を深く後悔している。

こんな大きな津波が来るなら、船を見ないで二人で逃げていた。やっぱりなってみて初めて、ああ、あのときこうすればよかったということになるんだな。

南相馬市 取材日／２０１４年６月４日

金色のサケを名物にしたい

遠藤利勝さん(70) 新田川鮭蕃殖漁協 代表理事

――南相馬市の新田川《にいだがわ》には、毎年秋になると1万５０００匹のサケが遡上し、震災前にはサケ漁や人工ふ化が盛んに行われていた。

遠藤利勝さんは、新田川鮭蕃殖《はんしょく》漁協の代表理事を務めている。新田川のサケは金色を帯びていることが特長で、それが遠藤さんたちの自慢だった。

あの日、遠藤さんは大熊町から自宅へと車を走らせていたとき、大きな揺れに襲われた。ラジオで大津波警報を聞いた遠藤さんは、自宅へ急ぐ。家に着いたのは、津波が到達する3分前だった。

第１波が来て、ダーッとすごいがれきや車が流されていく。それをまともに見ていたから。

――遠藤さんの家は、少し高い場所にあったため、難を逃れることができた。しかし翌日、東京電力福島第一原子力発電所が水素爆発を起こす。遠藤さんは、家族とともに南相馬市から避難した。

２か月後、施設の様子を見に戻ると、サケの人工ふ化施設は、変わり果てた姿になっていた。

この池に稚魚が20万匹いた。３月13日に放流するはずだった。それが全部波をかぶっちゃったから。

――原発事故から半年後の秋、サケは震災前と同じように川を上ってきた。遠藤さんは、サケを復活させようと活動を始めた。

刺し網で取った魚を県で検査してもらった結果、放射性物質は検出されないということで、じゃあやるかと。

――しかし、サケが売れたのはかつての1割以下。原発事故の影響は予想を上回るものだった。

いくら取っても販売できないんだもん。風評被害でどうにもならない。

――大震災から3年。今、遠藤さんたちが力を入れているのが、サケのかまぼこづくりだ。サケかまぼこを南相馬の名物にして、全国に販売したいと考えている。

新田川のサケは金色のサケだから。それを売り物にして何とかしたいと思っています。

南相馬市 福島県浜通り地方の北部に位置。震災時の揺れは最大で震度６弱、沿岸部は津波の被害にあう。福島第一原発の事故後は、市南部が「警戒区域」、西部は「計画的避難区域」に指定された。死者／１１０３人

救助要請に応えられない悔しさ

南相馬市 取材日／2013年9月10日

長澤初男さん（65） 南相馬市消防団 副団長

——建設資材会社を経営している長澤初男さんは、あの日、会社で地震に遭遇した。南相馬市消防団の副団長でもある長澤さんは、揺れが収まるとすぐ鹿島区役所にある消防本部に向かった。

車の中のラジオで大津波警報が出たことを知りました。津波が来ると確信しました。

——午後3時過ぎ、消防本部に到着した長澤さんは、情報収集と態勢づくりに追われた。そのとき、海から2キロの場所にある「みちのく鹿島球場」に逃げた住民から救助を要請する電話が入った。

助けに来てくれという内容でしたね。指定避難場所になっていたんでね。当然そこに地元の人たちは避難したと。しかし、球場の中のほうにいた人ががれきなどに巻き込まれたということでした。

——電話でやりとりしている間にも、事態はさらに悪化していく。

「1人やられた」「2人沈んだ」というやりとりがありました。「とにかく助けてくれ」ってそんな状況でしたね。もう必死の状態だったと思います。

——しかし道路は津波で冠水。一面にがれきが広がっているため球場まで行くことができなかった。

当然助けに行きたかったわけですが、行けない。まさにわれわれの使命を果たせないジレンマがそこにありまして。すごく悔しかったです。

——深夜になって、南相馬市広域消防署から救命ボート2艘が出動し、観客席の上段にいた十数人が救出された。

水が引いた翌3月12日。長澤さんは津波に襲われた球場を初めて目にした。がれきに埋もれたグラウンドからは、10人の遺体が発見された。

立派できれいな球場ががれきの山でした。本当に想像を絶する状況でしたね。「助けて」と言われて、行けないというのが一番なんとも言えない。今回ほど悔しい思いをしたことはありません。

南相馬市　取材日／2014年3月4日

ボランティアが集まる民宿

星　巌さん(58)　民宿経営

――南相馬市原町区に、2012年7月、民宿「いちばん星」がオープンした。築150年の建物を改装し、客間は5室。宿泊客の多くは県外から訪れるボランティアで、情報交換ができる貴重な場となっている。この民宿を経営するのが星巌さんだ。

南相馬市役所に勤めていた星さんは、あの日、確定申告の受付業務をしていた。激しい揺れに襲われたのは、50人ほどが申告に訪れていたときだった。

天井から電球は落ちるし、机の上のパソコンも落ちる状態でした。それで急きょ、閉鎖しました。

――すぐに業務を中断、市民を建物の外に避難させた。その後、星さんが身を寄せた原町第二中学校の避難所には、多いときで180人の市民が生活していた。避難所の責任者を務めることになった星さんは支援物資の確保や食事の管理に奔走。しかし、この避難所は福島第一原子力発電所から30キロ圏内にあった。

当初は、30キロ圏内には物資が入ってきませんでした。30キロ圏外にもらいに行くという状態でした。

――頼りになったのがボランティアの存在だった。

職員だけではなかなかこなせなかった部分をボランティアさんがカバーしてくれて。

――星さんが責任者を務めた避難所は、震災の半年後に閉鎖。その後、生まれ育った地域のために、別のかたちで役に立ちたいと考え、市役所を退職した。

ボランティアさんが宿泊する場所がないんですよ。当時は車中泊をしたり、テントを張って応援していた組もいっぱいいました。民宿をやれば、宿泊場所に困っていたボランティアさんも助かるかなと。

――ボランティア同士の口コミで、民宿の存在を知り、足を運ぶ人もいる。星さんは、宿泊する際、一つのルールをつくった。それは、訪れる人たちが同じテーブルを囲んで食事をすること。

ボランティアさん同士が初めて会って話をして、お互いが一歩前に進むような機会にもなるんです。

視覚障害者の避難

南相馬市　取材日／2013年7月27日

矢島秀子さん(71)

——福島第一原子力発電所からおよそ15キロ離れた小《お》高《だか》区に住む矢島秀子さん。目が不自由な矢島さんは、自宅に一人でいるとき、激しい揺れに襲われた。

　経験したことのない揺れだから、何か大変なことが起きているなと。

——部屋の中では、ガラスが割れたような音が響き、気体が漏れ出す音とともにガスの臭いが漂ってきた。

　そのときは、ガス爆発かとパニックになりました。

——杖が手元になかったため、矢島さんは開いている窓から手探りで外に這い出した。近所の人に連れられて逃げる途中、息子家族に出会い車で高台に避難する。翌朝、避難所となっていた近くの高校の体育館に移動。当時、体育館にはおよそ1200人が避難していた。矢島さんたち4人のスペースは3畳ほどだった。

　大勢の人がいると安心するというのはありました。

——しかし、避難している人でいっぱいになった体育館は杖が使えず、一人で歩くことができない。家族の助けを借りて、足で探るように歩き、外の仮設トイレにようやくたどり着くことができた。

　トイレまでうんと遠くに感じたんですよ。家の人たちに聞くと、そんなに距離はなかったと言うんです。

——体育館での生活が長引いた場合、耐えることができるのか不安を抱えながら、矢島さんはじっとしているしかなかった。

　何日耐えられるかなということは考えていました。

——家族の助けを借りて、なんとか避難所生活を切り抜けることができた。震災後、矢島さんは視覚障害者が集まる研修会に参加した。次に大きな災害が起きたときに、視覚障害者が同じような困難を経験することがないように、自ら語り部となって震災の体験を伝えていこうと取り組んでいる。

　これからは障害者の避難所をしっかり確保できるように、障害者が孤立しないようになっていったらいいなと思っています。

南相馬市　取材日／２０１３年11月18日

大工としての誇り

渡部正幸さん（70）　大工

――南相馬市の大工、渡部正幸さん。地元で建てた家の多くが津波で流された。

大きい揺れが襲ったあの日、車で外出していた渡部さんは、妻と孫がいる自宅へ急いで戻った。自宅と作業場は海岸から約1キロの場所にある。自宅に着いたとき、押し寄せる津波を目にした。

川の堤防の20センチぐらいのところまで水が来ていたから。孫と家内を車に乗せて、高台まで避難した。ここら一帯水が来たんだから。怖かったなあ。みんな津波を指差して、キャーキャー騒いでいた。

――2時間後、波が引いたのを確かめて自宅に戻ってみると、町は変わり果てていた。ほとんどの家が津波で流されたり大破したりしていたのだ。そのなかには渡部さんが建てた家もあった。

がっかりしたっていうかね。自分がつくった家がなくなるというのは、本当に寂しいよ。

――自宅と作業場も津波で浸水した。長年使ってきた電動工具やのこぎりなどがほとんど津波に飲まれた。

水は胸元まで来ているから。道具は潮かぶって、全然動かないんだ。でも痛ましくて、なかなか捨てられない。道具は大工の命。道具がないと仕事ができないもん。

――その後、避難先で半年間を過ごした渡部さんは、大工を辞めることも考えた。しかし、避難先から戻ると、「家を直してほしい」という依頼が集まった。

そろそろ引退してもいいんだけど、震災で、修理するところいっぱいあるから。直してやらないとみんな大変だ。５００万から６００万かけると結構修理できるからね。建て直すには３０００万円超えるから。

――今では住宅の建て直しや修繕の作業に追われている。震災後に補修した家は、およそ20軒になった。

まだやる気はあるから。今は一生懸命直してあげたいと思うよ。やっぱり自分の誇り。丈夫につくってあげればお客さんも喜ぶし、自分も嬉しいから。

川俣町　取材日／2013年12月23日

命をつないだお薬手帳

櫻井英夫さん（73）　薬剤師

――川俣町で薬局を経営している櫻井英夫さんは、福島県薬剤師会の会長を務めている。あの日、東京に出張中だった櫻井さんは、鉄道が止まっていたためタクシーを乗り継いで福島に戻ってきた。

朝4時半に着いて仮眠を取り、県の薬剤師会館に行って災害対策本部を立ち上げました。そして午後から薬局に戻ってきました。

――すると、受付のカウンターから薬局の敷地の外まで人が並んでいた。福島第一原子力発電所の事故で双葉町や浪江町などから大勢の住民が川俣町に避難していた。その人たちが薬局にやって来たのだ。いつもの3倍近い患者が訪れ、櫻井さんは深夜まで薬の調合を続けた。原発事故の情報が入らないなか、暖房もつけられず、寒さのため低体温症で倒れる薬剤師もいた。

室外機から放射能が部屋の中に入ってくるんじゃないかと危惧して、ずっと暖房をつけなかったんです。

――震災発生から2日後、薬局の向かいにある病院が避難してきた大勢の患者で混乱していた。カルテがなく、どんな薬を使っていたのかわからなかったからだ。このとき、処方された薬の記録が載っているお薬手帳が役に立った。

病院の院長先生をはじめ、医事課と医師と、「お薬手帳をもとに処方箋なしで1週間分の薬剤を薬剤師が投与してよろしいか」という話し合いをしまして、了解を得ました。

――川俣町の菅野昭八さんも、糖尿病や肝臓の疾患で薬が手放せなかったが、手帳で薬を出してもらい、命をつないだ。櫻井さんはお薬手帳があったからこそ、多くの避難者の命を救えたと考えている。

大勢の患者が押し寄せてきて、お薬手帳がなかったら地域の医療は崩壊していたかもしれませんね。今後は正しくお薬手帳の啓蒙をしていきたい。県民に理解してもらうのが私の最終的な仕事です。

川俣町　福島県北東部に位置し、阿武隈高地西斜面の丘陵地帯にある。震災では建物や道路に被害が出た。また福島第一原発の事故後、南部の山木屋地区が計画的避難区域に指定される。現在は一部の居住制限区域を除いて避難指示解除準備区域となっている。死者／22人

田村市　取材日／2014年2月13日

避難地区にとどまった夫婦

渡辺哲夫さん(82)・マサ子さん(65)　農業

――田村市都路地区で農業を営む渡辺哲夫さんとマサ子さん夫婦。国は福島第一原子力発電所の事故により、原発から20キロの範囲に避難指示を発令。渡辺さん宅は21キロのところにあったが、田村市独自の判断で20キロ圏外を含む都路地区全域に避難指示が出された。だが、二人は避難を思いとどまった。

うちの人は胃を手術して何年にもなってなかったんです。とても寒さに耐えられないから、どこにも行かないって。（マサ子さん）

――3月15日、国は30キロ圏内に屋内退避を指示。さらに10日後、自主避難を促す。都路の住民のほとんどが避難し、町から人影が消えた。二人は家に閉じこもり、事故が悪化する様子をテレビで見つめていた。

原発は安全だという考えだったから、放射能が出ていると言われても、馬の耳に念仏みたいなもので。自衛隊の人も「避難してください」と3、4回来たね。だけど、死んでも行政を責めたりはしないから、ここに置いてくれって。犯罪者のような生活だった。日中もカーテンを閉めてね。（哲夫さん）

怖かったです。避難しろと言われているのに言うことをきかない罪悪感で苦しみました。（マサ子さん）

――店も閉まっていたため、食べ物にも困った。

養鶏場から売れない卵をもらってくるんだわね。コレステロールが大丈夫かというぐらいあったりしてね。でも何も食べる物がないから。（マサ子さん）

――半年後、田村市が出した避難指示は解除された。都路地区では2013年7月から除染が本格的に始まったが、戻らない住民も多く、田畑は放棄されている。そんななか、二人は野菜や米づくりを再開している。

昔のようにはいかないと思うけど、俺は農作業をやるから元気で生きていられるんだ。（哲夫さん）

何もかも流されて、いつ帰れるかわからない人たちよりは、まだうちらは幸せなほう。そう考えて頑張っています。（マサ子さん）

田村市　福島県中通り地方、阿武隈高地の中央に位置する。震災で建物や道路に被害が出た。また市東部の都路地区の一部が福島第一原発の20キロ圏内にあたり、警戒区域となった。2014年4月1日、避難指示区域解除。
死者／14人

双葉町　取材日／2014年5月17日

きれいなふるさと

天野正篤さん(76)

避難しても1週間ぐらいで帰れるのかなという考えはありましたね。

――福島県双葉町で暮らしていた天野正篤《まさあつ》さん。福島第一原子力発電所の事故により、自宅に戻れない生活が続いている。双葉町は、放射線の線量が高い地域があるため、3年経った今も立ち入りが厳しく制限されている。原発から4キロの場所にある自宅に一時帰宅するのは、3か月に1度。家の中は、震災当時のまま物が散乱している。

すごい揺れでした。家の言い伝えで、大地震が来たときは必ず庭に布団を敷いて寝なさいと。

――あの日、地面にシートと布団を敷き、寝ようとした午後9時、防災無線から放送が流れる。

「屋内退避」と。あ、大変なことが起こったなと。

――翌朝には、全町民に避難指示が出された。天野さん夫婦は隣の家の人の車に乗せてもらい、避難所となっている40キロ離れた川俣町の小学校へ向かった。

双葉町　福島県浜通り地方の中部に位置し、沿岸南部には福島第一原発の5・6号機がある。町全体が原発から20キロ圏内にあり、原発事故により全町避難となった。
死者／148人　行方不明者／1人

3月14日の夜10時ごろ、避難者たちがひっそり避難所を出ていくのに気付く。天野さんもいっしょに逃げて来た隣家の人から、避難所を出ようと誘われた。

隣家の子どもさんが東電に勤務しているものだから。「爆発するかもわからない、危ないから」と。その人が泣くような悲壮な声で、「いっしょに乗って私の千葉の実家に来てください」と。

――しかし、避難所に残される人たちのことを思うと決断できなかった。

「われわれは大丈夫だから」と、今生のお別れのようにワンワン泣きながらさよならしたんです。

――しかし、避難所にいた後輩の必死の説得により、夜明け前に避難所をあとにした。天野さんは、再び双葉町で暮らすことはできないだろうと考えている。

きれいなふるさと。双葉でなくてはだめなんです。でも帰れない。本当はここで死にたいという気持ちはあるんですけど、複雑な心境ですね。

双葉町　取材日／2014年5月17日

妊娠4か月での避難

松枝明美さん(42)

――双葉町に住んでいた松枝明美さん。自宅は原発からおよそ3・5キロの場所だった。震災の8か月前、当時双葉町役場に勤めていた智之さんと結婚、双葉町に来たばかりだった。松枝さんは一人で自宅にいたとき地震に襲われた。当時、妊娠4か月だった。

もう、そのときは何がなんだかわからない状態で。誰に頼っていいかもわからない状態でした。

――夫の智之さんは、震災の対応に追われ役場から帰宅できず、松枝さんは近所に住む夫の母親といっしょに中学校に避難した。しかし翌朝、町の行政無線から全町民への避難指示が出された。福島第一原子力発電所が危機的な状況に陥っていたからだ。

原発がどうとか、そういうのはまったく知らされなかったですね。ただ「逃げろ」というだけで。とにかくみんなのあとを追っていきました。体験したことがないことだし怖かったですね。やっぱり身ごもっていたので。

――智之さんの母親とともに車で出発した松枝さん。しかし、避難する車で道路は大渋滞していた。

トイレも行けないし、水もなしで、多分それはみんなも同じだと思うんですけど、すごい大変でした。

――多くの人々が移動しているまさにそのとき、1号機が水素爆発を起こした。夕方、松枝さんは二本松市の自分の実家に到着したが、そこも放射線量が高いという情報から猪苗代町の避難所へ移動。そこで夫と再会できた。しかし、避難している最中に原発事故が起こったことを知った松枝さんは、被曝したのではないかと不安な気持ちに襲われた。

産まないほうがいいんじゃないかと……。

――2011年8月、福島市で女の子を無事出産。現在、一家は郡山市で暮らしている。故郷の海を忘れないという思いをこめて郷海《さとみ》と名前をつけた。

事故がなければ、主人の生まれた土地で遊ばせたかったですね。原発に対してはやっぱり悔しいです。

大熊町　取材日／2013年9月3日

交通整理で恩返しを

赤井光清さん(77)

——大熊町の大工、赤井光清《こうせい》さんは40年間ボランティアで交通整理をしてきた。あの日、仕事先から急いで自宅に戻った。家の中の物は散乱していたが、妻は無事だった。一安心した赤井さんだったが、翌朝、町の異変に気付く。

朝、隣の人が来て「赤井さん、誰もいないよ」って。見たら町に誰もいなかったの。

——状況を確かめようと赤井さん夫婦が役場に行くと、何台ものバスが用意されていた。福島第一原子力発電所の事故による避難だったが、二人は行き先もわからないままバスに乗せられた。

なぜバスに乗って、どこに連れていかれるのか全然わからなかったです。

——着のみ着のままで避難した先は田村市の体育館。毛布も燃料も不足し、暖がとれないなか、赤井さん夫婦は半月もの間寒さに耐え続けた。その後避難所を転々とし、会津若松市の借り上げ住宅に入居できたのは、半年後のことだった。

いつ帰れるのかということばかり考えていた。

——しかし、大熊町の自宅は帰還困難区域に指定され、戻る見通しは立たない。赤井さんは次第にふるさとに戻ることを諦め、会津若松市で暮らしていくことを決意する。そんなある日、赤井さんは、交通量が多い道で、子どもたちがなかなか横断歩道を渡れずにいるのを目撃した。赤井さんはその日のうちに通学路に立った。それから子どもたちが登校する平日の午前7時から1時間半、雪の日も雨の日も立ち続けてきた。

2年が過ぎたころ、赤井さんは子どもから折り紙でつくられたメダルをもらった。そこには赤井さんへの感謝の気持ちがつづられていた。

何とも言えない嬉しさ。お金をもらうより本当に嬉しかったです。子どもにパワーをもらって、元気でやっているんだ。やっぱり会津の人への恩返しのつもりで一生懸命やり続けようと思っている。

大熊町　福島県浜通り地方の中央に位置する。福島第一原発が建ち、町全域が20キロ圏内。町役場は会津若松市に移転、町民およそ1万1000人が県内外に避難を余儀なくされている。
死者／119人　行方不明者／1人

いわき市　取材日／2014年5月30日

ソバニイルヨ

猪狩弘之さん（66）

――いわき市の猪狩《いがり》弘之さんは、郵便局を退職後、趣味でさまざまな物語を書き続けてきた。2013年に、東日本大震災で母親を失った小学2年生の男の子の物語『ソバニイルヨ』を出版する。

また、こういう大災害に遭遇するかもしれません。そのときの多少の備えの一つになればいいなという思いを、この本の中に込めています。

地震が発生したとき、猪狩さんは海から700メートル離れた自宅にいた。

とにかくすごい揺れを感じました。棚から本がバタバタ落ちてきたりしました。

――猪狩さんは家族を避難させたあと、近くに住む足の悪い叔母を手押しの一輪車に乗せて避難しようとする。そのとき津波に気付いた。

波がワーッと来たんですよね。今後、かなり大きなものが来るんだと予感がしました。

――猪狩さんは必死に一輪車を押し、高台へ避難した。

その後猪狩さんは避難所で、命からがら逃げてきたおよそ1000人の住民の過酷な生活を目にする。

みんな座り込んで、不安におびえていましたね。

――猪狩さんは、震災の体験をもとにした物語をつくろうと考えた。主人公の男の子の母親は、地震が来たあと自宅に戻り、津波に襲われ亡くなってしまう。

そういう人が多かったんです。

――そして物語の最後では、男の子が遠い外国に流れ着いた母親の遺品を受け取る。男の子は、「お母さんがぼくらに会いたくて帰ってきたんだ。いつまでもぼくらのそばにいるよって言ってるんだ」と涙する。

大事な人たちは今もみんなのそばにいて、見守ってくれているんだよ、という思いをめぐらせてほしい。そして強く生きていってほしいという願いを込めたのがこの作品なんです。

――現在、猪狩さんは、物語を紙芝居にして読み聞かせを続けている。

いわき市　福島県浜通り地方の南部に位置する。震災では最大で震度6弱の揺れを観測、沿岸部を津波が襲った。福島第一原発の事故の影響で、農業・観光業などにも大きな打撃を受けた。
死者／460人

言葉の壁に苦しんだ外国人

いわき市 取材日／2014年1月17日

井手 伶さん（47）

――いわき市で暮らす中国出身の井手伶さんは、日本語がよくわからないため地震や福島第一原子力発電所の事故の状況を把握できなかった。地震にあったのは自宅近くのスーパーで買い物をしていたときだった。

地震、地震と大きな声がして、びっくりしました。駐車場に行ったら車が揺れていて、もっと怖かった。

――当時は日本語が苦手だったため、スーパーでの避難指示もわからなかった。ふだんは中国語が堪能な夫に頼りきっていたのだ。だが、市役所に勤める夫は震災の対応で家に戻ってくることができず、井手さんは2人の子どもと生活しなければならなかった。

子どもは、ママが外国人なので、パパがいっしょに外出すると安心します。ママとはいっしょに行かないですね。

――原発事故の情報も思うように得られない。テレビを見ても何が起こっているのかわからなかった。

シーベルトの意味も当時は全然わからなかった。だから、どのくらい危険かわからなかった。

――電子辞書を頼りに奮闘したが急に視力が落ち、辞書や新聞を読むことが難しくなった。震災によるストレスが原因だった。そんな井手さんを支えたのは、日本語が堪能な中国出身の友人だった。

いろいろ教えてもらって、言葉の意味が少しわかりました。いっしょにいると安心しました。

――福島県国際交流協会は、こうした経験を生かそうと取り組み始めている。外国出身の住民１００人から証言を集めたところ、震災の避難のとき、外国人の立場に立った視点が欠けていたことがわかった。そこで「地震」「津波」「洪水」などの絵が描かれたＳＯＳカードを独自に作成。日本語が苦手な外国人であってもカードの絵を指せば状況を把握できるようにしたのだ。

日本は小さい地震がたくさんありますので、日本語が少ししかわからない外国人を助けてほしいです。

第Ⅳ部

千葉県

旭市

第Ⅳ部
千葉県

旭市

——遅れて来た大津波

旭市飯岡（旧飯岡町）

いいおか ふれあい
スポーツ公園
旭　市
126
飯岡中学校
飯岡荘
仲條富夫さん宅
•前田晃敏さんのサーフィン店
飯岡小学校
萩園海水浴場
農協
佐久間海斗さんの祖父母宅
安藤洋さん宅
30
太　平　洋
鈴木淳夫さん宅
飯岡漁港
屛風ヶ浦
香取市
成田線
利根川
旭市
総武本線
銚子市
犬吠埼
旧飯岡町
屛風ヶ浦
匝瑳市
九十九里浜
太　平　洋
N
0
10km
N
0
500m

千葉県北東部に位置する旭市。
海岸には、遠浅の九十九里浜が広がる。

震源地から遠く離れたこの町もまた、津波で多くの犠牲を出した。旭市に津波の第1波が押し寄せたのは、地震から約1時間後。この時点では、沿岸の住宅で床まで浸水したものの、大きな被害はなかった。

さらに、30分後、第2波が襲来。それは、漁港の堤防を越えないほどの小さな波だった。小学校の屋上に避難していた数百人の住民たちは、2度にわたる津波のあと、徐々に警戒心を解いていった。そして住民の多くは避難先から海岸付近にある自宅に戻り、後片付けを始めた。

しかし、地震発生から2時間が経過したころ、海では異変が起こっていた。大きな第3波が沖から町に向かって来ていたのだ。そのとき、海岸沿いに反対方向からもう一つの津波が迫っていた。やがて、二つの津波は湾の中で重なって巨大化すると、勢いを増して町になだれ込んでいった。

住民たちは不意を突かれて押し流され、13人が死亡、2人が行方不明になった。

遅れてやって来た大津波。そのとき、旭市の人々は何を考えどう行動したのか。

地震発生

長さ60キロ以上にわたって、砂浜が弓なりに連なる九十九里浜。旭市・飯岡（旧飯岡町）は、その九十九里浜の最北端に位置する。東に漁港、西に住宅地が広がり、およそ1万人が暮らす。沖にはイワシやヒラメ、カレイなど、四季折々の魚が獲れる良好な漁場があり、漁獲量は県内で2位を誇る。

飯岡の浜は遠浅で、沖に向かって30キロほど浅瀬が続く。都心からも近く、親子連れやサーファーなど大勢の人が訪れるレジャースポットでもあった。

2011年3月11日、旭市を震度5強の揺れが襲う。漁港では、数多くの釣り船が操業していた。釣り客を相手に民宿を経営している鈴木淳夫《あつお》さん（55歳）は、自ら釣り船を運転して35年になる。地震があったとき、鈴木さんは港で船のオイル交換をしていた。

［証言／鈴木淳夫］

急に船が、ガタンガタン揺れだしたから、どこかの船がエンジンかけたまま港の中に入ってきたのかと思って。誰だよ、と思って上に出て見てみたら、船は揺れたままなんだけれど、ほかの船は走ってきていなかったんだよね。

それで陸のほうを見たら、電信柱も電線も揺れていて、止めておいた軽トラックもユサユサ揺れていた。もう船は、手すりにつかまっていなければ立っていられないくらい揺れちゃって、すごい地震だなと。

揺れが収まると、鈴木さんは民宿を兼ねた自宅の無事を確かめに、いったん帰宅することにした。町にいた人々も、避難の準備を始める。
海岸からおよそ80メートルのところにある時計店の店主、安藤洋さん（61歳）は、店で仕事をしているときに地震に遭遇した。

［証言／安藤洋］
すぐにやむと思ったんだけど、異常に長かったんです。「長い長い、これは大きいな」って話していたんですが、ようやく収まったかな、と思ったらまたすぐに2回目の地震が起こって。それも長かったので、これは津波が来るな、と思いました。
それで、まずガスボンベの栓を閉めて、ロックされているかを確認して、じゃあ避難しようか、ということになったんですよ。

安藤さんは近所の人といっしょに、自宅から200メートルほど内陸にある、指定避難所の飯岡小学校に向かう。校舎には、すでに数百人が避難していた。

［証言／安藤洋］

そのときは、「海が近いから避難すればいいだろう」くらいの形式的な感じはありましたね。以前から防災訓練はやっていましたが、そのときも緊迫感はないです。「ただやっていた」感じでした。

町には、避難所に行かなかった住民もいた。衣料品の製造工場を経営する仲條富夫さん（66歳）は、震災当時、自宅前の離れで暮らす寝たきりの母親（89歳）を抱えていた。

［証言／仲條富夫］

仕事をしていて、休憩しようかというときに地震がありました。そのときはまだ電気がついていましたので、テレビで地震の情報を見てました。すると、防災無線で避難を呼びかけはじめました。正直、介護ベッドを押して移動するのは無理で。だから、よく救急なんかでやるように、母を布団に包んで運ばなければいけない状況なんですが、そのときはせがれも家にいなかったし、私と妹と女房の3人ではちょっと無理なものですから。

それに、この時点ではまだそこまでの危機感というのはなかったですね。やっぱり寝たきりで重いですから、なかなか決断がつかなかった、というのがそのときの状況ですね。

第1波到来～被害が出ず安堵する住民

地震から約40分後、自宅の無事を確認した鈴木淳夫さんは、すぐに港に戻り、船を沖へ出す準備を始めた。津波が来たとき、船が流されて壊れるのを防ぐためだ。

周りにいた４隻の船といっしょに港を出発した鈴木さんは、すぐに海の異変に気付いた。

［証言／鈴木淳夫］

すごい勢いで潮が入ってきて、川みたいに流れていた。それで、３メートルくらいの大きな渦を巻いていた。だから、潮の流れが速くていつものようには船のスピードが出ないの。

鈴木さんが港を出て５００メートルほど進んだとき、大きな波に遭遇する。

［証言／鈴木淳夫］

真っ正面から視界いっぱいの波が広がって来たんだ。ザーッと一本の波だよね、第1波が来た。ほかの船の若い子らが無線で「どうしたらいいです?」と聞くから、「そのままエンジンかけて、波の中を突き抜けるほかないよ」と言ったの。波の中を船でぶち抜くかたちだよね。エンジンを落としたら、潮の流れが速いからいっしょに流されるし、下手したら転覆しちゃう。それで窓に全部鍵かけて、全速で突き抜けたの。そうして、津波を抜けるときに、５メートル

くらいの高さの波をドーンとかぶったんだ。波が窓に当たるから、辺りが真っ白で何も見えなくて、波からポンって出たときにはサイドの甲板が水でいっぱいだった。一瞬だよね。抜けるまでにかかった時間は、ほんの3、4秒くらい。

鈴木さんは無事に第1波を乗り切って沖へ出たが、鈴木さんのすぐ後ろを走っていた仲間の船は、この波を抜けられず陸のほうへと押し流される。
海岸近くの家の2階から、その様子を見ている人がいた。寝たきりの母親がいたため、避難しなかった仲條富夫さんだ。

［証言／仲條富夫］

真正面にその船があったものですから。たまたまその船が知り合いのものだったので、「大丈夫かな」と見ていたんです。全速でエンジンをふかしている煙がまず見えて、そこからぐっと切り返して帰っていくのが見えた。それを確認して、「ああ、よかったな」と下におりてきました。

地震からおよそ1時間後の午後3時40分過ぎ、第1波は飯岡の東にある漁港に到達。4メートルの堤防を乗り越えて港の奥深くまで入り込み、船を押し流していった。津波はそこから、さらに港の西にある住宅地のほうへも押し寄せる。
津波は、仲條さんの自宅にも迫っていた。

［証言／仲條富夫］

第1波は、家の前の道路のセンターラインくらいまで来ていました。この辺は大丈夫だったんですが、道路より海側の家は、床上か床下ぎりぎりまで浸水していました。

そこから第1波が収まって引いたものですから、みんな三々五々、家の外に出て排水作業をしたり、海岸の様子を見に行ったりしていました。私も下りて見に行ったんです。

避難所である飯岡小学校から、およそ1キロ西に飯岡中学校がある。海から約200メートルしか離れておらず、海抜も低いことから、飯岡中学校では全校生徒が学校から700メートル内陸にある「いいおかふれあいスポーツ公園」に避難していた。

当時、生徒指導を担当していた大目智志《おおめさとし》さん（47歳）は、ほかの教員たちとともに、300人あまりの生徒を誘導した。

［証言／大目智志］

今は仮設住宅が建っていますけれども、当時はここにサッカー場がありました。子どもたちはさらにその奥あたりまで移動して避難していたんです。1年生、2年生、3年生と順にグラウンドに入ってきていました。

午後3時過ぎ、全校生徒が公園に入った瞬間、茨城県沖を震源とする大きな余震が起こる。

［証言／大目智志］

地面がゴーッと音を立てるような、下から突き上げてくるような感じです。電信柱に付いている照明が左右に揺れて、本当に立っていられないんです。

子どもたちは、最初の地震があった学校では冷静でしたが、このときは悲鳴を上げて、かなりパニックになっていました。子どもたち同士、抱き合いながら怖さに耐えているような状況でした。

学校から移動したため、教員たちは、生徒の保護者に連絡をとることにした。学校では同年から、保護者全員に一斉にメールを送れる「スクールメール」のシステムを導入していた。そのシステムを使い、生徒を無事、スポーツ公園に避難させた旨を伝えた。

第2波到来～警戒心を解いた住民

第1波からおよそ30分後、飯岡の浜に第2波が到達する。それは、漁港の堤防を越えないほどの小さな波だった。

飯岡小学校の屋上に避難していた安藤洋さんは、その様子を携帯電話で撮影していた。

［証言／安藤洋］

最初は教室にいたんですが、海の様子を見ようと屋上に上がって写真を撮っていました。そこでもみんな和気あいあいというか「津波来たよ、来たよ」という感じで緊迫感がなく、笑い声で話していました。第2波の様子を見て、それで「津波が終わった」みたいな感触でしたね、みんなの気持ちのなかでは。

津波が収まると、自分の店の状態が気になった安藤さんは帰ることにする。

［証言／安藤洋］
校庭にいた友だちが「行かないほうがいいよ」と声をかけてくれたんですが、津波がうちまで来ているか気になって。「ちょっと見てくるよ」と言って帰りました。5時ちょっと前ごろでした。そのとき、かなりの人が帰っていったと思います。帰ってみると、近所の人たちはすでに掃除をしていましたし。

小学校に避難していた住民は次々と帰宅していった。
安藤さんは店に戻り、地震で落ちた商品の後片付けを始めた。
一方、公園に避難していた飯岡中学校の生徒たちは不安を抱えたまま、待機を続けていた。教員は再び保護者にメールを送り、生徒を引き取りに来るよう要請する。まだ大津波警報が解除されていないなかでの決断だった。

［証言／大目智志］

保護者の方に、「迎えに来てください」と2回目のメールを送りました。親も自分の子どもと会えずに心配しているだろうし、子どもたちのパニックになった状態を和らげてあげられるのは、保護者に早く引き渡すことだと思ったんです。そのときはとにかく、親元に早く帰してあげたいという一心でしたね。

地震発生から1時間半で、300人の生徒のうち、3分の2が保護者に引き取られて帰宅していった。

当時、中学2年生だった佐久間海斗《かいと》さん（17歳）。両親は共働きでほかの町にいたため、迎えに来ることができなかった。

［証言／佐久間海斗］

自分は親が来られないということがわかっていたので、仲のいい友人の親が迎えに来たときに、いっしょに車に乗せてもらってそのまま帰りました。あんまり、津波のことも気にしていなかったんで。まあ、大丈夫だろうという感じでした。

佐久間さんが送ってもらったのは、飯岡にある祖父母の家だった。

祖父母が営む新聞販売店は、海の近くの商店街にあった。佐久間さんの両親は共働きで日中家にいないことが多く、学校から帰るとこの店へ寄るのが習慣だったという。佐久間さんは、祖父母といっしょに両親を待つことにした。

［証言／佐久間海斗］
両親のこともあまり心配していなかったです。よく地震とかで、「津波に注意してください」という警報があるじゃないですか。それでも毎回来ないし、「今回もどうせ来ないだろう」という、軽い気持ちでした。

第2波が去ったあと、自転車で近所の様子を見回っていた仲條さんは、海水で濡れてしまった自宅を掃除している人々をあちこちで見かける。

［証言／仲條富夫さん］
多くの人が避難先から家の様子を見に帰ってきたりしてましたね。海岸沿い、堤防より低いところの方は排水を一生懸命やってました。浸水しているのはほとんど知り合いなので、ご苦労様というか、そんなたわいのない感じで話していました。
みんな、第2波が堤防を乗り越えて来なかったので、「あ、これで津波は終わったのかな」という感じだったと思います。そのときはまさか、大きい第3波が来るとは思っていないので、油断といえば油断だったのかなという思いはありますね。

二つの波が重なり巨大津波発生

住民のなかには、町の外にいて、第2波の津波が去ったあとに帰ってきた人もいた。飯岡の海岸でサーフィンの用品店を営む前田晃敏《あきとし》さん（44歳）だ。

隣町で地震に遭遇した前田さんは、店を心配して帰ってきたが、大きな被害はなかった。

[証言／前田晃敏]

ふだんは車で30分くらいなんですけど、通れない道もあって1時間くらいかけて帰りました。飯岡中学校のところまでたどり着いたら、第1波の津波で横たわってる船があって道をふさいでいたので、学校に車を止めさせてもらって、走って家に戻りました。第2波と第3波の間に帰ってきた感じですね。

地震発生から2時間あまりが経った午後5時過ぎ、前田さんは海の異変に気付き、とっさにカメラを回した。

[証言／前田晃敏]

友だちが家に来て、二人で海を見ていました。すると、「すごい引きはじめた」って友だちが言って、パッと見ると波打ち際がどんどん水平線のほうに引いていくので、それで慌ててカメラを回した感じだったんです。「やばいよ、これ」と言っているうちに、とうとう消波ブロックが全部出てしまった。本当に、波打ち際が水平線近くまで引いてしまうんじゃないか、という印象でしたね。

このとき、船で第1波を潜り抜けた鈴木淳夫さんも、5キロ沖の海上から潮が引いた様子を見ていた。

［証言／鈴木淳夫］

港の前に広がる海老根っていう岩礁地帯の根っこが半分以上見えていたもん。その周りも波がいったん全部引いて、底がきれいに見えていた。生まれて初めて海の底を見たね。波が引いて岸から200メートルぐらいは海底が出ちゃってた。

そのとき、鈴木さんらはレーダーに大きな影が映っていることに気付く。

［証言／鈴木淳夫］

みんながレーダーの円の中に「白いものが映っている」と言うから見てみたら、でっかくて丸っこい陸の形みたいなものが映っていた。円状の白い太い線が、ぐるっと大きく出ていたんだよ。それがだんだん速くなって、どんどんこっちに来るでしょ。それを見て、「これは津波だな」と思った。要するに、壁みたいにワーッと上がってきた津波がレーダーに映っちゃっていたの。

それほど波高が高かったわけ。それが速度を上げて近づいてきていたんだよ。

その直後、船は大きな波に持ち上げられる。

［証言／鈴木淳夫］

6メートルくらい上がった。もうたまげた、すごい波だなと思ってさ。船首方向を沖に向けたまま、グーンと波に持ち上げられて、一番上まであがってから落っこちるまで結構時間がかかったよ。だから、よっぽどでかい力のある波だなと思ったけど。

サーフィン用品店の店主、前田晃敏さんも、沖から向かって来る大きな第3波を目撃していた。それは、東の方向からやって来た。

［証言／前田晃敏］

最初、津波が東の銚子のほうから南の一宮のほうに、横に動いていく感じだったんです。これは一宮がまずいことになると思っていたら、反対方向から真っ黒な波が、すごい高さで押し寄せてきたんです。黒い波が西のほうからも東のほうからも来て、ぶつかっていくような感じでした。7、8メートルくらいの高さのものが一斉にやって来るというか、すごい津波が来ているのが見えました。

ゴーッていう音と、そのほかにも変な音がしていたんですよね。聞いたことがないような、何か金属音みたいな大きな音です。でも、ビデオにはその音が入っていないんです。
そのときは、まさかここまで波は来ないだろうと思ってビデオを撮り続けていたんですが、波が消波ブロックに当たってブロックがボロンと落ちるのが見えて、「あっ、これはまずい」と思ってすぐ逃げたんです。

この二つの津波は海の上からも目撃されていた。釣り船で沖に出ていた鈴木さんが海の様子を見ていると、東から来た津波とは別に、もう一つ、西の方向から海岸に沿って津波が来ていることに気付いた。

［証言／鈴木淳夫］
西からの波は、ちょうど民宿の飯岡荘のほうから堤防をなめるようなかたちで来た。それが真っ黒な波なのよ。そうして、東から来た波が湾の中を真正面に向かって入っていったの。バーっと立ち上がってきたその白い波が、だんだん色がついて黒くなっていって、西からなめてきた波とちょうど湾の中でぶつかった。東と西から分かれて来た二つの波が合わさったの。

地震発生から2時間以上が経過した飯岡の海。この時点で、津波の第1波と第2波が九十九里浜の弓なりに湾曲する海岸の中にとどまり、複雑な動きをしていた。波の一部は海岸に沿って西から走り上がってきた。そこに、東から第3波が押し寄せたのだ。その二つの津波は重なり合い、集中して飯岡地区を襲った。午後5時20分過ぎのことだった。

第3波到来〜油断した住民を襲う

第3波が来たとき、近所の様子を見ていた仲條富夫さんは海岸通りにいた。

[証言／仲條富夫]

第2波が収まった時点で、飯岡港のほうに行ってみたんですが、高台から港を見てみたら一面に水がないんです。港の入口が干潟状態で、船が横倒しになっていて。これは大変だな、絶対来るなと思いました。

[証言／仲條富夫]

早く帰ろうと自転車で家に向かって走っていたら、途中で黒い横一線の大きな波が、東堤防を越えてドーンと押し寄せてきたのが見えたんです。それでもう、悲鳴を上げて逃げました。

波の上に波が乗っかって、東から西へ走っていったような印象ですね。向こうから来た波とこっちからの波が水柱みたいに上がって。それが、堤防を乗り越えて道路のほうに落ちてくるんです。水がドサドサ落ちてくるんですよ。

巨大化した津波は、次々に堤防を乗り越え町になだれ込む。

仲條さんは自宅に逃げ込もうと、必死に自転車を走らせた。

[証言／仲條富夫]

自転車で家まで行けるかなと思ったのですが、いつの間にか水位が堤防と同じになっていたんですよ。
そのとき、家が右斜め前に見えてね。2階に、せがれと女房がいるのが見えるわけですよ。それで急いで自転車をこいでいたんですが、タイヤを波にとられてひっくり返っちゃって。自分は立ち上がろうと思うんですけど、とても無理で、そのまま波の勢いでザーッと流されてしまった。

津波は、2メートル以上の高さで住宅地に押し寄せていく。

[証言/仲條富夫]
道路が川になっていまして、なす術がないんですね。こっちも必死ですから、自転車をつかんだままバーッと流されていきました。せがれと女房は「お父さん!」「自転車を放せ!」と何度も怒鳴っていたらしいんですけれど、こっちはとにかく流されて波と格闘してるようなもので、全然聞こえないんです。あとで聞いたら、そのときはもう、首が見えるか見えないかの状況になっていたので、「お父さん、これは危ないな」と思ったらしいです。
運がよかったのは、家の横の電柱にドーンと叩き付けられて、そのときに自転車が離れて、起き上がれたんです。そこから、波に押されて塀づたいに流されていきました。

仲條さんは、さらに50メートルほど流され、鮮魚店の前に到達する。

［証言／仲條富夫］

とにかく、どこかにつかまろうとしても波の力が強くてつかまれない。そうして無我夢中で出した手が、魚屋さんの入口のサッシに引っかかるんです。たまたまサッシが開いていたので、水が中に吸い込まれるようになって、自分もそれに引っかかったと思います。必死に抱きついて、そこから、なんとか横の窓枠に足を上げて乗っかりました。それで、水面から顔を出すことができたんですよ。

仲條さんは、サッシにつかまりながら激流に耐え、波が引くまでかろうじて持ちこたえた。

［証言／仲條富夫］

「あ、もうだめだろうな」と一瞬思いましたけれど、でも寝たきりの母もいるし、やっぱり女房も子どももいる。まだ家がどういう状況かもわからないので、ここで死ぬわけにはいかないな、と思いました。

一方、祖父母の家にいた中学生の佐久間海斗さんは、津波が来ていることにまったく気付いていなかった。そのとき佐久間さんは、祖母の愛子さん（76歳）といっしょに自宅前の駐車場にいた。ふと海の方角を見ると、巨大な津波が迫ってくるのが見えた。

［証言／佐久間愛子］

ものすごく上がっているように見えました。真っ黒な、まるで壁みたいな波がバーンと見えたんですよね。だからもう、自分としてはここが全部飲まれるのかな、と思っちゃったんですよね。

［証言／佐久間海斗］

屋根ぐらい高くて、波というより、完全に黒い壁でした。

海斗さんと愛子さんは、駐車場に止めてあった車に急いで乗り込む。しかしそのとき、すでに津波は押し寄せてきていた。

［証言／佐久間愛子］

前に車があって、進めなかった。前に行けないから、どうしようってドアを開けたんですよ。出ようとした瞬間、もう流されたという感じです。4階建ての農協があって津波が迫っていたのがわかりませんでした。

［証言／佐久間海斗］

波で乗っている車が動いたんですよ。で、このままじゃ車ごと飲まれるってなって、ドアを急いで開けて外に出ました。出たときにはもう水面が身長より高かったので、完全に頭まで入りましたね。それで急いでほかの車の上によじ登って。そこから車ごと道の真ん中あたりまで流されていったんです。少ししたら、今度は引き波でどんどん海のほうに移動しちゃって。家の斜め前にあった農協の窓ガラスが割れていたので、車からそこに飛び移った感じです。

海斗さんは、農協の建物に逃げ込み、1階の机の上にあがって難を逃れた。いっしょにいた愛子さんは津波に飲まれ、流れてきたいすにしがみつく。

［証言／佐久間愛子］

これを離しちゃったらいけないと思って、いすをぎゅっとつかまえていました。そこから沈んだり浮いたりしながら、家の前の道をずーっと流されていっちゃったんですよね。

愛子さんは、車やがれきとともに、激流にもまれながら内陸に押し流されていった。そして、150メートルほど流されたところで近くにいた男性たちに救助される。

海斗さんは避難した農協で、波が引くのを待ち続けた。

［証言／佐久間海斗］

結構長い間、建物の中で波が完全に引くのを待っていました。ようやく引いたので建物から出てみたら、そこでちょうど町の人に会って。それから飯岡小に避難したという感じです。今思えば、家に戻らないで、そのまま避難所とかに行けばよかったかなと思います。

鮮魚店のサッシにつかまって津波に耐えていた仲條さんは、波が引くとすぐに自宅へと向かった。

［証言／仲條富夫］

そこらじゅうがれきでいっぱいでした。勝手口のドアが少し開いていたんで、蹴破ってそこから中に入って2階に上がったんですね。

家の2階に上がった仲條さんは、妻と息子に再会した。しかし、離れの平屋がつぶれているのを目の当たりにする。その中には介護ベッドで寝たきりの母親がいたが、安否がわからないままだった。その日の夜、消防隊が1時間近くかけて、ようやく母親を救出。母親は、津波に床ごと持ち上げられたため、波に飲まれることなく助かった。

［証言／仲條富夫］

古い木造の家ですから。木は全部浮きますよ。たまたまベッドごと、畳ごと浮き上がってそのまま天井まで行ってから下がったという感じだったんですよね。

だから母は少しも濡れていなかった。救急隊員の人も、「濡れていたら、たぶんだめだったろう」と言っていました。例外なく、低体温になりますから。奇跡的にそういうかたちで助かった、助けられたという感じですね。

母親はその後、病院に運ばれ、幸いにも命に別状はなかった。

農協の建物に避難してなんとか無事だった佐久間海斗さんは、２日後学校に登校し、大目智志先生と会う。

［証言／大目智志］

顔を見た瞬間、思わず抱きしめちゃったんですけれども。佐久間くんは剣道部の主将で、私は剣道部の顧問でした。人伝いに、佐久間くんが津波に巻き込まれて、命は無事だということは聞いていました。生徒は一人も命を落とさなかったんですが、実際に顔を見るまでは、心配でしょうがなかったというのは覚えています。佐久間くんだけじゃなくて、ほとんどの子どもと会えない状況でしたので、みんなの顔を見るまでは本当に大丈夫かなと不安でした。

旭市を襲った大津波は、飯岡を中心に多くの犠牲を出した。家屋の被害は全半壊合わせて７００棟近くにのぼり、13人の死者と2人の行方不明者を出した。

自らを戒め、防災意識を高める

震災から3年経った、２０１４年3月11日、旭市・飯岡（旧飯岡町）の人々は追悼式を行った。第３波が来た5時26分で止まった農協の時計を、飯岡では震災の象徴として保存した。追悼式で、人々はその時計の前で犠牲者への哀悼と、自らの戒めの気持ちを込めて祈った。

亡くなった人のなかには、いったん避難したものの、自宅に戻ってきて津波に飲まれた人たちもいた。

[証言／安藤洋]

落ち着いてから帰ってくる分にはいいですけど、まだ落ち着いたとは言いきれない、一番悪い状態のときに帰ってきたということですよね。結果論では、戻らないことが一番正解だとは思います。

震災後、旭市は、震災の教訓をもとに抜本的に防災対策を見直した。市の聞き取り調査の結果、震災時、防災無線が十分に聞こえなかったという指摘があった。これに対し、旭市は海岸に災害情報を流す電光掲示板を設置。さらに、従来の5倍遠くまで音が伝わる高性能スピーカーも取り付けた。２０１４年に行われた、津波を想定した防災訓練で、住民もその効果を確認している。

海岸のそばにある飯岡中学校も、防災の意識を高めている。学校は、津波によって1メートル近く浸水した。何より、まだ大津波警報が解除されないうちに、生徒を帰宅させたことによって、危険な目にあわせてしまったという経緯がある。

［証言／大目智志］

津波に対する意識も甘かったし、無知でしたね。とにかく子どもに安心感を与えたい、早く親に引き渡したいというところが、私はすごく強かったので。

振り返ってみると、警報が出ているときには絶対帰しちゃいけない、また逆に迎えに来てくれた保護者も含めて避難をしなくちゃいけないっていうことを、震災のあとに知った自分の甘さというのは、本当に今でも悔いが残りますね。

学校はこれを教訓に危機管理を見直し、震災前にはなかった詳細な防災マニュアルを作った。そこには、大きな地震が発生した場合、生徒を安全な場所からすぐに帰さず、二次災害を十分検討した上で保護者に引き渡すことが明記されている。

津波に流され、自分と母親の命が危険にさらされた仲條富夫さんは、震災後、各地から訪れてくる人々に、自らの体験を語り継ぐ活動をしている。仲條さんは、震災時、油断してしまった自らの教訓を人々に伝えようとしている。

［証言／仲條富夫］

以前、よく「想定外」という言葉が使われていたけれど、想定外では、絶対だめなんですね。想定しないと。これからは、想定外という言葉をお互い使わずに「こういうことが起こるかもしれない」という意識で、事にあたらないといけない。

そのためにも、とにかくみんなに聞いてほしいのは、早めの避難に勝る防災・減災はないということです。避難する場所を決めるにも、1か所だけではだめ。最低でも3か所は決めておかないといけないんです。

そして、とにかくそのときには家族が「お互い、難を逃れて避難場所にいるんだ」と思える信頼関係がないといけない。落ち着いてから再会する、という決め事をつくっておかなければ、結果的に犠牲が多くなってしまうのだと思います。

飯岡では、一人ひとりが防災への意識を高め、二度と悲劇が起こらないよう取り組み続けていこうとしている。

（2014年3月　取材）

あの日　わたしは

千葉県
香取市―山武市―浦安市

江戸時代から続くそば店の再興

香取市　取材日／2013年11月8日

篠塚友孝さん（71）そば店店主

全部といっていいくらい瓦が落ちて、すごい惨状でした。近所の人は真っ青になって震えているしね。

――小江戸と呼ばれる水郷の町、香取市佐原《さわら》地区で江戸時代から続くそば店を営む篠塚友孝さん。築１００年以上で県の文化財にも指定されている木造の店と、コンクリート造りの店の2店舗を経営している。地震発生時、コンクリート造りの店にいた篠塚さんは、急いで調理場に向かった。

どんぶり類が全部落ちてね。煮立った油に火がついて手が出せないんですよ。たまたま向こう側に揺れた瞬間に火を止めましたが、今度は横にあった冷蔵庫がドーンと倒れてきて、これは危ないと思ってね。

――揺れが収まったあと、篠塚さんは木造店舗の様子を見に行く。通り沿いの古い店舗は瓦や壁が崩れ落ちており、篠塚さんの店にも大きな被害が出ていた。

全壊という判定でした。家がねじれて、前と後ろとでは場所によって10センチぐらい下がっていました。

香取市　千葉県北東部に位置し、北は茨城県に接する。北部には利根川が流れ水田が広がる。震災では、東京ドーム７５０個分という広大な範囲で液状化が起こり、６０００棟を超す建物が被害を受けた。

あまりの壊れ方に、もう終わりかな、再興できないかなと思いましたね。

――その後、店から4キロほど離れた自宅へバイクで様子を見に行き、大きな被害がないことを確認した。しかし、店に戻る途中、余震でバイクが転倒。橋の欄干に激突し、鎖骨を折る大けがをした。

危なかった。死んでいたかもしれないと思いました。

――木造の店は建物が古く、設計図もなかったため、修復作業は手探りだった。瓦も県外の業者から取り寄せねばならない特注品のため、多額の費用がかかった。さらに、伝統の建築様式を守りながら耐震性を高めるために、見えない基礎の部分や壁の内側などを補強した。店を再開できたのは震災から1年半後のことだった。

安全を確保し文化財の価値も守る、そこに一番苦労しました。こういう建物がなくなるのが一番寂しい。これから先も守っていってもらいたいと思います。

山武市　取材日／2014年1月17日

13人の命を救ったトラクター

武石一吉さん（64）　飼料工場経営

──九十九里浜に面した山武市《さんむし》では、地震による津波が木戸川をさかのぼり、広い範囲が浸水した。

市内で飼料工場を営む武石一吉さん。あの日、海から500メートルほど離れた工場の2階で妻の清子さんと作業をしているとき大きな揺れに襲われた。

揺れがひどくて、この辺の状況を見渡すような余裕はなかったです。

──津波を警戒し、従業員にすぐ避難するよう指示。自分も家族を連れて25キロ離れた内陸の八街市《やちまたし》にある親戚の家に避難した。しかし、東北の被害を伝えるテレビを見て、工場や自宅がどうなったか知りたいという気持ちが強くなった。

情報を正確に把握できなかったというか、大きな津波は自分のところには来ないんじゃないかと……。

──地震発生から2時間後、夫婦が工場に戻ると、避難していた従業員4人も戻って仕事を再開していた。

山武市では防災行政無線による避難の呼びかけを続けていたが武石さんたちは気付かなかった。地震発生から3時間後、津波が押し寄せる。車では避難できず、少し高いところにある自宅に避難した。2階には従業員や近所のお年寄りなど13人が集まった。あたり一面は1メートル以上浸水し、孤立する。

このままじゃいけないと思っていました。

──武石さんは車高の高いトラクターで移動することを決断。午後10時ごろ、まず2人を乗せ300メートルほど離れた公民館を目指した。浸水と停電でほとんど道は見えない。道路脇の溝に落ちないように注意して進む。途中、津波でアスファルトが剥がれた場所で落ちかけるが、無事公民館に到着。その後は6往復して、13人全員を無事避難させた。あの日、仕事場に戻った自分の行動を武石さんは今も考えている。

決して正解な行動ではなかったな、と。逃げてそのままでいれば一番よかったのかもしれませんね。

山武市　千葉県の東部に位置する。九十九里浜のほぼ中央にあり、遠浅の海は海水浴客で賑わう。震災では震度5強の揺れに見舞われ、建物や道路に被害が出た。
死者／1人

浦安市　取材日／2014年6月11日

液状化の記録を漫画で出版

世鳥アスカさん（29）　漫画家

——浦安市に住む漫画家の世鳥《せとり》アスカさん。世鳥さんが２０１４年３月に出版した漫画には、液状化の実態や生活への影響がつぶさに描かれている。

液状化という言葉は知っていましたが、どういうものか具体的にわかっていなくて、しかも自分が生きているうちは起こらないかなくらいの気持ちでした。

——震災の日、自宅マンションで漫画を描いていた世鳥さんは、経験のない激しい揺れに襲われる。揺れが収まるのを待ち屋外に避難したが、その30分後、震度５弱の余震が発生。信じられない光景を目の当たりにした。

普通ならいっしょに揺れる家が、ダンスするみたいに別々に揺れていて。交差点あたりのアスファルトは真ん中で割れて、割れたものがタプンタプンとゆるくぶつかり合っている。これが液状化なのかな、と。

——家の前の道では、泥水がたまって池のようになり、行き場をなくした車で大渋滞が起きていた。

液状化は暮らしにも深刻な影響を与えた。上下水道が壊れ、一時、市全体の半数に近い3万３０００世帯が断水。水は給水車から手に入れたが、下水が壊れ、17日間にわたって汚水を流すことができなかった。

歯を磨いたあと、食器を洗ったあと、いわゆる汚水を流せないので、そのストレスがすごかったです。

——さらに、世鳥さんを苦しめたのは、噴き出した砂が乾いて粉塵となり町を覆ったことだった。

10日ぐらいずっと砂漠の中にいるような感じでした。５メートル先が茶色くぼやけていて。

——震災から1年が過ぎたころ、当時の記憶が少しずつ失われていることに気付いた世鳥さんは、浦安の液状化を漫画として残すことを思い立った。

東北以外の被災した場所の状態を知ってもらうことが一つ。そして日本列島に住んでいれば、また大きな地震が来ると思う。そのとき液状化したらどうなるのか、どういう備えが必要で、どうしていけばいいのかという対策を知ってほしいと思いました。

浦安市　東京湾に面し、4分の3以上が干潟を埋め立てて造られている。震災では市内の8割以上が液状化し、地割れや地盤沈下によって道路やライフラインが損壊、大きな被害を受けた。

あの日　わたしは

青森県　八戸市

茨城県　日立市—東海村—大洗町

つくば市—鹿嶋市

東京都　東京23区

八戸市　取材日／2014年3月30日

津波に翻弄された探査船

恩田裕治さん(56)　地球深部探査船「ちきゅう」船長

――恩田裕治さんが船長を務めていた地球深部探査船「ちきゅう」は、海底から7000メートルまでの地質を調べることができ、巨大地震発生のメカニズムの研究などを行っている。あの日、「ちきゅう」は青森県八戸港に停泊していた。大地震に襲われたのは、八戸市の小学生48人が船内の見学に来ていたときだった。

多少の津波が来ても、船にいたほうが安全だと思いました。

――子どもたちをすぐに船の中心部にある部屋へ避難させた。しかし、地震発生から50分後、テレビで大津波警報が発令されたことを知る。恩田さんは、乗組員たちに急いで出港するよう指示を出した。

岸壁やほかの船、防波堤と接触や衝突を起こして、船自体が大破することが容易に想像できました。

――その直後、津波の第1波が到達。しかし、出港が間に合わない。係留索《けいりゅうさく》という12本のロープで港につながれたままだったのだ。

ロープは非常に硬いもので、簡単には切れません。

――恩田さんは、ロープをゆるめて海に捨てることにした。ようやく動ける状態になった船は、港の中央へ全速力で向かう。

さらに20分後、8メートルを超える津波の第2波が船を襲い、船は波に翻弄される。

港の中が洗濯機を回したような、泡立つような状態になったのを覚えています。

――恩田さんたちは、第2波から2時間、船が津波に流されないよう、必死に向きや速度を変えながら耐えた。一方、不安で無口になっていた子どもたちには、乗組員がみんなで歌を歌うよう呼びかけ、励ました。八戸市の要請で自衛隊ヘリが出動し、48人の子どもたちが無事救助されたのは翌日のことだった。

うまく乗り切れたのは、乗組員をはじめ、とくに八戸の皆さんが協力してくれたから。その絆がいい結果を導いたと思っています。

八戸市　港に大規模な工場が立ち並ぶ、北東北有数の工業都市。震災では最大で震度5強の揺れを観測。津波により、魚市場や石油元売り会社などが壊滅的な被害を受けた。
死者／1人　行方不明者／1人

八戸市　取材日／2014年6月3日

犬を心配して自宅に戻る

小田啓子さん(65)

――八戸市市川地区に住む小田《こだ》啓子さんの自宅は、海から300メートルのところにある。地震が起きたとき買い物に出かけていた小田さんは、自宅にいた犬を心配して、すぐにバスで自宅へ向かった。しかし、バスが海の近くにさしかかると、異様な光景が広がっていた。

道路に水がパチャパチャしていました。「なんで、水がたまってるの?」という感じです。

――それが津波の第1波だった。小田さんは津波が来ていることに気付かぬまま自宅へ戻る。しかし、心配していた犬の姿はない。実は、近くの工場に勤める息子が、犬を連れて避難したあとだった。

小田さんは余震に備えて避難の準備を始める。かばんを用意してまず仏壇に向かった。

お嫁に来たときに、何が何でもお位牌だけは守るって、おばあちゃんと約束していましたので。

――位牌をかばんに詰めていたそのとき、大きな第2波が襲ってきた。

窓ガラスが全部割れて、ガバーッと入ってきまして。「ギャー、な、なんだろう」という感じです。

――水が押し寄せるなか、2階へ這い上がった。体は割れたガラスで傷つき血だらけの状態だった。

必死、必死。玄関に水があふれてきていたので。

――水はあっという間に1階の天井近くまで達した。さらに、2階から見た外の様子に愕然とする。

渦を巻きながら、海のほうに水が戻っていって。水が流れていっては戻って、その繰り返しでした。死ぬなと思って泣きましたね、わんわんと。

――祈るように外を見つめること4時間。水が引いたところを見計らって自宅を脱出し、なんとか近くの小学校に避難した。

またそのうちに、ああいう津波が来るかもしれない。そうなったときには、何も考えずに、命を守るためにとにかく逃げようって。それを伝えたいと思います。

100人の社員と研修生を守る

八戸市 取材日／2013年12月18日

新沼舘 務さん（65） 水産加工会社社長

波がいつもの5倍くらいの高さで押し寄せてくるの。船は全部流されていった。浜小屋の屋根が海一帯に浮かんでくるんだもん。足が震えた。

——八戸市鮫町で水産加工会社を営む新沼舘《しんぬまだて》務さん。会社の工場は海のすぐ近くにあった。

地震が起きたとき外出していた新沼舘さんは、すぐ工場に向かう。大津波警報が出て、いつ津波が来るかもわからなかった。工場では約20人の従業員が、津波が来るとは思わず作業を続けていた。工場に駆けつけた新沼舘さんは「津波が来る、逃げろ！」と叫んだ。

工場にいたのはたぶん1分ぐらいだね。それだけみんな行動が早かった。多分、俺が呼びかけなかったら何人かは犠牲になった。だって、2階の屋根まで波が来ているんだから。

——全員高台に避難したのを確認し、新沼舘さんは岩手県洋野町《ひろのちょう》にあるもう一つの工場へ向かう。八戸市の工場から9キロ離れたこの工場では、中国から来た36人の研修生が働いていた。日本語がほとんどわからず、地震の経験も少ない彼らのことが心配だった。

日本人でさえびっくりする地震だったでしょ。経験のない大きな地震で、みんな震えて怖がっていた。

——新沼舘さんは自らバスを運転し、研修生とともに八戸工場近くの高台に避難。到着してすぐに津波が来るのを目の当たりにした。

沖のほうからじわりじわりと盛り上がって来るんだ。波は今見ても怖そうに見えるけど、こんなものじゃない。黒くなって立ってくる。牙をむいたみたいに。

——高さ10メートルの津波に襲われた鮫町。八戸工場は1億円を超える被害を出した。しかし、従業員と研修生、合わせておよそ100人は全員が無事だった。

工場がどうこうというより、とにかくみんなが無事だったというのがわかったから。もうそれに尽きる。あとは何とかなるって感じだった。お金だけじゃない、従業員の命を守るのが社長の義務だから。

日立市　取材日／2013年12月2日

食をつないだコンビニの奮闘

師岡誠宏さん(35)　コンビニエンスストア経営

——日立市久慈町《くじちょう》では、高さ4メートルの津波が町を襲った。師岡誠宏さんは、町の港近くにあるコンビニエンスストアの店長を務めていた。

あの日、大津波警報を聞いた師岡さんたちは、車で高台に避難。全員無事だったが、津波が流れ込んだ店は泥だらけで、停電も続いていた。

自分の店とは思えないほど荒れた姿になっていて。

——師岡さんたちは復旧を急ぐが、水も使えず、作業ははかどらない。さらに余震が起こるたびに、津波の恐れがあるため高台へ避難。作業の中断を余儀なくされた。

それでも店にはおにぎりなどの食料や水を求めて、多くの客がやって来た。師岡さんは震災翌日から店を開け、できる限り多くの人に食料を販売しようとした。何か提供できる食べ物がないか、店の在庫を一つひとつ確かめた。そして、店で販売していた手作り弁当の材料だった無洗米も提供した。

弁当がつくれないので、役に立ててもらったほうがいいから。

——停電してふかせなかった中華まんも、すでに電気が復旧した地区の人たちに配った。こうして奮闘を続けた師岡さんには忘れられない出来事があった。

缶詰一つ売ってほしいと言っておばあちゃんが来たんですよ。でも何も残ってなくて。肩を落として帰るお客さんを見るのは、ものすごくつらいことでした。

——師岡さんは、震災のとき物資が滞った教訓から、今は米を地元から仕入れるようにしている。

災害が起きたとき頼りになるのは地元。地元で助けてくれる人がいることは、心強いことですよね。

——2012年12月、店では弁当の売り上げがこれまで最高を記録した。

災害後もお店をやっていたので知ってくれたお客さんが多くいました。「あってよかった」と言ってもらえる店をこれからもつくっていきたいと思います。

日立市　茨城県北東部に位置し、太平洋に面する。震災による建物の全半壊や一部損壊は1万5000件を超え、全壊した家屋は県内最多。ライフラインにも大きな被害を受けた。

東海村　取材日／2014年3月3日

安全な屋根を追求する瓦職人

豊島一穂さん（38）　瓦職人

――茨城県は瓦の使用量が全国で2番目に多く、大勢の瓦職人がいる。東海村の豊島一穂《とよしまかずほ》さんもその一人で、年間100軒ほどの施工を手がけてきた。あの日、日立市で家の新築工事をしていたとき、小さな揺れを感じて地上に降りた。その直後、震度6強の激しい揺れに襲われる。至るところで屋根から瓦が落ちた。目の前の家から落ちた瓦は、車のボンネットに突き刺さった。

瓦が落ちてくる家の中庭で、おばあさんと娘さんが、しゃがみこんで二人で抱き合っていました。家を守る瓦が、震災で崩れた瞬間に人を傷つける凶器になってしまうということを、初めて感じました。

――揺れが収まると豊島さんは急いで会社へ戻った。

自分たちが今までやってきた屋根が崩れていくさまを見て、悔しいというか悲しいというか……。

――会社に到着すると、すでに瓦の修理を頼みに来た人がいた。雨が降れば水が家の中に入ってしまうため、応急処置だけでもしてほしいという客が殺到。たった1週間で580軒、約5年分の注文に相当した。

電話はずっと鳴りっぱなし。とにかく地元の金物屋さんとかホームセンターに行って、ブルーシートをかき集め、5班くらいに分かれて、やっと終わったと思えば、また「養生してくれ」っていうお客さんがいて。処理に1、2か月くらいかかりました。

――県内では瓦が落ちる被害が10万件あった。震災後、豊島さんは工事の方法を大きく見直した。今までの地震対策では瓦同士を結びつけるなどして落下を防いでいたが、一番上の瓦が崩れる可能性があった。これを防ぐために屋根のてっぺんに土台とつながった金属の棒を設けた。針金を使って棒と一番上の瓦を結びつける。以前よりコストは2割ほど増えるが、お客さんにはこうした地震対策を勧めている。

地震に耐えられるような工法をつねに研究して、お客さんに提供したい。地震でも落ちない、安心、安全な屋根を提供することは使命だと思っています。

東海村　茨城県東部にあり太平洋に面する。北は日立市に接し、日本原子力研究開発機構などの原子力施設があることでも知られる。震災では震度6弱を記録、家屋やライフラインに被害が出た。死者／4人

大洗町　取材日／２０１３年９月４日

民生委員としての使命と救助

米川元司さん（66）　民生委員

――あの日、震度5強の揺れに見舞われた大洗町。民生委員を務める米川元司《よねかわげんじ》さんは、外出先からすぐ自宅に戻った。そのとき防災無線の「大至急、高台に避難せよ」という放送を耳にする。

私自身も逃げなくちゃならないんだけど、お年寄りを助けなくてはというのがあります。

――米川さんは、海に近い場所に住む、一人では避難できないお年寄りたちの元へ急いだ。そして家に残っていた2人のおばあさんを車に乗せ、避難所に指定されていた高台の駐車場に向かった。

高台に到着すると、ひと安心した米川さんは、海と町を一望できる場所へ向かった。そこで、津波が防波堤を乗り越え、町を飲み込むという信じられない光景を目にする。米川さんは、親しくしている近所のお年寄りのことが心配になった。

ふだん頼られているわけですよ。なのに肝心なときに見捨てるなんてことは、人情的に、また民生委員としても、人としてもできないじゃないですか。

――意を決した米川さんは、行けるところまで行こうと、再び町へ下りていった。津波はお年寄りの家の2軒先まで到達していた。

扉を開けて声をかけ、いないことを確認し、逃げてくれたなとようやく安心しました。

――米川さんも津波を免れ無事だった。後日、担当しているすべてのお年寄りの無事を確認した。一方で、今回の震災では、救助にあたるなどして全国で55人の民生委員が犠牲になった。民生委員を取りまとめる社会福祉協議会では、まず自身の安全を優先するよう指示を出している。

もしまた津波があったら、多分同じようなことをすると思うんですよ。ただ、やみくもに助けに行くと、二次災害で逆に迷惑をかけてしまう。そんなことを考えると、やっぱり行政が言うように、危険なことはするな、ということなのかなと思いますね。

大洗町　茨城県の太平洋岸のほぼ中央に位置する。フェリー港や海水浴場などの施設も多く、マリンスポーツなどが盛ん。震災では家屋の損壊、津波による浸水被害、港湾・漁港施設や道路・鉄道の損壊などの被害を受け約３４００人が一時避難を余儀なくされた。死者／１人

つくば市　取材日／2014年2月1日

急停止したケーブルカー

高梨嘉隆さん（48）　筑波観光鉄道職員

――筑波山ケーブルカーを運営する筑波観光鉄道の職員、高梨嘉隆さん。あの日、ケーブルカーに乗務員として乗っていると突然の横揺れを感じた。前方の岩が崩れてきたのが見え、後方でも崖が崩れていた。

通常の地震で崖は崩れない。相当大きな地震だと。

――ケーブルカーは山頂の手前300メートルで緊急停止。乗客の大半は60代以上の観光客だった。車両の無線機で駅に呼びかけたが応答はない。非常用のトランシーバーで助けを求めるとすぐに仲間の職員が山頂の駅から駆けつけた。

皆さん、比較的落ち着いていていました。崖から岩が落ちるのを見ていましたので、じっとしていました。

――高梨さんたちは避難ばしごをかけて乗客を線路の上に降ろし、山頂の駅まで誘導した。しかし、たどり着いた駅は停電。運転再開の見込みも立たないため、午後4時には線路の脇にある登山道を使って乗客を下山させることを決断した。

――通常なら1時間あまりの道だが、2日前に降った雪が凍り、危険な状態だった。道もあちこちが地震で崩れかけている。高梨さんたちが通る3時間ほど前には、67歳の女性が落石で亡くなっていた。しばらくすると、年配の女性が疲れて歩けなくなり、これ以上登山道を歩くのは危険だと判断。線路を下ることにした。

ゆっくりと歩きました。10メートル歩いては休み、10メートル歩いては休みという感じで、いつになったら着くんだろうとみんなで言っていました。

――暗くなると、あらかじめ用意していた懐中電灯と頭に装着するヘッドライトが役に立った。山頂の駅を出発してから4時間後の午後8時、ようやく下の駅に到着した。震災後、筑波観光鉄道では落石防止用のネットを増やすなど、安全対策に取り組んでいる。

お客さまを安心させる行動、こういった緊急時に対応していけるだけのスキルを身につけて、そのときに備えたいと思います。

つくば市　茨城県南西部に位置する。関東の名峰筑波山を擁し、研究と教育の拠点、筑波研究学園都市がある。地震や電力不足により、科学技術の研究所にも被害が出た。また、支援要請を受け被災地へ物資を搬送した。
死者／1人

鹿嶋市　取材日／2013年11月8日

大型船を助けるタグボート

大内和則さん（58）　タグボート会社勤務

――鹿島臨海工業地帯の鹿島港。大内和則さんはタグボートに乗り、港の安全を守るための業務についている。大型船は、港に入ると自力で船の方向を変えることができないため、小回りのきくタグボートの力を借りて方向を変える。

大きな揺れに襲われたとき、大内さんは巨大な津波が来ると直感。その場に居合わせた乗組員と6隻のタグボートで、およそ5キロの沖合に避難した。

そのころ鹿島港では、5メートルを超える津波が押し寄せる。船を固定していたロープが切れ、天然ガスを積んだ船など、少なくとも12隻が漂流。危険な状況にあった。港の様子は、船の無線を通じて沖に避難した大内さんにも伝わってきた。

「航行不能なので、助けてください」と。それが1隻ばかりでなく、2隻、3隻と。

――大内さんは再び港に戻ることを決意した。

自分たちの責務として、鹿島港を守るということもありますし、同志の船員さんたちを助けたいと。

――戻ってきた港は、押し寄せる津波によって操縦不能になった大型船で混乱していた。タグボートで押しても船はまったく動かない。

タグボートは港の中で一番力が強いんです。絶対に津波に負けないだろうと作業をしたんですが、実際には、その津波に負けました。

――潮の流れがやや収まったところで、漂流していた1隻の大型船を見つけ、岸壁に寄せて固定することにした。タグボートで押し続けることおよそ13時間。タグボートのエンジンが壊れないよう、漂着するがれきを手で取り除きながら作業を進めたため、一睡もすることなく朝を迎えた。

当時は怖かったですね。もう一度津波が発生したら終わりなのかなと思いましたが、シーマンシップというのは、人命を優先するということなんです。だから、船の仲間を助けるということで動いていました。

鹿嶋市　茨城県東南部に位置し、東は太平洋に面する。1991年に鹿島アントラーズFCが設立され、サッカーの町として有名。地震による液状化で道路や家屋などが被害を受け、沿岸部では津波による被害も出た。
死者／1人

壊滅的被害を受けた多くの稚魚

鹿嶋市　取材日／2013年10月9日

山田　浩《ひろ》さん（41）　茨城県栽培漁業センター職員

――鹿嶋市にある茨城県栽培漁業センター。ヒラメやアワビなどを養殖して海に放流し、水産資源の安定確保を目指す施設だ。このセンターで魚介類の飼育を担当する山田浩さんは、センター内で事務仕事をしていたとき激しい揺れに襲われた。揺れが収まると、すぐ飼育用の水槽を確認しに向かう。

常にきれいな海水を流してやらないと成長できませんし、長時間止まると死んでしまうので非常に危険な状況でした。

――水槽に海水や空気を送る配管設備が大きな被害を受けていた。地中に埋められている配管の復旧は容易ではなかった。

生きている魚や貝はたくさんいたが、助けてやることができませんでした。できれば海に行って逃がしてやりたいという思いもありましたが、大津波警報が出ていたので、海に近づくこともできませんでした。

――アワビの稚貝およそ94万個、スズキの稚魚34万尾などが全滅。壊滅的な被害を受けた。

すべて回収して、埋めたり焼却処分したりということになりました。非常に悲しい作業でした。

――センターが再開したのは、震災発生から2年以上が過ぎた2013年4月。地震への対策として、配管が地上に設置された。

地上に出したことで、次にもし地震があっても破損箇所を簡単にチェックできるのと、修繕する際もこれまでより楽にできるようになったと考えています。この配管がまさに生命線といえると思います。

――13年9月3日、大洗沖でヒラメの稚魚が放流された。およそ3年ぶりの放流再開だった。

茨城の漁業はまだ厳しい段階で、漁業者の方もとても苦労しています。力になりたいという思いが強かったので、この2年間生産できなかったのは非常に悲しい思いでした。こうしてヒラメが放流できたのは本当に嬉しいです。

港区　取材日／２０１４年５月13日

ビッグデータを使った「電気予報」

高田正行さん（44）ヤフー ターゲッティングメディア本部長

インターネットの力が試された機会だったと思っているんです。インターネットを通じて、見られない情報や届かない情報があってはならないという、強い思いがありましたので。

――東京都港区にあるインターネット関連会社に勤める高田正行さん。あの日、大きな揺れに襲われたあと、ビルの裏庭に避難した。そのときメールが届いた。

当時の社長から、「今回は未曽有の災害である。今回のようなときにインターネットの力を最大限発揮するべきだ」という檄が飛びました。

――高田さんは、70人からなる震災対策特別室を立ち上げ、リーダーとして動きはじめた。その後、東京電力福島第一原子力発電所の事故により、インターネット会社へのアクセスが急増。計画停電などにより電力不足に対する不安が高まった。

電力に関するいろんなつぶやきというか、デマも含めて飛び交っているのが目につき、これはいけないと。

――高田さんは、正確な情報を伝える必要があると考えた。当時、東京電力も電力使用状況を発表していたが、問題があった。

東京電力さんからの13時の情報であれば、14時30分くらいにやっと届くというタイムラグがありました。実際の電力のピークが終わってからピークがわかっても、節電のしようがありませんから。

――高田さんたちはこれまでに蓄積された膨大なデータを分析し、1時間半以上先の電力使用の予測値をはじきだした。そして、4月27日から「電気予報」を公開した。「電気予報」はこの会社にとって、初めての独自コンテンツとなった。

われわれ自身がデータを分析して、未来予測して新しいコンテンツをつくってお届けすることが、課題解決になっていきました。臨機応変にそこまで踏み込めたことはよかったなと思っています。

東京23区　東京都のうち市町村部を除く23の特別区。震災では最大で震度５強の揺れを観測。地震の影響でＪＲ・私鉄各線が運転を見合わせ、道路は大渋滞が起き、歩道も徒歩で帰宅する人たちで混雑した。また、家に帰れない「帰宅困難者」が都市部にあふれた。
死者／４人

取材後記

岩手県大槌町
病院を襲った大津波

遠藤秀一郎

　大槌町には、大槌川と小鎚川の二つの川が流れています。撮影で訪れた２０１３年12月は、その二つの川に鮭が帰ってきている時期と重なりました。

　ふだんテレビで目にする鮭の遡上は、周りを木々に囲まれた川の上流部の風景ですが、大槌では周りに民家が立ち並ぶ下流域で見られます。民家の脇の川で鮭が遡上しているので、見慣れない風景に不思議な感覚を覚えるのですが、川も美しく澄んでいて、大槌町の自然の豊かさが感じられる場面でした。

　そんな大槌町の特産品はもちろん鮭。大槌町は「新巻鮭」発祥の地ともいわれています。お正月用の鮭が鮮魚店の店先だけでなく、民家の軒下にも何匹もぶら下がる光景が見られました。

「新巻鮭」は、江戸時代に鮭を江戸まで運ぶために保存方法が開発されましたが、４００年の時を超え、新たな大槌町の名物が生まれようとしていました。それが「鮭ギョーザ」。宿泊した小川旅館で、毎晩供されました。

　実はこれ、東京大学柏キャンパス内にあるすし店がレシピを提供し、大槌町の新しい名物にすべく小川旅館の女将が工夫を重ねていました。そのため取材時点では、まだこの旅館でしか食べられない幻の一品でした。あんが肉のギョーザよりもさっぱりとした仕上がりで、いくつでも食べられそうな、おいしいギョーザです。今では、このギョーザのファンも増え、女将がせっせと包んでは、宅配便で県外へ発送もしているようです。

　大槌町は震災前、町の中心部に人口の９割が集中していました。その中心部のほとんどが津波と火災によって家を失いました。取材時点では、ようやく残った建物の解体作業がほぼ終わり、町全体を２メートルほどかさ上げする試験的な盛り土の作業が始まろうとしていました。その様子を見ると、町が新しい姿を見せるまでには、まだ長い年月がかかるのだということを感じずにはいられませんでした。しかし一方で、被災した商店が集まった「福幸きらり商店街」には、飲食店をはじめ、電器店や美容室など生活に密着したさまざまな仮設の店舗が並んでいます。週末になると観光バスに乗って観光客が訪れていました。

また赤浜地区には、大槌のシンボル、ひょうたん島のモデルになった蓬莱島を望むおしゃれなイタリアンレストランが営業していたりと、町の人々は着実に復興に向けて歩んでいるのだと感じました。現在はプレハブ2階建ての小川旅館も、新しい旅館を建設すべく頑張っています。

出演いただいた植田医師とは撮影後も何度かメールでやりとりをさせていただいておりますが、文末にはいつも「今はウニの時期です」「これから、サンマ、カツオ、アワビと続きます」など、その時期のおいしいものを教えてくれます。海の恵みが豊富な大槌町。お世話になった方々に挨拶しにまたうかがってみたい町です。

岩手県釜石市

身元確認・歯科医師たちの闘い

澄川嘉彦

証言記録の撮影では番組のタイトルどおり、証言＝インタビューが中心となる。インタビューが主役なのでいつもよりじっくりと話を聞くことができる。もちろん番組のテーマにもとづき目的を持ってインタビューに臨むのだが、私はこちらから質問するだけでなく、できるだけ相手に自由に話してもらうことにしている。大地震の発生から話してもらうと目的の話にたどり着くまでかなりの時間がかかることもあるが、途中で予想もしていなかった証言者の深い思いにつきあたることがある。

今回の歯による身元確認の番組では、釜石市鵜住居町の歯科医師・佐々木憲一郎さんに丸一日かけてインタビューをさせてもらった。被災したカルテを自ら復元し、毎日のように安置所に通って遺体の身元確認を続けた佐々木さんはその過程を詳細に話してくださった。しかし、佐々木さんが最も感情をあらわにして語ったのは歯のことではなかった。津波から逃げる途中に出くわしたある出来事についてである。

本文でも紹介しているが、避難がぎりぎりとなった佐々木さんは歯科医院の女性スタッフたちを助けるために車いすの人を置いていくことになる。津波を前にして車いすの人を何とかしようとしているスタッフたちに佐々木さんは叫んだ、「とにかくこっちに来い」と。この一言がなければスタッフたちは津波に飲まれてどうなっていたかわからない。誰もが一人でも多く助けたいと願っている。しかし、誰かが決断しないと全員が犠牲になる状況だった。佐々木さんは最もつらい決断を自分に課し、その重荷を一身に背負い込んだのである。

話しているとそのときの思いがよみがえってくるのだろう。佐々木さんは目を潤ませながらふりしぼるような声でこの話をしてくださった。それは震災の渦中で最も強く心に残っている出来事であり、伝えておきたいことだったのだと思う。避難した高架橋でつぶやいた「助けてあげられなくてごめん。けれど必ず捜してあげるから」という言葉は、車いすの人にも向けられていたのだろう。佐々木さんのその後の驚異的な行動力を支えたのは「助けられなかった」という心残りだったのではないだろうか。佐々木さんは、同じような心残りを後々の世代が二度と味わうことがないようにという思いを胸に、がむしゃらに進んでいるような気がする。

多くの人が同じような心残りをかかえながら日々を暮らしている。それが被災地である。

岩手県遠野市
内陸の町 手探りの後方支援

池原暢寿

これまで私は被害の大きかった沿岸部を中心に取材を行ってきました。そこには、胸をえぐられるような悲しい物語や奇跡のような生還劇の数々がありました。

それらの話に接するたびに一人でも多くの方々の経験を教訓として残していきたいと思い、いつしか被害が大きかった町に思考が傾いていました。そのため、恥ずかしながら今回取材に入るまで、遠野市が震災で行った後方支援についてほとんど知りませんでした。遠野市を取り上げるきっかけとなったのは、遠野市が発行した３４０ページ以上に及ぶ検証記録誌を手にしたことでした。その記録誌は、地震発生から時間軸で何が起き、遠野の人々がどう行動し、被災地への後方支援をどのように行ったのか、当時の写真を交え検証したものでした。

　一つの項目ごとに、できたことやできなかったことが詳細に書かれていました。私の知る限りここまで詳細に書かれた検証記録を見たことがありませんでした。日ごとに変わる被災地のニーズ、各地から届く支援物資の仕分けや避難者の受け入れ準備など、これまで考えも及ばなかった被災地支援の難しさがそこに書かれていました。

　震災のとき、災害対策本部で情報収集にあたり、記録誌の編集に携わった職員の刈谷俊介さんは、「過去の災害において、支援した側の詳細な資料はほとんど見当たりません。だからこそ、遠野市が震災とどう向き合ったのか、支援側の視点できっちり検証することで次の世代に活かされるのではないかと思いました」と語っています。刈谷さんの言葉で、支援側の経験も、被災した方々の体験と同じくらい大事な教訓だということに気付かされました。

　東北は沿岸部を中心に広い範囲にわたり被害を受けました。しかし、一方で、日本全体を見ると、被害を受けなかった地域が大部分を占めます。被害を免れた町、ひいては個人として何かできたのではないか。また、同じように広域災害が発生したときに、何をすべきなのか――。マニュアルも情報もないなか、手探りで力を尽くした遠野の後方支援は多くの課題を浮き彫りにしました。市長の本田敏秋さんはじめ職員の誰もが「もっとできたのでは」という思いを今も抱え、模索を続けています。

　取材中、総合防災センターで震災当時に書き込まれた模造紙を真剣に見つめる、自治体関係者や学生たちの姿を幾度も見かけました。いずれも、今後、発生が懸念される広域災害に備えるための視察でした。遠野の経験が被災地への支援のあり方について考えるきっかけになることを願っています。

宮城県名取市

誰も想像できなかった

谷島薫子

　ススキが生い茂るだだっ広い野原。人が住まず、鳥の群れが至るところを飛び回っている。津波でたくさんの建物が跡形もなく流された閖上の町の今の姿だ。

　その地で、閖上の方々が話してくださった町の記憶。閖上で生まれ、閖上小学校、中学校と、ともに育ってきた住民たち。一日の終わりには、家の裏木戸から隣家の友人を訪ねて酒を酌み交わし、休日になると誰ともなく集まって楽しい時を過ごす。そんな暮らしがあったという。「道で知り合いに会い、おはようって挨拶をしてね、楽しかったなあ」と、その瞬間を思い出すとき、皆ふっと表情が優しくなる。そんな暮らしだったからこそ、震災が襲ったあとの住民の方々の苦しみは想像を超えるものだった。

　私は震災を風化させないよう、その記憶を記録するため、閖上に通い、津波を経験した方々のお話を聞いて回った。閖上は、およそ7000人の住民のうち、700人以上もの方が亡くなった。そして、多くの方が目の前で友人や家族が流されていくのを目撃している。その、あまりにも想像を絶する出来事に、私は何も言葉を返すことができず、ただただ、お話を伺うだけだった。津波の瞬間を思い出し、話をすることは、町の人々に大変な負担を強いるものだったと思う。

　東京に戻り、それらの話を人に伝えようとすると、涙が止まらなくなり、話もまともにできなくなる日々が続いた。実際に津波を経験していない私でさえ、その日々をとてもつらいと感じた。住民の方々の思いはどれほどのものだっただろうと、胸が締め付けられる思いだ。

　お話を伺ったうちの一人が、震災から3年9か月後にインターネット上につづった日記には、こう書かれていた。「自分だけ生き歳を重ねる罪の重さに押し潰されそうでした……今年は沢山のご縁に支えられて少し心が軽くなれた気がします」。こんな思いを抱えながら、記憶をたぐり、お話をしてくださったことに、本当に感謝している。

　番組のあと、気にかかっていることがある。お話を伺った一人、恵美雅信さん。私の質問にすべて穏やかな笑みをたたえながら答えてくれた。

　閖上の町では、震災時の避難誘導が問題となっているが、恵美さんはその渦中の人でもある。そのため番組を見た一部の方に、なぜそんな話を笑って話せるのかと、誤解を与え、批判を浴びたという。

恵美さんにお話を聞いた日の平均気温はマイナス1度。雪もちらついていた。津波の被害を受けた閖上の、遮るものが何もない寒風が吹きすさぶ野原では、体感の温度はより低くなる。寒くて手足の感覚がなくなり、頭がもうろうとするような寒さだった。

しかし、恵美さんはその寒さも気にならない様子で、津波が襲ってきたときの出来事を、2時間近く話してくださった。通常のお気持ちでは、難しいことだったと思う。笑みの裏側で、心の内は真剣そのものだったのだと思う。恵美さんはインタビューの一部で、このように話している。

「つらいという思いはできるだけ忘れたいんだよね。あまりしゃべっているとつらくなるから。寒くなるしつらくなるから。今までいっしょに生きてきたっていうかね、いろいろ楽しんできた人が、一瞬にしていなくなってしまったっていうのが一番つらい。だから夢にも見るんだろうね。でも閖上の人たちみんなニコニコしているでしょ。津波のあったときから多くの人はね、なにかニコニコしてた。きっとそういう気遣いをするんだろうね。自分が悲しんだら、相手も悲しむだろうって。だからきっとみんなそうやっているんだと思う。本当はかなり悲しい部分は持っているんだけどね」

恵美さんの、笑みの裏側の思いを十分に伝えられなかったことを残念に思っている。

宮城県石巻市
津波と火災に囲まれた日和山

里　亮弘

「証言記録　東日本大震災」で取材をするとき私は、「自分が相手の立場だったらどのように行動するか」考えながら話を聞くことにしています。

今回の石巻の回で取り上げさせていただいた佐藤和仁さんに関していえば、当たり前のことですが、「私にこういうことはできない」と思って取材をしていました。体力的にも、能力的にも無理ですし、心の強さというか、他人の命を救おうとする気持ちの強さにおいても、とても私に、佐藤さんのような気持ちを持つことはできないと思いました。

　番組の中では使用していないのですが、インターネットで見ることのできる門脇小学校の写真の中に佐藤さんの後ろ姿が映っているものがあります。校庭の瓦礫を乗り越えて、炎が出ている方向に向かおうとしている写真なのですが、これが17時20分ごろのもので、そのとき佐藤さんは瓦礫の中に取り残されたお年寄りの女性を救出に向かっていました。火に囲まれそうになりながら、お年寄りを救出したあと、日和山の階段を上ろうとしていると、「火のついた瓦礫の中に男性（古藤野さん）がいる」ことを住民に告げられ救出に向かいます。1度目の救出劇の直後のことです。そして、番組で紹介した炎の中での救出劇になるのですが、話を聞いていて私が一番驚いたのは、「靴の底が滑るので屋根が熱せられていることに気付き、はしごを取りに戻る」ところでした。

　事前に状況は聞いていたので、単純に「靴が滑って歩きにくいので、はしごの上を歩くことにした」のかと思っていたのですが、話を聞くとそういうことではなく、「屋根の下が炎のるつぼのようになっていて、熱せられてもろくなっている屋根を踏み抜くと、そのるつぼの中に落下してしまう」から屋根に触らないようにはしごを差し渡したのでした。

　聞いていて想像してしまいます。自分が足を踏み外して、るつぼの中で焼かれていくところを。仮にすぐに救出されたとしても、もう助からないのではないでしょうか？

　佐藤さんはそういう状況がわかって、諦めて引き返したのではなく、対処法を考えだして戻り、救出を成功させています。私としては、ここまでいくと「危機的な状況のなかで、見も知らない他人を助けるために命を懸ける」という仕事が、ある種理不尽なものに見えてきます。人間の心の強さの限界を超えているのではないかと思えるからです。

　ただ、私たちには日和山で起こったような、水と火に囲まれる状況に直面したとき、佐藤さんのような人々に頼るしか手段がありません。私たちの能力をはるかに超えているからです。そして、佐藤さんたちも自分の能力を超えて「仕事」をしているだろうことを考えるとき、本当にありがたいと思うと同時に、本当に申し訳ないと思います。

宮城県気仙沼市

杉ノ下高台の戒め

高島宏起

「波路上《はじかみ》」という地名が、以前から気になっていました。気仙沼市階上《はしかみ》地区の南部、海に突き出たエリアに残る古い地名です。今回取材した杉ノ下高台の所在地も、正式には「気仙沼市波路上杉ノ下」です。

　和語の「はじかみ」はサンショウやショウガの古名ですが、山地の植物であるサンショウや、温暖な気候を好むショウガがこの地区で多く採れたとは考えにくいと思います。むしろ、三陸地方の地名によく見られるように、蝦夷の言葉から転じたのかもしれません。「気仙沼」の由来も、「末端の入江」を意味する蝦夷語「ケセモイ」だと言われているそうです。

　それ以上に気になったのは、地名に当てられた漢字のほうでした。どうしても、過去の大津波と関係しているように思えたからです。調べてみると、江戸時代に「波路上村」という村があったことがわかりました。「波路上杉ノ下」のように、現在の住居表示に「波路上」がつく一帯です。そして、その境界線を描いてみたところ、不思議なことに、東日本大震災の津波浸水域の境界線とほぼ一致しました。村の範囲がちょうど、「波の路」となったのです。それは偶然の一致かもしれません。しかし、かつて東日本大震災と同じ規模の津波が襲ってきたことを、地名が伝えてきたようにも思えました。

　「波路上村」は明治8年（１８７５年）の村落統合で「階上村」となり、村名から「波」の文字が消えました。その21年後、明治29年（１８９６年）の三陸津波は階上村の沿岸部に壊滅的な被害をもたらしましたが、その浸水域は旧波路上村の半分ほどでした。それ以降は明治三陸津波が「過去最大の津波」と考えられ、水没を免れた杉ノ下高台が避難場所になりました。

　「たかだか１００年ぐらいのデータをもってわかったつもりになっていた」。気仙沼市の防災担当者だった佐藤健一さんは、杉ノ下高台の慰霊碑の前でそう語りました。明治津波の検証と、最新の技術によるシミュレーションを繰り返した上での避難場所の設定が、裏目に出てしまったのではないか。34年にわたって積極的に津波対策に取り組んだ佐藤さんだけに、表情には深い苦悶がにじみ出ていました。

過去の被災状況を検証し、将来起こりうる災害を予測することはとても大切だと思います。しかし杉ノ下高台で多くの犠牲者を出してしまったことは、今後の対策を立てる上で厳しい現実をあらためて突きつけました。過去に発生した災害のうち、記録や痕跡をたどることができるのはほんの一部だけ。そして、どんなに綿密に計算されたシミュレーションも、あくまで目安にしかならないのだと。科学的な方法に限界があるのであれば、あとは想像力を働かせるしかありません。それなら、古い地名や民話に思いを馳せることも、無駄ではないのではないかと考えさせられました。

宮城県仙台空港

津波まで70分　空の男たちの闘い

遠藤秀一郎

今回の番組では、仙台空港の滑走路のそばにある航空関連施設を取り上げましたが、取材段階では、仙台空港ターミナルビル内で起きたことも取材しました。


避難者、空港関係者合わせて1700人が、あの日、ターミナル内で孤立しました。それから避難するまでの3日間を、空港関係者だけでなく避難者同士が助け合って乗り越えました。

航空会社のグランドアテンダントの女性は、自身の家族の安否がわからないまま、不安に苛まれる客たちを励まし続けました。また、大阪から出張に来ていた男性は、夜中、携帯電話の充電に並ぶ列を整理し、ともすればトラブルが起きかねない状況を防ぎました。この方々の体験もいつか映像として残すことができればと思います。

これまでいくつかの被災地を取材で訪ねてきました。当時のお話を伺うなかで、何人かの方から上空を飛ぶヘリコプターの話が出てきたことがあります。それは「すぐ近くにヘリコプターが飛んでいた。ちょっと降りてきて、けが人を一人でもいいから連れていってくれればと思った」というものでした。そして今回、私が取材させていただいたのは、まさにヘリコプターで上空から東日本大震災を体験した方々でした。東北地方整備局の防災ヘリコプター「みちのく号」の搭乗員たちです。

撮影のための事前取材の際、整備士・保科正尚さんたちからは、「みちのく号」を飛ばすために尽力するプロの心意気と使命感を強く感じました。本番の撮影では、ぜひともその部分を取り上げたいと考えていました。

順調に撮影が進むなか、「みちのく号」を出発させ上空から津波を目撃するところまで話がきたときに、保科さんから事前の取材のときには語られなかった胸の内を明かされました。それは、実は自分たちは上空で、津波から避難しようとする人たちを見てしまった。助けてあげたい、津波が来ると声をかけてあげたい。けれどもできない。ヘリコプターには救助をするための装備もなく、また、ブレードの回転によって発生する強烈な風のため不用意に近づくこともできません。だから震災の経験を語るのはやはりつらいのだという思いでした。

もしも、あの日ヘリコプターが降りて来なかったことで心のどこかにつかえたものを持っている方に、保科さんたちのように上空からただ見守ることしかできなかった人たちの思いが届き、少しでも心のつかえを取っていただくことができたのであれば幸いです。

福島県いわき市
そしてフラガールは帰ってきた

下村幸子

福島県いわき市のフラガールを取材するにあたってこだわったのが、「若い女性たちと放射能」のことでした。〝福島のヒロイン〟としてこれまでたびたび報道されてきたフラガールですが、震災当時29人いたメンバーが散り散りになってから再結集するまでの40日あまりは、知られざる空白の時間となっていました。その間、彼女たちはどう行動し、何を考えていたのか……。そんな思いから始まった取材。一人ひとりの葛藤を知ることになったのです。

実際にメンバーにじっくりと話を聞いていくと、身につまされるものがありました。放射能という、見えない「恐怖」「不安」と彼女たちは闘い、そして今でもその心の傷を持ったまま、フラダンスの舞台では笑顔を見せています。

親を置いて一人で避難するという苦渋の選択をした小林苑未さん。そのときの自分の判断に対し、自責の念に苦しんでいました。「両親が無事だったからよかったものの……」と言葉を詰まらせて涙した姿を、忘れることはできません。小林さんは避難を決断した理由として、「自分ではなくて、自分の次の世代、自分の子どもなどに影響が出るんじゃないかという不安が大きくなってしまって」と語ってくれました。これから元気な子どもを産みたいという女性の「未来への希望」をも脅かす原発事故。

あの日、休暇をとって埼玉からの女友だちを家に招いていたメンバーがいました。翌日、友だちを一人で埼玉へ帰らせますが、自分が福島に招いたばかりにこんな目にあわせてしまったと、自分のことよりもその女友だちの体のことを心配し、今でも悔やんでいます。

フラガールたちの一人ひとりに「あの日」から始まるさまざまな心の葛藤がありました。

いわき市では、原発事故から1週間後、妊婦および40歳未満の住民に対して、安定ヨウ素剤が配られました。福島に残ったフラガールのほとんどが手にしています。それを受け取ったとき、彼女たちは、なんともいえない気持ちになったといいます。

原発から2キロ付近に実家がある大森梨江さん。取材で彼女とともに富岡町にある帰還困難区域の境界線のところまで行ったときのことでした。道路を閉ざすフェンスの前で、彼女は言いました。「自分には二つの顔がある」と。大森梨江としての顔、フラガールのリーダーとしての顔。つまり、原発事故によって故郷を奪われた一個人としての顔と、福島の復興シンボルを仲間とともに担っている自分があるということです。この二つの顔は、大森さんの中で別々のものではなく、しっかり重なり合っています。震災と原発事故を実際に身をもって経験したからこそ、伝えられることがある。彼女は、そうした自分の立場を「強み」に感じ、自分の「支え」にもしています。

華々しいスポットライトを浴びながら、今日も笑顔でフラダンスを踊っている彼女たちが日に浮かびます。でも、その一人ひとりの胸には、震災から3年たった今でも、拭い去れない苦しみがあるのです。

取材の終わりにフラガールの勤務管理をしている菅野ひろ子さんの言った言葉が、今でも脳裏をよぎります。

「福島の原発事故はまだまだ解決していないし、これからもずっと背負っていかなければならないんです」

福島県双葉町

放射能にさらされた病院

野澤敏樹

双葉町は、震災の翌日に全町民避難が行われた町です。原発から5キロ圏内の町の中心地にある〝原子力明るい未来のエネルギー〟というスローガンの看板がニュースや番組でよく取り上げられています。２０１4年の取材時、町には人影がなく、地震で壊れた家が片付けられることなく放置されていました。それは、震災直後の町の姿のまま、時間が止まっているようでした。

双葉厚生病院の院長だった重富秀一さんは、双葉町から50キロ離れた福島市で、今も「双葉厚生病院」の看板を掲げて診療を続けています。１００名を超えていたスタッフはわずか2名となりました。看板に「双葉」の文字を残す理由は、隣接場所に双葉町民が身を寄せる仮設住宅があるからで、「みんな、泣きに来ていたんですよ。双葉ってつけておかないとダメだったんだよね」と教えてくれました。その仮設の住民も、月日が経って多くが全国各地に次の住まいを見つけて出て行き、ちりぢりになってしまっています。いまだ全町民の帰宅が許されない状況のなか、顔なじみの町民を語る表情には、双葉町の記録や記憶が忘れ去られる危機感が漂っていました。

病院関係者の証言の多くは、原発が間近にある病院の医療従事者としての後悔でした。当時看護部長だった西山幸江さんは、当時の記憶がフラッシュバックする後遺症に悩まされ、3年という月日が流れても、いまだ双葉町に一度も戻れていない状況でした。それでも取材に応じた理由は、「私たちの失敗を繰り返さないために教訓として残してほしい……」との思いでした。証言のなかで何度も言葉にしていたのは、「病院全体避難」の困難さです。今も「あのとき、犠牲者を出してまで行った緊急避難が正しかったのか?」「なぜ、間近に原発がありながら、放射能対策をしていなかったのか?」の自問をしているといいます。

取材を終えて感じたことは、原発災害は、津波と同じように〝とにかく早く遠くへ逃げる〟という考え方が必ずしも当てはまらないということ。双葉厚生病院の方々の考察は、未来の原発政策が議論になるたびに、私の中で常に重く語りかけてくる言葉となりました。

そして、避難生活のなかで義父を亡くし、家庭環境の変化から看護師を辞めた渡部幾世さんと隆さん夫婦は、原発事故の最大の災いは「双葉町民のこれまでの人間関係を崩壊させたこと」だと教えてくれました。今も移住先では、双葉町の避難者ということがわかると、「事故後も憎き原発から多額の補償金をもらって楽をしている」と誤解されるのではないかと肩身の狭い思いで生活しているといいます。3年半が経っても、原発事故が双葉町の人々の心に重くのしかかっています。

先の見えず、答えのない苦しい取材でしたが、それでも、福島で生きる人々の強さに心打たれる日々でした。原発事故のあとに子どもを出産した介護ホーム職員の池田美智子さん、病院を辞め家族と暮らすことを選んだ渡部さん。重い決断をしたあとの生活で、二人の笑顔に出会えたことが、救いとなりました。

福島県南相馬市

孤立無援の街で生き抜く

里 亮弘

南相馬市の人々を孤立状態に陥れた「屋内退避指示」。その指示は、物資の途絶を招いただけではありませんでした。街に深い分断をもたらし、その傷は今も癒えることがないといいます。

東京電力福島第一原発の事故によって避難に追い込まれた地域のなかで、南相馬市はほかの地域と違う特殊な状況に置かれていました。避難するか避難しないかの判断が、個人にゆだねられていたのです。国が出した「屋内退避指示」は、「屋内にいてほしい」という指示で、「家から出るな」という命令ではありません。車とガソリンのある人は街を出ることができたし、街に残ると決めた人は今までと変わらぬ活動をすることもできたのです。人々は自分の行動を選択する自由を与えられていました。他の地域の人たちが放射能汚染から逃れるために追い立てられるように故郷をあとにしたのとは状況が違います。

番組では、その状況のなかで、動けない家族や市民を護るために、自ら街に残ることを決断した人々を取り上げさせていただきました。

しかし、街から脱出する決断をした人たちもたくさんいます。子どもへの放射能の影響を考えて逃げざるを得なかった人たち、そしてもちろん、自分の命に危険を感じて街を出た人たちです。病院でも、市役所でも、福祉関係の事務所でも、インフラ事業の関係者のなかにも、街を出た人は少なからずいます。

彼らのなかには、原発危機が去って街に戻ってから、自らの行動を後悔する人たちがいます。病院から退避し、数か月後に帰還した看護師の方が、自らの行動を悔いて泣いている姿を、私は見たことがあります。患者を見捨てて逃げたという思いにさいなまれているのです。また、ぎりぎりの決断で街に残った人のなかには、職務を離れ街を出た人に、今もわだかまりを感じている方がいます。自由な選択は、究極の選択となり、街の人たちの心に、大きな傷を今も残しているのです。

物資の窮乏だけではなく、心の分断をも引き起こした原発事故。今度同じような危機的な状況が起こったときどのような対応をすべきなのか。それは解決の難しい課題として、今も未来に横たわったままです。

福島県新地町
津波は知っているつもりだった

羽山夏子

取材で初めて福島県新地町を訪れたのは、2014年10月初旬のことです。

新地町を取り上げることを決めたものの、新地町の被災についての情報は、東京で調べてもなかなか出てきませんでした。出てくるのは、10メートルを超える大津波が沿岸部を襲ったという情報と、JR新地駅に停車していた常磐線の列車が津波に流され、くの字に曲がった空撮写真ばかり。そこで、まずは新地町に行き、町の人に当時のことを聞いてみるところから始めよう、ということになったのです。町役場の職員、地元の消防団、民生委員、直売所で働く女性たちなど、町で出会った多くの方が取材に協力してくださり、あの日どこで何が起き、町の人々がどんな行動をとったのかが、ようやく少しずつ見えてきました。

お話を伺うなかで私が驚いたのは、取材に協力してくださった方のほとんどが「新地町に大きな津波は来ないと思っていた」と話されたことです。海からたった数百メートルしか離れていないところに暮らしている人々が、津波は来ないと安心していたのはなぜなのか、最初はどうも理解ができませんでした。しかし取材を進めるうちに、あらゆる人が「1960年のチリ地震津波のときにも町に津波は来なかったから大丈夫だ」と思っていたということを知りました。

番組内でも登場する「津波が引いた遠浅の砂浜に魚を取りに行った」という証言は、今回取材をした多くの方がおっしゃっていたことです。当時のことをお聞きすると、懐かしい思い出を穏やかに、どこか楽しそうに語ってくださった人々の姿がとても印象に残っています。その魚取りの思い出話が語り継がれたことが、津波は来ないだろうという考えにつながっていたように私には見えました。「過去の経験があるから、かえって油断してしまう」ということは、どんな災害にも当てはまることだと思います。あの日、震度5強を東京で経験した私自身、あれくらいの地震なら備えがなくても大丈夫だろうと思っていることに気が付かされました。番組のタイトルにもなっていますが、災害においては「知っているつもり」なことが危険なのではないかと感じます。

この番組は、出演していただいた方だけでなく、取材時にお話を聞かせてくださった新地町の皆さんのご協力と温かな励ましをいただいて完成しました。この場を借りて、皆様に心からお礼をお伝えしたいです。どうもありがとうございました。

千葉県旭市

遅れて来た大津波

牧嶋庄司

飯岡の取材を進めるにあたって、何度も読ませていただいた資料があります。地元で発行されている「語り継ぐ　いいおか津波」です。市民団体が被災者から聞き取りをしてまとめた証言記録集で、地震発生から巨大な第3波がやって来るまでのおよそ2時間半、住民の方がどのように行動したのかが詳しく記録されています。時間が経つにつれ、徐々に津波への警戒心を解いてしまったことや、これまで大きな津波を体験したことがなかったために油断が生じてしまったことなど、当時の心境がありのままにつづられています。

そんな証言集の中で私が特に注目していたのが、「一人暮らしの高齢者の方が、あの日どのように過ごされていたのか」でした。飯岡では津波の犠牲者の多くが高齢者だったからです。

私は証言者の一人、渡邉清二郎さんに会い、お話をうかがうことができました。渡邉さんは現在84歳、海岸から30メートルほどに自宅があり、妻に先立たれて、8年前から一人で暮らしていました。地震発生後、防災無線が聞こえず、テレビもラジオもつけなかったため周囲の状況がわからず、近所の人たちが避難所に避難していたことすら知りませんでした。

自宅にいてしばらく経つと、下水から水が噴き出し床上まで浸水してきたので、ようやく津波が到来したことに気付きました。驚いて外に出ると同じように避難しなかった近所の住民たちと会いました。

渡邉さんたちは雑談しながら、しばらく海の様子を見ていましたが、もう津波は来ないだろうと判断し自宅に戻りました。津波で濡れてしまった家の片付けをして、着替えを始めたとき、ゴーッと鳴り響く轟音が聞こえ、その直後、足元から海水に飲み込まれました。第3波の大津波です。そのまま向かいの家まで押し流されますが、運よく2階のベランダの柵にしがみつくことができました。家々や車が激流に押し流されていく光景を目の当たりにしながら、そこでなんとか波が引くまで耐えしのぎました。

後日、渡邉さんは、いっしょに海を眺めていた近所の方が亡くなったことを知りました。渡邉さんは自戒の念を込めて言います。

「これまでは海を目視するだけで津波が来るか判断していました。いま思えばそれは間違いです。地震が起こったら何をおいてもただ逃げることです」

高齢者の多くは、若い人に比べて情報を迅速に入手できず、また長年の経験だけを頼りに状況を判断される傾向があるのかもしれません。渡邉さんの体験談をうかがって、災害時、一人暮らしの高齢者が取り残されないためには、どのようにケアしていくべきなのか、あらためて考えさせられました。

東北の被災地だけでなく近隣県に住む人々も、東日本大震災でさまざまな被害を受け、その貴重な教訓を伝えようとしています。今後もより広く語りつがれ、防災の意識向上につながることを願います。

おわりに

あの大震災の日から４年がたちます。

被災地を訪ねると、土地のかさ上げ工事が見渡す限り続いていたり、高台移転が始まったりして、少しずつですが復興に向かった動きが進んでいるようです。その一方で、世の中の目は経済や東京五輪など新たなことに向き、震災の記憶の風化も叫ばれています。４年という時間は、物事を進めもするし忘れさせもする、そんな微妙な長さなのでしょう。

そのなかで、この本のもとになったＮＨＫの「シリーズ証言記録」の二つの番組、被災した人や当事者がその日の体験を語る「あの日　わたしは」（内容５分）と、ある地域で起きた震災の出来事を描く「証言記録　東日本大震災」（内容43分）は放送を続けてきました。

この第３巻では２０１４年の1年間に放送した中から「あの日　わたしは」66本と「証言記録　東日本大震災」12本で紹介した証言を掲載しています。

「証言記録　東日本大震災」では地域やテーマを広げ、東北３県の被災地だけでなく、千葉県旭市を襲った津波や、津波被害を受けなかった岩手県遠野市が行った後方支援も取り上げました。

また、福島県新地町では、ある集落の人々の行動をつぶさにたどることで、津波に警戒心が薄かった意外な理由を発見することもできました。大震災のときの出来事を、より多彩に描けたのではないかと思っています。

「あの日　わたしは」は仙台、盛岡、福島など地域の放送局が取材した証言と東日本大震災プロジェクトが取材した証言で、あの日起きたことと当人の心に刻まれた教訓を紹介してきました。さまざまな立場の人が語る体験談は、失敗の後悔もあれば、命がけで人を救おうとする勇気もあり、非常時だからこそ現れる人間性に、震災体験という一言ではくくりきれない幅広さと奥深さを感じさせます。

思い出すのも辛い体験を、あれから3年以上たったからこそ話す気持ちになれたと言って語ってくださった証言者の方も大勢いました。皆さまに深く感謝したいと思います。


話は飛びますが、私は10年前、「あの日　昭和20年の記憶」というデイリー番組を制作していて驚いたことがありました。

戦後60年という節目の年に、各界の著名人に日替わりで昭和20年のある日の体験を聞く番組でしたが、お願いした方々の60年も前の記憶、多くの方が子どもでしたが、その記憶が、まるで昨日のことのように鮮明だったのです。空襲体験だけでなく疎開、戦後の引き揚げ、食糧買い出し等々、聞いているだけで映像が目に浮かんできました。ところが、翌年の昭和21年のことになると多くの方が、ほとんど記憶がないといいます。

昭和20年のその日の体験がどれだけ特別で痛切な思いを伴うものだったのかを強く感じさせられる経験でした。皆さんが口々に、語り伝えなければいけないことだから、とおっしゃっていたことも忘れられません。

2011年3月11日の記憶もまた、何十年たっても忘れられることなく、のちの人々に語り伝えなければいけないものなのだと思います。

津波、原発事故、避難、モノ不足、被災地支援……。お話を伺った方たちはそれぞれに、もっとこうすればよかったんじゃないか、ほかにできることはなかったのか、など複雑な思いを胸に抱えています。そして体験談からは二度と悲劇を繰り返さないための教訓が浮かび上がってきます。それを掬い上げて、南海トラフ地震など、いずれ確実にやってくる大災害の被害を少なくする一助としたい。私たちの番組の一つの目的です。

とはいっても、教訓を教訓ですといって語っても誰も耳を傾けてはくれません。証言者それぞれの体験の中に体験の数だけ人間ドラマがあり、そこにひきつけられるからこそ語り手の思い、教訓も心に届くというものでしょう。

思いを伝えるのは、語られる「言葉」です。九死に一生を得たからこそ口にできる言葉。命がけの選択を迫られたから語れる言葉。大切な人を守ることができなかった痛恨の言葉。そうした「言葉」の力がこの番組、この本の魅力だと思っています。いくつか引用してみましょう。

「この写真を見ると一番思うのはね、もう一回、このときに戻してくれということですね。そうしたら、おそらく俺は、おふくろのところに行ったんじゃないかと、それはいつも思いますね」

（新地町・三宅信幸さん）

「日が暮れるときに『助けてあげられなくて申し訳なかった』と心の中で謝りながら、『ただ最後には家に帰れるように捜してあげますから』とその町を見ながら思いましたね」
（釜石市・佐々木憲一郎さん）

「こういう経験のないような地震のときに（防災ヘリである）これが飛ばなかったら、何のためにふだん訓練をしているのか、このヘリコプターを置いている理由がわからなくなってしまう」
（仙台空港・保科正尚さん）

「たかだか１００年ぐらいのデータをもって、人間が少しわかったつもりになっていたっていうこと自体が、ちょっと違うんだろうと思います」
（気仙沼市・佐藤健一さん）

胸を衝く言葉の数々には、そのときの判断が違ったんじゃないか、やるべきことができなかったという後悔の念もありますが、こんなときだからこそ自分がやらなければいけないという強い義務感と勇気も込められています。

人は単純なものではない。いろいろな思いの間で揺れながら、あの日、懸命に生きていた。そんなことを感じます。こうした言葉に至る人間ドラマを味わい、胸にとどめておくことで、いつの日か、大災害に遭遇したときに生き延びる力につながるならば嬉しい限りです。

最後になりましたが、シリーズ証言記録の放送出版化はこの第3巻で終了となります。番組のほうは2015年度も継続することが決まりました。「あの日　わたしは」はこれまでの放送が番組ホームページでもご覧いただけるようになっています。「証言記録　東日本大震災」は4月から再放送枠ができます。震災のときのどんな人間ドラマと出会えるのか。今後も知られざるエピソードの発掘に力を注いでまいります。是非、ご覧ください。

東日本大震災プロジェクト
NHKエンタープライズ　大野　了

証言者一覧（登場順・敬称略）

第Ⅰ部　岩手県

大槌町　病院を襲った大津波

岩田千尋
植田俊郎
佐々木久子
菊池智子
佐々木勝広
道又衛

釜石市　身元確認・歯科医師たちの闘い

早﨑行雄
佐々木憲一郎
佐々木孝子
佐々光代
野﨑貞子
芝﨑惠應

遠野市　内陸の町　手探りの後方支援

小向浩人
佐々木徹
奥寺大樹
本田敏秋
佐々木励
佐藤秀晃
海老糸子
菊池武夫
多田勝紀
三浦貞一
飛内雅之

●あの日　わたしは

岩泉町
三浦千寿子
宮古市
赤沼正清・赤沼陽子／赤沼ヨシ／宇都宮一子／小林光男／八重樫則夫
山田町
上澤史雄／大石秀男／昆野昭子
大槌町
上野ヒデ／菊池公男／鈴木亨
遠野市
菊池清子
大船渡市
大和田正行
陸前高田市
髙橋優太／吉田千壽子

第Ⅱ部　宮城県

名取市　誰も想像できなかった

小齋正義
小齋誠進
恵美雅信
丹野裕子
吉田唯樹

石巻市　津波と火災に囲まれた日和山

古藤野正好
駒井清利
佐藤和仁
鈴木啓之

気仙沼市　杉ノ下高台の戒め

三浦祝子
畠山茂樹
三浦哲二
佐藤健一
佐藤信行
今村文彦

仙台空港　津波まで70分　空の男たちの闘い

須田忍
保科正尚
後藤一浩
榊原利二
田辺哲朗
朝田学
大林耕二
芦内修
福田智幸

●あの日 わたしは

気仙沼市
阿部泰兒／後藤正登
南三陸町
阿部憲子／鎌田眞人／菅原勝則
石巻市
大塚敏夫／大森敏枝／木村勤／髙須賀昌昭／藤坂雄一／渡辺悟
東松島市
宮崎敏明
多賀城市
髙橋淳子／寺嶋和広
仙台市
大谷義昭／佐藤壽伸／高嶋和弘／高橋みかわ／鴇田眞一／西村舞／吉原豊
名取市
菊地浩／吉田浩文
岩沼市
多田秀子

第Ⅲ部 福島県

いわき市 そしてフラガールは帰ってきた
大森梨江
賀澤教子
渡辺舞
渡辺愛
小林苑未
鷺隆一
菅野ひろ子

双葉町 放射能にさらされた病院
重富秀一
渡部幾世
西山幸江
池田美智子
松枝智之
田勢長一郎
渡部隆

南相馬市 孤立無援の街で生き抜く
山田護
山田真人
山田和子
小野田克子
太田圭祐
上田由幸
上田和枝
西谷地勝利
若盛かほる

新地町 津波は知っているつもりだった
谷隆
三宅信一
三宅信幸
吉田博
浜野春江
門馬孝男
伏見春雄

●あの日 わたしは

相馬市
飯塚弁一
南相馬市
遠藤利勝／長澤初男／星巌／矢島秀子／渡部正幸
川俣町
櫻井英夫
田村市
渡辺哲夫・渡辺マサ子
双葉町
天野正篤／松枝明美
大熊町
赤井光清
いわき市
猪狩弘之／井出伶

第Ⅳ部 千葉県

旭市 遅れて来た大津波
鈴木淳夫
安藤洋
仲條富夫

大目智志
佐久間海斗
前田晃敏
佐久間愛子

●あの日 わたしは

香取市
篠塚友孝
山武市
武石一吉
浦安市
世鳥アスカ

青森県
八戸市
恩田裕治／小田啓子／新沼舘務

茨城県
日立市
師岡誠宏
東海村
豊島一穂
大洗町
米川元司
つくば市
高梨嘉隆
鹿嶋市
大内和則／山田浩

東京都
東京23区
港区
髙田正行

「証言記録　東日本大震災　Ⅲ」放送記録

岩手県　大槌町　病院を襲った大津波

放送日　２０１４年２月２日
語り　礒野佑子
撮影　滝澤真之
音声　根岸祐太　中田壮広
映像技術　古川弘之
ＣＧ制作　野口悠花
編集　佐藤友彦
音響効果　神山勉
ディレクター　遠藤秀一郎
プロデューサー　伊槻雅裕
制作統括　藪下真宏　藤井勝夫

宮城県　名取市　誰も想像できなかった

放送日　２０１４年２月23日
語り　礒野佑子
撮影　杉山徹
音声　篠原伸幸　中田壮広
映像技術　古川弘之
ＣＧ制作　野口悠花
編集　佐藤友彦
音響効果　神山勉
ディレクター　谷島薫子
プロデューサー　丸山雄也
制作統括　藪下真宏　藤井勝夫

福島県　いわき市　そしてフラガールは帰ってきた

放送日　２０１４年３月16日
語り　礒野佑子
撮影　太田信明
音声　大谷耕太郎
映像技術　古川弘之
ＣＧ制作　野口悠花
編集　佐藤友彦
音響効果　神山勉
ディレクター　下村幸子
取材　グェンティホンハウ
制作統括　藪下真宏　安出光伸

千葉県　旭市　遅れて来た大津波
放送日　2014年4月27日
語り　松村正代
撮影　毛利立夫
音声　増田隆 中田壮広
映像技術　古川弘之
CG制作　野口悠花
編集　佐藤友彦
音響効果　神山勉
ディレクター　牧嶋庄司
プロデューサー　鐘川崇仁
制作統括　藪下真宏　藤井勝夫

宮城県　石巻市　津波と火災に囲まれた日和山
放送日　2014年6月1日
語り　松村正代
撮影　小林靖
音声　大畠聡 備後正太郎
映像技術　古川弘之
CG制作　髙﨑太介
編集　半田哲親
音響効果　神山勉
ディレクター　里亮弘
制作統括　藪下真宏　藤井勝夫

福島県　双葉町　放射能にさらされた病院
放送日　2014年6月29日
語り　松村正代
撮影　長谷川哲也
音声　小泉義一 髙梨智史
映像技術　古川弘之
CG制作　髙﨑太介
編集　半田哲親
音響効果　神山勉
ディレクター　野澤敏樹
プロデューサー　丸山雄也
制作統括　松尾雅隆　藤井勝夫

岩手県　釜石市　身元確認・歯科医師たちの闘い
放送日　2014年8月3日
語り　松村正代
撮影　杉山徹

音声　篠原伸幸　備後正太郎
映像技術　古川弘之
ＣＧ制作　髙﨑太介
編集　佐藤友彦
音響効果　神山勉
ディレクター　澄川嘉彦
制作統括　松尾雅隆　藤井勝夫

宮城県　気仙沼市　杉ノ下高台の戒め
放送日　２０１４年８月31日
語り　松村正代
撮影　辻中伸次
音声　小宮芳憲　中田壮広
映像技術　古川弘之
ＣＧ制作　髙﨑太介
編集　青木孝文
音響効果　神山勉
ディレクター　高島宏起
制作統括　松尾雅隆　大野了

福島県　南相馬市　孤立無援の街で生き抜く
放送日　２０１４年９月28日
語り　松村正代
撮影　小林靖
音声　加藤貴之　中田壮広
映像技術　古川弘之
ＣＧ制作　髙﨑太介
編集　青木孝文
音響効果　神山勉
ディレクター　里亮弘
制作統括　松尾雅隆　大野了

岩手県　遠野市　内陸の町　手探りの後方支援
放送日　２０１４年10月26日
語り　松村正代
撮影　前川光生
音声　山﨑良雅　中田壮広
映像技術　古川弘之
ＣＧ制作　野口悠花
編集　佐藤友彦
音響効果　神山勉

ディレクター　池原暢寿
プロデューサー　西橋基彦
制作統括　松尾雅隆　大野了

宮城県　仙台空港　津波まで70分　空の男たちの闘い
放送日　２０１４年11月30日
語り　松村正代
撮影　杉山徹
音声　青田直也　中田壮広
映像技術　古川弘之
ＣＧ制作　野口悠花
編集　吉田秋一
音響効果　神山勉
ディレクター　遠藤秀一郎
プロデューサー　伊槻雅裕
制作統括　松尾雅隆　大野了

福島県　新地町　津波は知っているつもりだった
放送日　２０１４年12月14日
語り　松村正代
撮影　金子博志
音声　八鍬健太郎　中田壮広
映像技術　古川弘之
ＣＧ制作　髙﨑太介
編集　髙橋慶太
音響効果　神山勉
取材　大田雄史
ディレクター　羽山夏子
制作統括　松尾雅隆　大野了

※「あの日　わたしは」は、ＮＨＫ各局（青森・盛岡・仙台・福島・水戸・千葉）とＮＨＫエンタープライズが取材しています。

震災後――4年の記録

年／月／日	
2011年	
3月11日	14時46分●三陸沖を震源とするマグニチュード9.0（発表時8.8）の地震発生。宮城県などで震度7を記録。東京電力福島第一原子力発電所（第一原発）1～4号機自動停止。
	49分●気象庁、太平洋沿岸地域（岩手、宮城、福島、青森、茨城、千葉）に大津波警報を発令。
	50分●政府、危機管理センターに官邸対策室設置。
	52分●岩手県知事、陸上自衛隊に災害派遣を要請。その後、宮城、福島、青森、茨城各県知事も要請を行う。
	15時14分●宮城県に10メートル以上の津波が到達したと発表。以降、各地で続報。緊急災害対策本部設置。
	15分●茨城県沖でマグニチュード7.4の地震。
	51分●相馬検潮所で最大9.3メートル以上の津波を観測。
	16時15分●東京消防庁、緊急消防援助隊を派遣。
	16時20分●気象庁、「平成23年東北地方太平洋沖地震」と命名。
	17時頃●警視庁、広域緊急援助隊を宮城県などに派遣。
	19時03分●内閣総理大臣、第一原発の原子力緊急事態宣言を発令。
	20時10分過ぎ●陸上自衛隊、宮城県気仙沼市での大規模火災を確認。
	21時23分●政府、東京電力福島第一原発の半径3キロ圏内の住民に避難指示。3～10キロ圏に屋内退避。
	21時57分●仙台市宮城野区のJX日鉱日石エネルギー仙台製油所で大規模な爆発。
12日	3時59分●長野県北部でマグニチュード6.7の地震。
	5時44分●政府、避難指示を福島第一原発半径10キロ圏内に拡大。
	15時36分●福島第一原発1号機で水素爆発発生。
	17時39分●政府、東京電力福島第二原子力発電所の半径10キロ圏内の住民に避難指示。
	18時25分●政府、避難指示を福島第一原発半径20キロ圏内に拡大。

年／月／日	
	東北6県のほぼ全域で約385万戸が停電(東北電力発表)、茨城、栃木、千葉で約60万戸が停電(東京電力発表)。
	東北・関東地方の7県約44万5000戸でガスの供給が停止、17県約140万戸が断水(政府発表)。
13日	4時●米海軍、原子力空母ロナルド・レーガンの艦載ヘリコプターが宮城県沖に到着、非常用食料などを気仙沼市に輸送。
	8時45分●防衛省対策会議で自衛隊災害派遣が10万人体制に拡大が決定、と発表。
	17時58分●津波注意報解除。
	22時●岩手、宮城、福島で8400人以上が孤立状態(緊急災害対策本部発表)。
14日	6時20分●東京電力、初の計画停電を実施。
	11時01分●福島第一原発3号機の原子炉建屋で水素爆発発生。
15日	福島原子力発電所事故対策統合連絡本部を設置。
	6時頃●福島第一原発2号機内の格納容器で異変が発生。
	9時38分●福島第一原発4号機の原子炉建屋で水素爆発発生。
	11時00分●政府、福島第一原発半径20～30キロ圏内の住民に屋内退避指示。
	22時31分●静岡県東部でマグニチュード6.4の地震。
16日	5時45分頃●福島第一原発4号機で再び火災発生。
17日	仙台空港運用再開。救援機による物資輸送が可能に。
18日	JR東日本、運休していた秋田新幹線の一部区間を再開、全線復旧。
	東日本大震災で大きな被害を受けた地域を対象に、統一地方選挙を延期するための特例法が成立。
	原子力安全・保安院、福島第一原発についてINES(国際原子力・放射線事象評価尺度)でレベル5と発表。
20日	政府内に被災者生活支援特別対策本部発足。
	福島県飯舘村の水道水から放射性物質を検出。
	JR東日本、東北本線「北上～一ノ関」の運行を再開、北上線全線運行可能に。

年／月／日	
21日	「災害廃棄物の処理等に係る法的問題に関する検討会議」発足。
	原子力災害対策本部と首相、暫定規制値を超える放射性物質が検出された福島県産のほうれん草などの出荷制限を指示。
	JR東日本、東北新幹線「盛岡～新青森」の運転を再開。
22日	被災者生活支援各府省連絡会議が発足。
23日	東日本大震災や津波で損壊した道路や港湾、工場、住宅などの直接的な被害総額が16～25兆円と試算される。
24日	災害廃棄物現地調査団(団長:樋高環境大臣政務官)が釜石市、大槌町を訪問。
	東北自動車道「一関～宇都宮」で一般車両の通行が可能に。
25日	「損壊家屋等の撤去等に関する指針」が取りまとめられる。
	福島第一原発半径20～30キロ圏内にも自主避難を要請。
26日	福島第一原発近くの海水から高濃度の放射性ヨウ素を検出。
28日	「被災者向けの住宅供給の促進等に関する検討会議」、「被災者等就労支援・雇用創出推進会議」発足。
	宮城県、震災によるがれきの量が年間排出量の23年分であると発表。
	福島第一原発の敷地内からプルトニウムが検出。
	政府、「被災者等就労支援・雇用創出推進会議」を設置。
29日	政府、「被災地の復旧に関する検討会議」を発足。
30日	東京電力社長、第一原発の廃炉を表明。
4月1日	政府、東北地方太平洋沖地震がもたらした災害の呼称を「東日本大震災」に決定。
2日	菅首相、岩手県陸前高田市など被災地を視察。
4日	都道府県単位で実施してきた農産物の出荷停止や解除を市町村単位でできると決定。
	厚生省、各都道府県知事等に対し、魚介類中の放射性ヨウ素についても暫定規制値を準用すると通知。
5日	海江田経産相、夏の電力不足の対策で、電気事業法に基づく電力使用制限令を発動することを表明。
	政府、「応急仮設住宅の供給等に関する当面の取組方針」を取りまとめる。

年／月／日	
	被災者等就労支援・雇用創出推進会議、「フェーズ1」が取りまとめられる。
6日	全国知事会緊急広域災害対策本部と被災3県が協議し、食料品以外の救援物資の受け入れを一時中止と通知。
	海上保安庁、宮城県男鹿半島沖震源地付近の海底が約24メートル移動したと発表。
7日	宮城県、東日本大震災で被災した市街地に、建築基準法に基づく建築制限をかけると発表。
	23時32分●宮城県沖でマグニチュード7.1の地震。
8日	土壌中の放射性セシウム濃度が1キロあたり5000ベクレルを超える水田でのイネ作付け禁止に。
	東京電力、東北電力管内の計画停電終了を宣言。
	政府、東日本大震災の被災自治体などに総額約762億円の特別交付税を交付。
	義援金配分割合決定委員会が発足し、第1回配分基準を決定。
9日	岩手県陸前高田市で仮設住宅への入居が始まる。
10日	菅首相、宮城県石巻市など被災地を視察。
11日	福島第一原発半径20キロ圏外の一部地域を新たに「計画的避難区域」に指定、1か月程度での住民の域外避難を指示。
	17時16分●福島県浜通りでマグニチュード7.0の地震。
12日	14時07分●福島県中通りでマグニチュード6.4の地震。
	原子力安全・保安院が、第一原発事故をINESでレベル7に認定。
13日	仙台空港、民航機就航再開。
14日	「東日本大震災復興構想会議」開催。
	福島県警と浪江消防団による浪江町の行方不明者一斉捜索が開始。
17日	東京電力、「東京電力福島第一原子力発電所・事故の収束に向けた道筋」を発表。
18日	自衛隊による、第一原発半径30キロ圏内での行方不明者の捜索が開始。
21日	JR東日本、東北本線「仙台〜一ノ関」「岩切〜利府」が運転再開、全線復旧。
22日	福島第一原発半径20キロ圏内を「警戒区域」に指定。20キロ圏外でも計画的避難区域と緊急時避難準備区域に指定。

年／月／日	
26日	農水省、家畜に与える飼料中の放射性物質の濃度について安全性の目安を公表。
	被災地にある大企業の生産拠点の6割が再稼働（経済産業省の緊急調査）。
27日	天皇皇后両陛下、東北の被災地を訪問。
	東日本大震災の被災者等に係る国税関係法律の臨時特例に関する法律、地方税法の一部を改正する法律が成立。
28日	東京電力と東北電力管内での今夏の最大使用電力の削減目標を、前年比15%減（企業、家庭とも）とすると発表。
	金融庁、貸金業法施行規則を一部改正、被災者の借入手続の弾力化を盛り込む。
29日	JR東日本、東北新幹線「一ノ関〜仙台」が復旧し、全線復旧。
5月1日	福島県郡山で下水汚泥にセシウムが混入し、高い放射線量を検出。
2日	第一次補正予算成立（3051億円）。
	東日本大震災に対処するための特別の財政援助及び助成に関する法律（財特法）成立、公布・施行。
9日	中部電力、静岡県浜岡原発、全面停止が決定。
10日	東日本大震災復興構想会議が開催。
	福島県川内村の住民が防護服、線量計をつけて一時帰宅。
	宮城県知事、漁業特区案により、民間資本の参入を容認。
13日	政府、東京電力への賠償支援を決定。
15日	福島県飯舘村と川俣町の住民が計画避難を開始。
16日	環境省、「東日本大震災に係る災害廃棄物処理指針（マスタープラン）」を公表。
	「応急仮設住宅の完成見通し等について」を 国交省が作成。
20日	「東日本大震災に係る被災地における生活の平常化に向けた当面の取組方針」を決定。
	東京電力、3月期の連結純損益が1兆2473億円の赤字と発表。
21日	日中韓首脳が被災地を訪問。
31日	東京電力、福島県内農林漁業者への仮払い開始。
	中国電力、津波対策などで島根原子力発電所3号機、運転再開を延期。
6月1日	茨城県と福島県の一部で、ほうれん草の出荷制限を解除。

年／月／日	
3日	宮城県、復興計画案を公表。
4日	復興構想会議にて、産業振興、再生エネルギー活用を盛り込む。復興費10〜15兆円見込む。
6日	岩手県、仮設住宅建設用地(1万4000戸分)を確保。
	集団避難をしていた福島県双葉町などの町民が一時帰宅。
14日	『防災白書』(防災に関してとった措置の概況平成23年度の防災に関する計画)を閣議決定。
17日	IMF、2011年の日本の成長率予測をマイナス0.7%に下方修正。
	日本赤十字、第2次義援金1446億円を被災地へ送金し、一括配分。
20日	東北地方の高速道路(20路線)が証明書提示による無料化を開始。
	復興基本法が成立。復興対策担当相や復興庁が設置される。
22日	東日本大震災に対処するための金融機能強化法等改正法成立。
24日	東日本大震災復興基本法施行。
	東日本大震災復興対策本部及び岩手、宮城、福島県現地対策本部設置。
25日	復興構想会議が「復興への提言」を決定。復興へ臨時増税、土地利用手続き一本化等を提言。
27日	復興対策本部事務局が活動開始。
	岩手、宮城、福島の3県の現地対策本部事務局が活動開始。
7月1日	東京・東北電力管内で電力使用制限令(原則15%の節電目標)が発効。
5日	JR東日本、津波の被害を受けた7つの線区の復旧に1000億円強の費用がかかることを発表。
	松本復興相、被災地訪問時の発言で辞任。
	原子力発電所に係るストレステスト(耐性調査)の全国実施を表明。
	宮城県、東日本大震災からの復興計画の第2次案を公表。
8日	閣僚懇談会で復興基本方針策定のための「検討項目案」が指示される。
	3〜5月の被災3県からの転出超過数が3万人超と発表。
	福島県南相馬市の緊急時避難準備区域内から東京都中央卸売市場に出荷された肉牛1頭から食品衛生法の暫定規制値を上回る放射性セシウムが検出(翌日、残りの10頭からも検出)。

年／月／日	
9日	福島県、南相馬市全域で肉牛出荷を自粛するよう要請。
10日	岩手県陸前高田市の「気仙大橋」の仮橋が開通、国道45号は全線で通行可能に。
11日	政府、原子力発電所の再稼働に関する統一見解を発表。新たな安全評価を2段階で行う。
	福島県全域で肉用牛農家に対する緊急立入調査を実施。
12日	宮城県石巻市の魚市場が約4か月ぶりに再開。
13日	菅首相、脱原発などのエネルギー政策の転換を表明。
16日	「東北六魂祭」が仙台市で開催。
19日	政府と東京電力、東京電力福島第一原子力発電所の事故収束に向けた工程表と原子力被災者への対応をまとめた工程表の各改訂版を公表。
	福島県産肉牛の出荷制限を同県知事に指示。
20日	電力需給に関する会合を開き、西日本の企業や家庭に節電を求めることを正式決定。関西電力管内では昨夏のピーク比で10％以上の節電を要請。
21日	東日本大震災復興対策本部（第2回）開催、「基本方針骨子」作成。
24日	被災3県を除き、テレビのアナログ放送番組が終了。
25日	東日本大震災の追加復旧策を盛り込んだ総額1兆9988億円の2011年度第2次補正予算が成立。
	仙台空港、国内線が被災前の便数にほぼ回復。
26日	自衛隊、岩手県から撤収。
	農水省、放射性物質で汚染された牛肉について緊急対応策を発表。
27日	各県から出荷される牛の全頭検査を実施すると発表（岩手県、宮城県、群馬県、新潟県）。
28日	政府、宮城県全域の肉牛の出荷を制限するよう指示。
	適切な出荷時期を逃した肉牛を全頭買い上げるための経費を福島県が補助すると発表。
29日	東日本大震災復興対策本部（第４回）開催、「基本方針」決定。
8月1日	自衛隊、宮城県から撤収。

年／月／日	
	岩手県全域を対象に牛の出荷を制限。
2日	栃木県全域を対象に牛の出荷を制限。
3日	福島第一原発事故の損害賠償を国が支援する枠組みを定めた「原子力損害賠償支援機構法」が成立。
	被災地で延期している地方選の実施期限を12月末まで再延期するための改正特例法が成立。
4日	東日本大震災に伴う津波被害の実地調査結果を発表。浸水した総面積は535平方キロメートル。
	厚労省、応急仮設住宅の居住環境等に関するプロジェクトチームを発足。
5日	汚染した稲わらを食べた可能性がある牛の肉を食肉流通団体が実質買い上げる追加支援策を発表。
	原子力損害賠償紛争審査会が中間指標を決定。東京電力の賠償範囲の大枠が提示された。
9日	東京電力、4～6月期の連結決算を発表。最終損益は5717億円の赤字。
10日	原子力損害賠償支援機構法施行。
11日	東日本大震災復興対策本部（第5回）開催、基本方針改定。
	岩手県、東日本大震災津波復興計画を策定。福島県、復興ビジョンを策定。
15日	原子力安全規制に関する組織等の改革の基本方針を閣議決定。
16日	福島県会津若松市の敷地内にある側溝の一部で採取された汚泥から、1kg当たり約18万6000ベクレルの放射性セシウムが検出。
19日	宮城県に対する牛の出荷停止を解除。
	宮城県角田市で捕獲された野生のイノシシの肉から、食肉の暫定規制値を超える放射性セシウムを検出。
	岩手、宮城、福島３県に含まれるヒ素などの有害物質のモニタリング調査を開始。全78地点のうち計20地点で土壌溶出量基準値を上回る値を確認。
25日	汚染飼料を食べた肉牛の出荷を停止していた岩手、栃木、福島県の出荷停止を一部解除。
	復興庁設置準備室を設置。
26日	菅首相、退陣を表明。

年／月／日	
	除染に関する緊急実施基本方針を決定。
	東日本大震災復興対策本部（第6回）開催、各府省の事業計画と工程表の取りまとめ等。
	福島第一原発から半径5キロ圏内の福島県双葉町、大熊町の住民の一時帰宅が実施。
	宮城県が震災復興計画（案）を公表。
28日	岩手県大槌町、170日ぶりに町長が誕生。
29日	文部科学省、福島第一原発から半径100キロ圏内の土壌に含まれる放射性セシウムの濃度の調査結果を発表。
30日	東京電力、第一原発事故に伴う損害賠償金の算定基準や支払い日程を発表。
31日	自衛隊、大規模震災災害派遣終了。
9月1日	原子力損害賠償紛争解決センターの開設。
2日	野田内閣発足。
	野田首相、就任後初めて福島第一原発を視察。
9日	東京電力と東北電力、管内の電力使用制限令を終了。
	鉢呂経産相、福島視察後の発言で辞任。
11日	東日本大震災復興対策本部（第7回）開催、復旧の現状と主な課題への取組等について報告。
13日	原子力災害からの福島復興再生協議会幹事会（第1回）開催。
16日	東日本大震災などにより多大な被害を受けた地方公共団体に対し、普通交付税の一部を繰り上げて交付。
	政府税調、東日本大震災の復興費に充てる臨時増税案を取りまとめ。増税額を11～12兆円に圧縮。所得税の定率増税の名称を「復興貢献特別所得税」（仮称）とする。
20日	政府、経済情勢に関する検討会合を開催。円高対策の中間報告を取りまとめ。
23日	JR東日本、東北新幹線が震災前の通常ダイヤに戻る。
25日	仙台空港、国際定期便運航が再開、全面復旧。
26日	福島第一原発事故の賠償を支援する「原子力損害賠償支援機構」が本格稼働。

年／月／日	
30日	応急仮設住宅の居住環境等に関するPT（第2回）開催、設備等の居住環境や心配事等についてのアンケート結果の報告書発表。
	緊急時避難準備区域の一斉解除。
10月1日	仙台市でがれきの仮設焼却炉が本格稼働。
7日	臨時閣議で2011年度第2次補正予算と東日本大震災の復興財源に関する基本方針を決定。補正規模は12兆円程度。
10日	福島第一原発事故の除染方針を決定。 年間1ミリシーベルト以上の地域を除染。
18日	福島県で大規模除染作業が開始。
19日	宮城県復興計画正式決定。
21日	2011年度第3次補正予算について閣議決定。
28日	東京電力が特別事業計画を提出。2011年度内の約5900億円のリストラを決め、政府に約8900億円の援助を求めた。
29日	政府、福島県内の汚染土壌収容方針を提示。2015年より中間貯蔵施設稼動。
11月12日	福島第一原発敷地を取材陣に公開。
17日	福島県福島市大波地区収穫の米から基準値を超えるセシウムが検出され、出荷停止に。
18日	ブータン国王夫妻、福島県相馬市を訪問。
21日	第三次補正予算成立。東日本大震災復興費など9兆2000億円を盛り込む。
24日	政府地震調査研究推進本部、三陸〜房総沖でマグニチュード9クラスの地震が「30年以内に30％」の確率で起きると発表。
30日	震災復興に向けた臨時増税法が成立。
12月4日	岩手県野田村の一部世帯が集団移転で村と合意。
6日	原子力損害賠償紛争審査会、自主避難者らの賠償方針を決定。福島県内24市町村の住民を賠償対象に追加。
16日	野田首相、原発事故は収束と表明。
22日	厚労省、食品の放射性物質基準が正式案に。一般食品1キロあたり100ベクレルなど。

年／月／日	
24日	2012年度政府予算案が閣議決定。復興費などを含む総額約96兆7000万円は実質過去最大。
26日	原発事故調査・検証委員会が第一原発事故の中間報告を公表。
	東日本大震災復興特別区域法が施行される。
2012年	
1月1日	放射性物質汚染対処特別措置法が全面施行される。
4日	避難者特例法による調査で、避難先の自治体で行政サービスを受けられる対象者は10万3070人だった。
5日	福島県が2012年秋から福島県産の米を出荷段階で全袋検査する方針を表明。
6日	原子炉等規制法の改正方針を発表。原則40年で原発廃炉など。
	政府、東日本大震災復興交付金制度要綱を発表。
	沿岸被災地の地価の多くが2～12%程度の下落傾向であると判明。
	復興特別区域基本方針が閣議決定される。
10日	財務省、個人向け復興国債の初回販売額が7454億円に上ったと発表。
15日	福島県二本松市の新築マンションで高放射線量検出。汚染されたコンクリートの使用が原因。
17日	原子炉等規制法の改正に、最長60年の例外を盛り込む方針を発表。 東京電力、4月1日からの電気料金値上を発表。
24日	政府、2012年度予算案を国会に提出。前年度当初予算比3.9%増の228兆7658億円。特別会計に東日本大震災の復興関連経費を計上。
26日	「除染特別地域における除染の方針（除染ロードマップ）」が公表される。
31日	海洋研究開発機構が東北沖の日本海溝の東側でマグニチュード8クラスの大地震が発生しやすい状態、と発表。
	復興交付金第一回申請締め切り。青森、岩手、宮城、福島、茨城、栃木、千葉7県の78の市町村が約3899億円を申請。
2月9日	復興特区第一号として宮城県が申請した「民間投資促進特区」と、岩手県が申請した「保健・医療・福祉特区」を認定した。

年／月／日	
10日	復興庁設置。被災3県などに8か所の復興局支所や事務所を設置。
16日	原子力防災指針の改訂により、地域防災計画の策定を求められる範囲が30キロ圏に広がり、対象地域となるのが従来の3倍の21道府県135市町村となった。
3月1日	各県、自治体が補正予算案を発表。
2日	被災3県と国交省が、津波到達点に共通の標識を設置の取り組み開始。
	復興交付金(事業費ベースで1兆9000億円)の第1回配分額を公表。宮城県・1436億円、岩手県・957億円、福島県・603億円など、7県と59市町村の総額は3053億円。
5日	財務省、「個人向け復興応援国債」募集開始。当初3年間は低金利、記念貨幣の贈呈などの条件付き。
17日	JR東日本、八戸線「久慈～種市」間で運行が再開、全線で運転再開。
22日	被災した自営業者などの再建を後押しするための「東日本大震災事業者再生支援機構」が発足。
23日	復興交付金の第1回配分が決定。宮城や福島など9県と、11道県の227市町村を対象とし、総額で8134億4900万円。申請額の6割程度。
30日	福島復興再生特別措置法案が成立。
	新年度の暫定予算案(一般会計総額3兆6105億円)が成立。復興特別会計として総額93億円(除染費用5億4000万円、がれき処理費用1億7000万円、予備費80億円)を盛り込む。
	復興庁、被災自治体に応援の職員600人超を2012年度に派遣することを発表。
	宮城県岩沼市、石巻市で高台・内陸への防災集団移転事業に初の着手。
31日	東北地方の高速道路無料化が、避難者やボランティアを除き 終了。
4月1日	三陸鉄道・北リアス線「田野畑～陸中野田」間で運転が再開され全線復旧。流出区間では初。
5日	平野復興相、福島第一原発周辺に長期間帰宅できない区域の設定を提案。
	財務省、個人向け国債「復興応援国債」の初回(3月)販売額は726億円と発表。

年／月／日	
11日	環境省・総務省、被災地の公共事業で震災がれきを優先使用する方針を発表。
13日	復興庁、「復興支援に向けた多様な担い手のロードマップ」を作成。
17日	小宮山厚生労働相、仮設住宅の入居期間（原則2年）を1年延長する方針を発表。
24日	国交省、東日本大震災で津波被害を受けた岩手、宮城、福島県の31市町村208地区で進められている復興計画を、再建手法によるパターンに分類。
27日	復興庁の有識者会議「復興推進委員会」、現地視察として初めて福島県を訪れる。
30日	岩手県大槌町、震災がれきを使い、およそ3000本の苗木を植える「森の防潮堤」が着工。全国で初めての試み。
5月1日	平野復興相、避難民へ、国による土地の分譲（帰還まで10年以上かかる住民）などの支援案を明らかに。福島第一原発周辺の土地の国有化も打診。
	「新憲法制定議員同盟」が、現行の憲法では被災地再興を妨げていると表明。
6日	国交省、東北6県の鉄道線路約4300キロのうち、約304キロの区間が運休したままと言及。
8日	福島市のシンクタンク、福島県からの人口流出で起きた生産活動などの損失は1092億円と試算。
25日	災害復旧費が約3兆520億円で確定したと平野復興相が発表。
	第2次復興交付金の配分が決定。7県の71市町村に対して約3166億円。申請額の約1.5倍。
	2011年度の水産白書が閣議決定。被災した319漁港のうち97％にあたる311か所で水産物の陸揚げが可能となり（4月18日現在）、関連施設の被害総額は1兆2637億円であることが明らかに。
29日	仙台市、被災地で最大規模の集団移転計画を発表。沿岸部の1700世帯が対象で、事業費571億円。
6月1日	復興庁、福島復興再生特別措置法に基づく「福島復興再生基本方針」の素案を提示。「脱原発依存」を尊重し、国の「長期にわたる財源の確保」を行うと明記。
6日	財務省、復興財源に充てる個人向け復興国債の2011年度の累計販売額が1兆4030億円と発表。目標の1兆5000億円には届かなかった。

年／月／日	
9日	政府、原発事故による避難指示区域の不動産などに対する賠償基準案を提示。避難指示解除までの年数に応じ、5年目以降100%の補償。
10日	政府、第一原発避難区域で、10年後でも帰還が困難な住民は18%となるなどの予測(除染の効果を加味せず)を公表。
22日	環境省、約329万トンのがれきを処理したと発表。うち約288万トンは再利用による処理。
7月11日	災害基本法の一部を改正する法律案が公布。自治体が機能不全に陥った際の対策などを盛り込む。
20日	水産庁、損壊建物などのコンクリート廃棄物を漁場再生に有効利用するための手引きをまとめた。
8月4日	東日本大震災による津波で海に押し流されたがれきが太平洋上を漂っている問題で、日米の環境NGOが米オレゴン州で会合を開催。(〜6日)。
8日	法務省など関係省庁による連絡会を岩手、宮城、福島の3県に設置。津波で生じた土地の境界や権利関係の問題へ支援体制を強化すると発表。
15日	政府、被災者支援行政の一元化のために、厚労省所管の災害救助法を内閣府に移管する方向で検討開始。
17日	福島県南相馬市に復旧や除染作業員のための仮設宿泊施設が完成。
24日	第3次復興交付金の配分が決定。9道県の56市町村に対して約1806億円。申請の約1.3倍。
27日	被災者生活再建支援制度で、対象世帯の拡大の是非についての検討開始。
29日	総務省、消防庁、大規模災害時の補完手段としてツイッターなどのSNSからの119番通報の実現性を検討する有識者会議の初会合を開く。
9月4日	国交省、電気バス導入の補助を大幅に拡充する計画を表明。
6日	財務省、個人向け復興応援国債(803回債)、個人向け復興国債(29回債など)を募集開始。
7日	環境省の2013年度予算概算要求が総額1兆1177億円と判明。うち、7割が東日本大震災で生じたがれきの処理や第一原発事故で飛散した放射性物質の除染などの費用。

年／月／日	
10日	復興庁の2013年度予算概算要求が総額2兆8230億円と判明。
	内閣府防災部門の2013年度予算概算要求が104億2400万円と判明。前年度比2.2倍。
	国交省土地・建設産業局関係の2013年度予算概算要求が214億4900万円と判明。前年度比10.9％増。
18日	政府、東日本大震災の津波によるがれきの問題で、日本から漂着先の米国とカナダへの見舞金として600万ドルの供与を決定。
	2013年度予算概算要求で、総務省消防庁は緊急消防援助隊の小型の水陸両用車などの装備強化を決定。
30日	9月末時点で災害復興住宅融資の東北分の申込件数は6311件、融資総額は411億6150万円(10月17日に住宅金融支援機構東北支店が発表)。
10月4日	全国で約47万人に上った避難者はこの日時点で約32万7000人。避難先は47都道府県約1200市区町村に及ぶと復興庁が発表。
25日	会計検査院、2011年度に東日本大震災の復興経費として計上した14兆9243億円のうち、支出されたのは54.2％の8兆906億円だったとする集計を参議院に報告。
29日	東日本大震災の影響で発生から2012年10月26日までに倒産件数が1000件に達する(帝国データバンク調べ)。
11月3日	津波のために稼働不能になっていた東北電力原町火力発電所の試運転開始。
19日	「復興支援道路」の三陸沿岸道路が新規事業化区間で初めての着工。
25日	復興支援道路として初めて東北横断自動車道釜石秋田線が開通。
27日	復興推進会議、関係性の薄い事業として復興予算の約170億円、約35の事業への予算執行停止を決定。
	政府、復興予算に関する新たな基準を復興推進会議で決定。
29日	東京電力、2013年1月に福島県の復興関連業務を統括する「福島復興本社」を設立すると発表。
12月1日	第4次復興交付金の配分が決定。 4県の54市町村に対して約6890億円。
6日	最終となる個人向け復興応援国債(804回債)、個人向け復興国債(29回債など)が募集開始。

年／月／日	
7日	2015年の第3回国連防災世界会議の開催地が日本に決定。
14日	環境省、被災3県沿岸市町村で災害廃棄物605万トン(約34%)、津波堆積物140万トン(約15%)の処理が完了したと発表。
	「汚染状況重点調査地域」に指定されていた群馬県みなかみ町と片品村に対して指定を解除と発表。公示公布は27日(全国初)。
17日	原則立ち入り禁止の警戒区域と帰還困難区域の国道・県道が通行可能に。除染作業や復興事業に関係する車両のみ。
18日	厚労省や被災3県の建設業界、全国ゼネコンなどによる東日本大震災の復旧・復興工事の安全対策について議論する「東日本大震災復旧・復興工事安全推進本部」会合が開催。
19日	環境省が除染の補助範囲を見直し、拡大することを発表。公園や学校の遊具の塗り直しなども対象に加える方針。
20日	物質・材料研究機構が、放射性セシウムを可視化できる薬品を開発。
21日	原子力規制委員会、福島第一原発の廃炉作業を監視する「第1回特定原子力施設監視・評価検討会」を開催。
26日	第二次安倍内閣発足。根本復興相は復興庁組織の強化と見直しを発表。

2013年	
1月4日	東京電力が福島復興本社の業務を開始。
10日	安倍首相が復興庁の体制強化を発表。
11日	「除染・復興加速のためのタスクフォース」第1回開催。
15日	被災４県の知事が被災自治体への人的支援を国に要望。
	2012年度補正予算案を閣議決定。
17日	2012年12月にアメリカ・ワシントン州に漂着した桟橋が、青森県のものであると判明。
18日	手抜き除染の多発を受け、環境省が「除染適正化プログラム」を作成。
19日	阿武隈川河口部堤防復旧事業着工。
27日	旧北上川堤防護岸復旧事業着工。
28日	津波の被害を受けた原町火力発電所１号機が復旧、試運転を開始。

年／月／日	
29日	2013年度予算案を閣議決定。復興加速のために4兆3840億円を措置。5年間の復興予算も1兆円増額の25兆円に。
2月1日	福島復興再生総局が発足。
4日	米除染専門家の科学者2人の派遣を環境省が受け入れる。
9日	安倍首相、被災3県の訪問を終了。
14日	JR東日本の仙石線「陸前大塚～陸前小野」間6.4キロの内陸移設計画に認可。15年中の全線復旧にめどがつく。
	東北電力が被災地の電気料金引き上げを申請。
	復興庁が優遇税制適用拡大などを含む「福島復興再生特別措置法」改正案を示す。
21日	汚染状況重点調査地域の住宅除染完了率は15.9％と福島県が発表。
22日	陸前高田市防災集団移転促進事業着工。
26日	南三陸町防災集団移転促進事業着工。
3月1日	岩手県大槌町が、官民協働の「復興まちづくり大槌株式会社」を設立。
2日	JR大船渡線「気仙沼～盛」間でBRT（バス高速輸送システム）運行開始。
3日	岩手県宮古地区と釜石地区に、国が生コン精製施設を新設する計画を発表。
7日	政府は復興交付金の支給対象を拡大する方針を発表。
10日	宮古盛岡横断道路「簗川道路」開通。
11日	東日本大震災2周年追悼式典に台湾代表を招待。中国は欠席。
	福島県が復興加速を目的とした新組織「新生ふくしま復興推進本部」を発足。
16日	JR石巻線「渡波～浦宿」間、JR常磐線「亘理～浜吉田」間運行再開。
19日	政府は避難区域の福島県内12市町村について、交通インフラ早期復旧などを盛り込んだ「避難解除等区域復興再生計画」を策定。
23日	仙台湾南部海岸堤防完成。
24日	上北自動車道上北道路開通。
27日	三陸沿岸道路「田老～岩泉」着工。
4月1日	航空自衛隊の「ブルーインパルス」が宮城県松島基地に帰還。
3日	三陸鉄道南リアス線「吉浜～盛」間運行再開。
9日	国が福島県に汚染泥の減容化施設を建設。

年／月／日	
12日	気仙沼市と南三陸町の生コン製造業4社が、気仙沼市の離島に生コン工場を新設。
5月10日	福島復興再生特別措置法が改正。
14日	岩手県宮古市田老地区の防潮堤（国内最大規模）の復旧工事着工。
	15年の国連防災世界会議が宮城県仙台市で開催されることが決定。
15日	三陸沿岸道路「釜石山田道路」着工。
	13年度予算成立。
21日	復興庁が予算執行権限の一部を福島復興再生総局への移管を発表。
6月1日〜2日	東北六魂祭開催。
14日	復興庁と福島県は、福島第一原発事故の影響で長期避難者を対象とした災害公営住宅の整備計画を発表。
16日	日銀黒田東彦総裁が宮城県石巻市に就任後初来訪。
	釜石花巻道路「遠野住田〜遠野」着工。
17日	三陸沿岸道路「山田〜宮古南」着工。
27日	三陸沿岸道路「普代〜久慈」着工。
7月3日	陸前高田市の「奇跡の一本松」保存作業完了。
	福島第一原発の新所長に小野明氏就任。
18日	チェルノブイリ事故を経験したベラルーシと日本両政府による、福島第一原発事故処理のための合同委員会がミンスクで開催。
	日本商工会議所が「平成26年度東日本大震災復興関係施策に関する意見・要望」を政府など関係各所に提出。
22日	除染研究や放射線モニタリングなどを目的とした、福島県とIAEAの共同プロジェクトが始動。
23日	三陸沿岸道路「田老第6トンネル」工事着工。
25日	環境省が国直轄の除染作業に関して、13年度内の完了が困難であることを発表。
28日	福島県の夏祭り「相馬野馬追」がほぼ例年並みの規模で復活。
8月8日	根本復興相が青森県八戸港の復旧事業が完了したことを発表。
30日	福島県郡山市で放射性物質を含む下水汚泥の焼却施設が完成。
	気象庁が「特別警報」の運用を開始。

年／月／日	
9月2日	原発事故時の迅速な対応が評価され、葛尾村の松本允秀村長が国連グリーンスター賞を受賞。
3日	政府が原発汚染水対策に470億円の国費を投入することを発表。
4日	東京電力が海に近い地下水から高濃度のセシウムを検出したと発表。
8日	2020年の夏季五輪が東京で開催されることが決定。
12日	三陸沿岸道路「侍浜～階上」着工。
18日	観光庁が福島県に観光復興支援の補助金２億8300万円を交付。
30日	震災で休止していた岩手県大船渡港の国際コンテナ航路が再開。
10月7日	海洋研究開発機構などが、東日本大震災の巨大津波は三陸沖の別々の2か所で発生した津波が重なったものだと発表。
13日	三陸沿岸道路「普代道路」開通。
11月5日	政府が福島第一原発事故に関する対応（除染費用の国負担、廃炉、汚染水対策など）を全面的に見直すことを発表。
7日	三陸沿岸道路「田野畑道路」着工。
11日	福島県楢葉町沖の洋上風力発電所の実証運転開始。
13日	福島第一原発1号機の格納容器調査が始まる。
14日	11月14日現在、避難者等の数はいまだ27万7609人（復興庁の11月27日の発表）。
16日	国道115号相馬福島道路「阿武隈東～阿武隈」着工。
18日	三陸沿岸道路「尾肝要～普代」着工。
	福島第一原発４号機の使用済み燃料プールからの核燃料取り出し開始。
21日	放射線医学総合研究所などが移動式の放射線測定器を開発。
22日	国は福島第一原発周辺の約15平方キロの土地を国有化する方針を固める。中間貯蔵施設建設のため。
30日	宮古盛岡横断道路「宮古～箱石道路」着工。
12月19日	政府は放射性物質に汚染された「指定廃棄物」の最終処分場の建設費用として、来年度予算案に約1300億円を計上する方針を固める。
25日	国道4号、49号線での除染作業開始。
26日	福島県内の帰還困難区域での試験的除染の結果、放射線量が実施前の半分以下となる（環境省による「帰還困難区域における除染モデル実証事業の中間報告」）。

年／月／日	
	環境省が福島県の11市町村で行っている国直轄除染作業期間を最大3年間延長すると発表。
2014年	
1月7日	2013年の全国企業倒産件数が、全国では減少したが東北地方では約7％増えた(東京商工リサーチ調べ)。
9日	東京電力が福島第一原発の敷地境界の放射線量が基準の8倍(8ミリシーベルト)に及ぶと推計。
14日	東北大学災害科学国際研究所が宮城県内206か所の復興の歩みを写した写真収録サイトを公開。
19日	福島県南相馬市長選で脱原発を掲げる現職の桜井勝延市長が再選。
20日	環境省は、宮城・栃木・群馬・茨城・千葉の各県に1か所ずつ建設する予定の指定廃棄物最終処分場の宮城県の候補地として3か所を選定。
23日	財務省が復興予算の流用問題に関して、2013年度中に1054億円が国に返還される見通しになったと発表。
27日	フランスのパリ市庁舎で、福島県とパリ市の共催による福島県復興報告のイベントが開催。
30日	被災者を含む国内外の1415人が福島第一原発の原子炉を製造した米ゼネラル・エレクトリック(日本法人)、日立、東芝の3社を東京地裁に提訴。
2月6日	2013年度補正予算成立。
20日	東京電力が福島第一原発の汚染水貯蔵タンクから高濃度汚染水約100トンが漏れたと発表。
3月2日	三陸沿岸道路「尾肝要道路」開通。
7日	復興庁は、東日本大震災で被災した市町村に交付する復興交付金の交付可能額通知(第8回)で、国費分の金額を2142億円と発表。
10日	宮城県石巻市の大川小学校の、津波で亡くなった児童の遺族が県と市を提訴。
13日	内閣府と警察庁が、2013年の東日本大震災に関連する自殺者が38人と発表。

年／月／日	
16日	仙台市東部復興道路（かさ上げ道路）整備事業着工。
20日	2014年度予算成立。
23日	三陸沿岸道路「高田道路」全線開通。
26日	気仙沼市東舞根復興道路整備事業着工。
29日	八戸南環状道路全線開通。これにより三陸沿岸道路（復興道路）として初めて東北縦貫自動車道につながる。
30日	環境省が指定廃棄物最終処分場を今後３年をめどに確保するという「指定廃棄物の今後の処理の方針」を発表。
4月1日	東京電力數土《すど》文夫新会長が、就任当日に福島県を訪問、知事と会談。
	福島県郡山市の産業技術総合研究所福島再生可能エネルギー研究所が開所（設立は2013年10月１日）。
	福島県田村市都路地区の避難指示解除（決定は３月10日）。国の避難指示が解除されるのは初めて。
5日	三陸鉄道南リアス線が運行再開。
6日	三陸鉄道北リアス線が運行再開、これにより三陸鉄道全線開通。
7日	チベット仏教最高指導者ダライ・ラマ法王14世が仙台市で神道復興祈願慰霊の会に出席。
9日	埼玉県が、東京電力が自治体職員の人件費などについて一部賠償を新たに認めると発表。
	環境省が、国直轄除染事業で作業員に支給される特殊勤務手当を一部区域で減額すると決定。
16日	福島県南相馬市が市内最大規模の除染土仮置き場を整備する方針を発表。
23日	災害公営住宅用の土地取得などを迅速化するための改正復興特別区域法が成立（５月１日施行）。
25日	国土交通省が復興道路・復興支援道路の開通見通しを公表。平成30年度までに全584kmの約6割にあたる327kmの開通見通しが確定。
5月14日	環境省が、汚染状況重点調査区域での除染の進捗状況を発表。福島県以外の16市町村について、除染が完了せず2014年度以降も実施するとした。
16日	東京電力が福島県の森林汚染に対する賠償基準を初めて提示。

年／月／日	
31日	国による除染土壌などの中間貯蔵施設の住民説明会が開始（〜６月15日）。
6月1日	復興増税の一環として、６月より10年間、住民税が年1000円増額。
2日	福島第一原発の汚染水対策で、凍土遮水壁の工事が着工。
11日	福島県南相馬市が旧警戒区域（20キロ圏内）で初めて復興住宅（災害公営住宅）を建設すると発表。
24日	内閣府が帰宅困難区域における10年後の被曝線量が年20ミリシーベルトを下回るという推計を発表。
	復興庁が復興交付金の交付可能額通知（第９回）で国費分がおよそ542億円と発表。
26日	原子力発電所を保有する全国の電力会社９社の株主総会が開催。すべてで株主から原発の廃止などを求める議案が提案されたが、いずれも否決された。
7月1日	国税庁が2014年の平均路線価を発表（１月１日時点）。福島県、宮城県の平均路線価が上昇。
14日	農水省が、福島第一原発から20キロ圏外の南相馬市の水田から基準値を超えたセシウムが検出されたことについて、昨年８月のがれき撤去の際に飛散した可能性を指摘、３月に東電に再発防止を要請していたことが判明。
25日	環境省が、宮城県に指定廃棄物最終処分場の候補地を絞り込むための選定調査の受け入れを申し入れる。
30日	環境省が栃木県の指定廃棄物最終処分場の候補地を塩谷町にすると発表。
31日	復興庁が、2013年度計上の東日本大震災の復興予算（７兆5089億円）のうち、２兆6523億円が使われなかったと発表。
8月1日	宮城県石巻市が県内で初めての避難タワー「大宮町津波避難タワー」着工。
22日	環境省は第12回環境回復検討会において、河川や湖沼、ため池に関して基本的に除染をしない方針を発表。
27日	復興支援道路の「宮古盛岡横断道路」の最後の2か所が着工。
	復興庁は2015年度予算概算要求額を2兆6000億円と自民党に提示。
30日	福島県が汚染土などの中間貯蔵施設建設（大熊町、双葉町）の受け入れを正式に表明。

年／月／日	
9月3日	第2次安倍改造内閣発足、復興大臣に竹下亘氏が就任。
6日	三陸沿岸道路「洋野階上道路」(岩手県と青森県をまたぐ道路)着工。全線での着工となる。
10日	NHKが、震災後の岩手、宮城、福島の３県の人口がおよそ14万人減少した(8月１日現在)と発表。
15日	国道６号の福島県富岡町～双葉町間の通行規制が解除、全線開通となった。
18日	東京電力が個人や事業者が自主的に行った除染費用を賠償すると発表。
28日	復興支援道路の「相馬福島道路」の最後の区間が着工。
29日	復興庁主催「新しい東北」官民連携推進協議会の第1回会員交流会が盛岡で開催。
10月3日	中間貯蔵施設の管理運営に関連する法改正が閣議決定。福島第一原発の除染廃棄物を30年以内に福島県外で最終処分をするために必要な措置を講ずるとした。
6日	日本原子力研究開発機構主催の国内外の専門家による「福島の環境回復に係るセシウムに関する第2回国際ワークショップ」が開催(～９日)。
8日	環境省が、宮城県内の指定廃棄物最終処分場候補地の現地調査に入る。
17日	グーグルが、東日本大震災で被害を受けた三陸沿岸を海上から撮影した「海からのストリートビュー」を公開。
23日	三陸鉄道の上半期(４月～９月)の経常収支が21年ぶりの黒字となる。
26日	震災後初めての福島県知事選で、前副知事の内堀雅雄氏が当選(11月12日就任)。
11月10日	名取市閖上の住民が名取市に津波被害の損害賠償を求める裁判が始まる。
12日	環境省は福島第一原発事故に伴う除染廃棄物仮置き場について保管期限を３年から延長するよう、福島県の市町村に要請。
13日	復興庁が東日本大震災の復興状況をまとめた年次報告書の骨子案を示す。除染の終了までには数年を要するとした。
19日	中間貯蔵施設関連法案が成立。30年以内の福島県外での除染廃棄物最終処分を明記。
26日	復興庁主催「新しい東北」官民連携推進協議会の第2回会員交流会が郡山で開催。

年／月／日	
12月6日	常磐自動車道「浪江〜南相馬」間、「相馬〜山元」間開通。
8日	日本政策投資銀行や地域経済活性化支援機構などが、計150億円の三つの「復興・成長支援ファンド」を設立。
17日	環境省により福島県双葉町の避難指示解除準備区域で、震災後初めてのがれき撤去が行われる。
22日	東京電力福島第一原発4号機の燃料取り出しが完了。
24日	第47回衆議院議員総選挙。第3次安倍内閣発足。
	「日本環境安全事業(JESCO)」が、社名を「中間貯蔵・環境安全事業」に変更し、国などの委託を受け中間貯蔵施設に関する事業を開始。
28日	福島県楢葉町が「町災害記録誌第1編」を発行。
31日	村田文雄福島県副知事が任期を残して退任。

本書スタッフ
本文DTP——㈱ノムラ
校正————酒井正樹
地図作成——ジェイ・マップ
編集協力——財部寛子
佐藤直美
内藤弓佳
西山由美
松井由理子
渡辺真一

証言記録 東日本大震災 III

2015（平成 27）年 2月25日　第1刷発行

著　者――NHK東日本大震災プロジェクト

発行者――溝口明秀

発行所――NHK 出版
〒150-8081　東京都渋谷区宇田川町 41-1
電話 0570-002-242（編集）0570-000-321（注文）
ホームページ　http://www.nhk-book.co.jp
振替　00110-1-49701

印刷・製本―光邦

Printed in Japan　ISBN978-4-14-081665-3　C0095